作者简介：

李祖军， 1984 年 7 月毕业于西南政法大学法学系，获法学学士学位；1987 年 7 月毕业于西南政法大学研究生部，获法学硕士学位；1999 年获得西南政法大学法学博士学位。现为西南政法大学法学院教授、博士生导师。

本书是西南政法大学校级重大课题"民事调解规范化研究"
（项目编号：2011-XZZD01）的最终成果

契合与超越系列

总主编 ◎ 李祖军

民事调解规范化研究

李祖军 等 著

厦门大学出版社　国家一级出版社
XIAMEN UNIVERSITY PRESS　全国百佳图书出版单位

序　言

民事调解制度作为纠纷解决中一项重要的内容,其鲜明的特征是有利于化解纷争,降低诉讼成本,节省司法资源,有着民事诉讼制度所不及的优势。眼下,中国处于现代化转型期,完善的民事调解制度有助于推动法治国家、法治社会和法治政府的建设。然而在一个儒家思想盛行两千年的国度,封建社会对纲常伦理的极端追求形成了"重刑事轻民事"、"重实体而轻程序"的法律观念。这种深刻的观念烙印既是信手拈来的本土资源,也是挥之不去的思想重担。在传统观念荫影下成长的民事调解制度,深刻体现了"以和为贵"的思想,确实也在一段时期内发挥出了定分止争的作用。但是,民事诉讼调解制度的发展方向也被局限在儒家思想的范畴内。这种狭隘的状况在瞬息万变的今天显得脱节严重,并有待与现代法治的完美融合。故而,梳理原有民事诉讼调解制度的运行轨迹,弥补我国民事调解的缺憾,使得民事诉讼调解制度更加规范的实施是写作本书的基本目标。

就目前我国的民事诉讼调解制度而言,其弊端至少表现在以下几个方面:指导思想的单一化与政策的多样化倾向严重;制度体系尚未完整地建立,在专注制定法院调解、人民调解等法律的同时,忽略了其他非诉讼调解制度的设立,如公证调解、行政调解等,造成了民事调解制度体系的失衡,限制了其功能的充分发挥;民事调解程序运行的规范保障缺失,造成了当事人在调解中的"反感",权利"打折"的负面效应未能消除,调解制度的优越沦为羁绊。从上述弊端可知,破解困境的首要任务在于扭转偏离轨道的指导思想和政策。"以调压判"、"调解为主"在历史上的特定时期无疑功不可没,但其生命力注定无法永恒,难以适应当今社会和经济的现状。现代法治旨在保障全体民众民主和平等的基础上,尽可能地促进人类的福祉。因此,在保留"以和为贵"的传统思想的同时,充分赋予当事人意思自治的权利。在此基础上,全面构建和完善民事诉讼调解体系,确立特殊领域的民事调解制度和规范,以满足市场经济对民事调解制度的专业化需求。

纵观世界各国的民事诉讼制度，如今都在探索更加高效的纠纷解决机制，以适应爆炸式增长的案件数量。整个德国民事诉讼法的发展历史几乎就是简化和加速的历史。美国大力发展的非诉讼纠纷解决机制（ADR）也是一个高效的纠纷解决机制。以上两个国家尝试各种方法，通过不同的方式来提高纠纷解决的效率，显示出问题的急迫性和必要性。中国法院亦不例外，近年来诉讼案件骤增，法院系统不堪重负，利用调解来化解纠纷成为缓解案件压力的出路之一。但是，就目前的情况而言，我国的调解制度不仅要进行细节上的转变，结构上的转变，更要进行观念、思想上的转变，否则在急剧变化的现代社会，难以达至与法治国家相匹配的制度建构。"工欲善其事，必先利其器"，在建设法治中国的今天，民事调解制度的规范化不得不引起我们的重视。

本书共分为七个专题，所讨论的内容包括了从民事调解的基本背景，到各种基本调解制度规范化的具体研究，再到民事调解的运行保障等内容，清楚地勾勒出我国民事调解亟待解决的核心问题和具体对策，对于重新形塑新时代的民事调解制度大有裨益。

李祖军

2015 年 4 月

目 录

第一章 民事调解规范化概述 ... 1
第一节 民事调解规范化的内涵 ... 2
第二节 民事调解规范化指导原则 ... 12
第三节 民事调解规范化功能设计 ... 28
第四节 民事调解规范化的限度 ... 34

第二章 民事调解规范化的背景 ... 39
第一节 我国民事调解规范化的历史背景 ... 40
第二节 我国民事调解规范化的制度背景 ... 48
第三节 我国民事调解规范化的政治背景 ... 56
第四节 我国民事调解规范化的社会背景 ... 58
第五节 民事调解规范化的全球趋势 ... 63

第三章 人民调解制度规范化研究 ... 65
第一节 人民调解制度概论 ... 66
第二节 人民调解制度规范的基础 ... 79
第三节 人民调解制度内的规范 ... 83
第四节 人民调解制度外规范 ... 90
第五节 人民调解制度规范的目标 ... 98
第六节 结语:让人民调解制度飞起来 ... 102

第四章 法院调解规范化研究 ·················· 103
  第一节 法院调解规范化的基础理论 ············· 103
  第二节 我国法院调解的现状考察 ··············· 115
  第三节 法院调解规范化的几点建议 ············· 123

第五章 行政调解规范化研究 ·················· 144
  第一节 行政调解制度概述及其现状分析 ········· 144
  第二节 我国行政调解乱象成因的理论深层次分析与反思 ··· 150

第六章 公证调解规范化研究 ·················· 178
  第一节 被误读的公证调解 ····················· 179
  第二节 公证调解制度存续之必要性 ············· 183
  第三节 公证调解规范化之路径 ················· 188
  第四节 规范化公证调解与其他调解方式之比较优势 ··· 209

第七章 民事调解规范运行保障 ················ 219
  第一节 调解程序启动规范的运行保障 ··········· 220
  第二节 调解程序运行的规范保障 ··············· 229
  第三节 调解救济程序规范的运行保障 ··········· 243
  第四节 调解履行保证机制 ····················· 251

后 记 ······································· 265

第一章

民事调解规范化概述

民事调解作为传统的纠纷解决方式,因契合了国人特有的心理和行为方式,从而被延续下来,并被吸收为司法制度,作为替代性纠纷解决机制,其在我国多元化纠纷解决机制中占据重要地位。另外,因其灵活、便捷、低成本以及社会效果好的天然优势,自陕甘宁边区时期到新中国成立后一直为我国有关部门关高度重视。不同时期、不同阶段,人们对调解的重视程度有所差异,尤其是诉讼调解的"U"形演变历程,反映了其与我国社会情境和政治要求的内在适应性。21世纪后,由于构建和谐社会和缓解法院案件压力的需要,民事调解再度复兴,成明显的"U"形回归态势。调解作为多元化纠纷解决机制不可或缺的一部分,必须充分发挥其功能。但总体看来,我国民事调解理论研究匮乏、立法不够完善,调解政策极不稳定,运动化倾向严重,时而"过冷",时而"过热"。"建立在主观、狂热、错误判断和急功近利基础上的运动,不仅难以达到预期目标,反而会带来不可弥补的危害。"①加之时下过度强调"调解优先"所催生的各种弊端已在司法实践中显现,我们必须审视我国民事调解的历史轨迹,探寻经验,吸取教训,逐步使其常规化、规范化。随着多元化纠纷机制的构建,特别是在逐步走向"争讼超市化"的背景下,促进非诉讼程序尤其是民事调解的规范化确保符合包括程序正义和实体正义在内的正义底线已是大势所趋。同时在调解的全球化语境下,调解制度的现代转型使如何实现民事调解规范化成为世界各国共同面对的重大课题,因此,我们必须探讨如何厘定规范

---

① 范愉:《调解年和调解运动》,载《河南社会科学》2010年第1期。

化的内涵,重塑民事调解理念,设计民事调解功能,并确定民事调解规范化的路径和底线,以构建"公正、高效、权威"的民事调解纠纷解决体系。

第一节 民事调解规范化的内涵

民事纠纷解决机制的"公正、高效、权威"不仅取决于民事调解的法律规范的有无,更加取决于民事调解法律依据的优良和科学程度,以及民事调解的规范化程度、程序公正的含量和正当化水平。"合情、合理、合法只是社会道德与良知对司法调解作出的理想化预言,而真要实现这种预言,仍需要依靠一套规范性的操作程序,包括从调解的启动直至最后的达成。"①民事调解规范化则是保障民事调解制度合情、合理、合法,实现调解"公正、高效、权威"理想的最佳和唯一路径。本课题所研究的民事调解的规范化主要指在对民事调解纠纷解决作用、地位理性认识的基础上,通过科学定位民事调解制度的性质、功能,重新塑造民事调解理念,类型化整合重构现有调解机制,设计规范化民事调解程序、方法、效果评价以及运行保障措施,并合理进行权力配置和人员、机构配置,构建符合民事司法运行规律的系统化、体系化调解制度。民事调解规范化改革的实质是对传统的民事调解制度进行科学总结,是将行之有效的经验升华并抽象为一般性的原则或规则,对民事调解活动进行规范,以更好地发挥民事调解制度定分止争的功能优势,特别是其有效化解社会矛盾,维护社会和谐稳定的功能优势。这种规范化改革根本指向在于发展高质量的调解,并试图使民事调解逐步制度化和法律化。具体应当从如下几个方面理解:

一、理性认识民事调解的作用和地位

1.民事调解不是万能的,具有很大的局限性

民事调解高度依赖当事人之间的合意,本质上是一种"共识正义",在化解社会矛盾方面的优势契合了构建和谐社会的时代背景,一跃成为当下民事纠纷场域中一颗耀眼的"明星",尤其是处于"社会矛盾凸显期",由于上访事件、群体性事件等使得社会矛盾在一定程度上逐渐尖锐化,加之其他社会矛盾化解机制乏力,使得调解被视为社会矛盾的"减压阀",但调解也不能被过分神

---

① 张莉:《我国司法调解制度的困境与对策》,载《武汉大学学报(社会科学版)》2008年第1期。

话,多年的司法实践表明民事调解本身具有极大的局限性:一方面,民事调解只能适用于特定的案件类型,特别是即使适宜调解的案件,如有任何一方当事人持有异议,民事调解则难以发挥定分止争的功能。另一方面,调解还具有两面性,调解在化解纠纷方面具有诸多优势的同时,还存在诸多劣势,①如(1)调解的参与者无法获得充分的程序保障,事实的查明也均在较大的局限性,权利救济不足,易导致调解不公,且存在权力的严重失衡,调解便存在被操纵或被滥用的可能,难免出现强制调解、乱调解、履行率不高等痼疾。(2)调解不成功可能会产生额外的费用,以及不公开的调解程序难以避免法律规避现象等。(3)调解的中立性和公平性难以得到有效保障,导致其公信力不足,其调解的实质效力低下,无法真正从根本上"定分止争",导致民事调解又被称为"廉价的正义"。(4)在不宜调解或调解不成的案件中,调解显然影响了纠纷解决的效率,甚至阻碍了当事人及时、有效地行使诉权。(5)调解对法治存在多大程度的破坏作用,具有较大争议,多数学者对民事调解的正当性提出质疑,甚至有学者提出"调解往往允许对现行法律规定的背离,虽然达到了解决纠纷的目的,但法律或统治法律秩序的尊严和权威所受到的损害未必能得到修复",②"缺乏正当性或者失去了正当性的权利或权利行使的制度不可能长久维持"③。因此,我们在重视民事调解纠纷解决优势的同时,必须清醒地意识到调解的局限和不足之处,对其合理定位,既不能过分推崇民事调解,也不能忽视调解应有的作用和功能。

2. 将民事调解定性为有效化解纠纷的法律技术手段

民事调解是多元化纠纷解决机制下的一种重要纠纷解决方式,就其本质属性而言,民事调解就是一种解决民事纠纷的法律技术手段。现在的问题是我国正处于从人治向法治转型的特殊时期,司法机关具有了行政、政治和司法的复合品行,司法被誉为"政治的晚礼服",也就使得司法机关在某种程度上必须实现特定政治性要求的职责,如中央领导一再强调政法机关要切实履行好首要政治任务,为中国特色社会主义事业营造和谐稳定的社会环境。因而其在处理民事纠纷时不仅要考量法律效果,更要考量社会效果和政治效果。在这种政治生态下,必然导致对民事调解的畸形定性,即"调解结案成了一种民

---

① 齐树洁:《民事程序法研究》,科学出版社2007年版,第105~106页。
② 牡丹:《诉讼调解的经济分析——以法院为中心》,载《政法学刊》2006年第10期。
③ [日]谷口安平著:《程序的正义与诉讼》,王亚新、刘荣军译,中国政法大学出版社2002年版,第12页。

事司法目的,而不是解决纠纷的手段"①。反映在司法实践中,则表现为将调解率作为考核指标,驱动纠纷解决机构和人员特别是法院、法官极力营造实现这一指标的环境,助推民事调解,甚至强制调解。因此,实现民事调解规范化,应当将民事调解定性为手段而非目的,从民事司法自身运作规律研究民事调解在法律上的实效性和规范性,而不应扭曲司法应有的特性,将其与某一时期的政治要求简单化、庸俗化对应,更不能以易变的政治形势和社会意识为中心,完全将政治形势作为推行民事调解的风向标。2012 年 8 月 31 日通过的新《民事诉讼法》第 122 条以国家基本法的方式确立了先行调解原则,即"当事人起诉到人民法院的民事纠纷,适宜调解的,先行调解,但当事人拒绝调解的除外"。这一规定使得先行调解由司法政策上升为民事诉讼法的一项原则,更加强化了对民事调解的重视程度,但无论如何,我们必须将其定位于法律技术手段并在此前提下进行调整。

3. 民事调解是民事裁判的有益补充和必要辅助

"民事诉讼法将调解与审判两种性质迥异的纠纷解决方式,共同作为人民法院行使审判权的方法,将其置于同一程序中,造成了两种关系的紧张和冲突。"②近年来,随着调解的复兴,各级法院从政策上强力推进"调解优先",并将调解结案率作为法官绩效考核的重要指标,使得调解制度在运行中严重异化,甚至导致"差的调解胜过好的判决""摆平就是水平"等观念在司法实践中盛行,使得调解极度升温,"重调解、轻判决"倾向严重。冷静、合理地规范调判关系,并将其改造为与我国诉讼机制相协调的调解制度是当务之急,其核心在于对民事调解的功能和地位进行重新定位,特别是必须认识到:"现代社会调解的功能就是通过其自身的特点和优势,在解决纠纷方面起到对诉讼审判制度补偏救弊、分担压力和补充替代作用。"③从我国乃至世界民事调解的政策来看,民事调解的兴起无不与诉讼爆炸和司法资源的有限有着密不可分的关系,亦即任何国家鼓励调解皆归因于国家无力为每一位当事人提供及时优质的司法服务。由此,可以看出,民事调解在功能上是较大程度地是缓解法院的案件压力,实行案件分流,弥补法院解决纠纷能力的不足。因此,必须将民事调解定位于对民事审判的有益补充和必要的辅助手段,切不可过分拔高调解

---

① 张卫平:《民事诉讼回归原点的思考》,北京大学出版社 2011 年版,第 62 页。
② 廖中洪:《民事诉讼改革热点问题研究综述 1991—2005》,中国检察出版社 2006 年版,第 408 页。
③ 范愉:《非诉讼纠纷解决机制研究》,中国人民大学出版社 2000 年版,第 35 页。

的地位,甚至将其作为民事审判的替代制度。在我国司法改革的整体框架内,民事调解的复兴和规范化改革,也应当是民事诉讼改革的辅助手段,且民事调解的规范化改革仅能在一定程度上缓解法院积案的压力和低效率、高成本的弊端,并不能从根本上解决我国司法制度的固有缺陷。在建构"公正、高效、权威"的纠纷解决体系的过程中,民事诉讼制度改革相对于民事调解制度改革而言更为重要和艰巨。从根本上打破我国民事司法改革的僵局,实现"接近正义",其关键仍在于进一步改善司法独立性、提升司法公信力,力争做到"案结事了"。

二、厘清民事调解规范化的基本思路

只有通过规范化与法制化,才能促进和保障民事调解的健康发展,通过法律政策确立其正当性,并克服其固有的弊端,预防其被滥用,从而保障其正常运作。"如果根本不知道道路会导向何方,我们就不可能智慧地选择路径。"①因此,笔者认为民事调解规范化必须首先厘清基本目标定位,进行确定基本思路,从宏观上进行顶层设计,解决根本性、长远性和基础性的重要问题,并在此基础上将其具体化为规范化的主要内容和详细方案。

1. 构建真正确立当事人主体地位的民事调解制度

基于民事纠纷的可处分性,现代调解的本质和前提是当事人行处分其程序权利和实体权利。合意解决纠纷的行为,核心在于强化当事人的主体地位,充分尊重其在调解程序中的主导性和自治性。虽然调解必然伴随着第三方甚至是国家公权力的介入,但仍必须遵循私权自治原则为当事人的自治保留空间和渠道,并强化当事人的主体性和自律性。调解的当事人自治性和主体性,奠定了纠纷解决结果的正当性基础。就调解运作过程,其实质"乃是当事人双方在诸多实体利益和程序利益面前,进行选择和取舍的过程,调解结果也因此而水到渠成地形成"②。只有充分尊重当事人的主体地位,使当事人对调解协议认同,才能确保调解协议的自觉积极履行,发挥调解的各项功能。因此,民事调解规范化的首要任务在于引导、规范自治,真正确立当事人的主体地位,这就要求合理协调当事人与调解组织特别是法院、人民调解委员会、仲裁委之间的关系,将调解组织的任务定位于搭建平台、协助沟通、创造机遇、促进调

---

① [美]卡多佐:《司法过程的性质》,苏力译,商务印书馆1998年版,第63页。
② 汤维建:《论中国调解制度的现代转型》,载陈桂明、田平安:《中国民事诉讼法学六十年专论》,厦门大学出版社2009年版,第267页。

解,而非通过对纠纷解决的主导强势压制当事人使纠纷得到暂时的、形式上的化解。这就要求充分尊重当事人的意愿,包括程序选择权和实体权利处分权。在程序的启动方面,要赋予当事人实质的程序选择权,包括调解程序启动、中止甚至是调解人和调解适用规则的选定,克服实践中是否选择调解特别法院调解的决定权实际掌控于调解机构的弊端。在实体权利处分方面,主要指调解协议能否达成、达成何种协议应由双方当事人主导。

2.民事调解应坚守正义底线

现代司法权威的提升要求其决定过程必须是公正的,"某些法律和制度,不管它们如何有效率和有条理,只要它们不正义,就必须加以改造和废除"①,因此将民事调解置于正义的要求之下,是我国民事规范化的必然选择。"公平、正义是人类及人类社会追求的最高价值,但社会治理和纠纷解决中必须充分认识到正义的多元性。"②因此,必须注意的是,民事调解中的正义与刚性的民事审判正义有着实质性的区别,不能用司法公正的标准对其进行检测。一方面,民事调解因当事人的合意即当事人对自身权利的让渡而获得正当性,非真正的正义,甚至有学者将其称为"廉价的正义";另一方面,这种正义的判断标准,除了法律之外,还包含了情感、道德、诉讼成本、诉讼风险等非法律因素,即民事调解中的正义标准更加多元化,显得变幻莫测。具体来讲,民事调解对正义的要求更加多元化、个性化,必须适应当事人的实际需求、感受、利益和价值取向。基于调解正义的高度抽象性和合意性,对其进行判断时应当主要从程序上加以考量,即调解协议的达成,无论从实体上衡量看似多么不正义,只要遵循的是程序正义标准,是当事人在充分了解案件相关信息并在合理评估的基础上所自愿达成的,并且没有违反法律法规的强制性规定,那么就应当认定为是符合正义的。亦即民事调解的正义只能用看得见的正义标准衡量,从程序上确保当事人自主选择纠纷解决方式、依据和结果,其最低限度的要求在于调解不能无原则地和稀泥,必须"在不违反基本原则的前提下,本着客观、公平的原则,引导当事人从实际出发,达成公平合理的让步与和解"③。

3.注重民事调解的程序功能

"由公正程序所产生的实体结果,就具有法律上的正当性和合理性,就具

----

① [美]约翰·罗尔斯著:《正义论》,何怀宏、何包钢等译,中国社会科学出版社1998年版,第1页。

② 范愉:《纠纷解决的理论与实践》,清华大学出版社2007年版,第37页。

③ 洪冬英:《当代中国调解制度变迁研究》,上海人民出版社2011年版,第183页。

有高度的权威性和不可动摇性,就必然要得到完全的实现"①,因此,程序的良善是民事纠纷解决机制"公正、高效、权威"的根本保障,良性的运行程序则可有效地阻止程序主体滥用权力或权利并引导甚至倒逼程序主体诚实、正当地从事与事实相应的行为。相反,在某些情况下,不合理的程序可能导致程序的不利益,使实体利益的实现变得毫无价值。尤其对于民事调解,程序保障更为重要。调解正当性的根源来自于"合意正义",亦即程序充分保障下的当事人自愿,因此调解的程序公正性,特别是对程序选择权是现代调解的重要标志。缺乏程序规制的调解必然导致调解的随意性,影响调解的权威性和正当性。受西方程序正义论的影响,程序本位主义逐渐形成并广为使用,因此,民事调解的规范化必须强调民事调解的程序功能和独立价值,充分考虑民事调解程序自身对正义性和效益性的追求。而且,调解作为一种纠纷解决的程序机制,追求程序正义,本身也是当代程序价值观的基本要求。从我国民事调解的现状来看,我国过于注重民事调解的纠纷解决实质功能,而忽略了民事调解的程序功能。笔者认为,重视民事调解的程序功能,一方面,必须首先确保民事调解程序的正当性。根据这种正当性的要求,不仅程序应该得到正确的操作,即应该按照程序法规定顺序、阶段、步骤进行,而且,参与程序的当事人必须获得充分的程序参与时间和机会。② 另外,还应当在强化民事调解过程中尊重当事人的程序选择权、尊重当事人的人格尊严和确保程序的保密性、公正性。另一方面,在民事调解现有纠纷解决功能的基础上,继续完善扩充民事调解的其他程序功能,如赋予民事调解特别是行政调解和人民调解时效中断的效力,并在有关保全、强制执行、证据调查方面给予相应的保障。

4. 处理好民事调解政策与立法的关系

化解社会矛盾既是一项重大的政治任务,也是一项重大的法治课题。作为有效化解社会矛盾的民事调解制度,既要发挥我国既有的政治优势与制度优势,又要在法治轨道上充分利用法律手段,处理好民事调解政策与法律之间的关系。当前运动式的民事调解司法政策,使得调解制度时而"过热"备受推崇、时而"过冷"备受质疑,在两极间频繁转换并非理性,必须予以规制,合理确定民事调解在多元化纠纷解决机制中的作用和地位,准确定位其制度角色,确立稳定性的民事调解政策。其最佳的规制方式则是通过立法进行,统一在民事调解法或在民事诉讼法中予以规定,因为立法本身具有稳定性,更加强调理

---

① 汤维建等:《民事诉讼法全面修改专题研究》,北京大学出版社2008年版,第8页。
② 刘荣军:《程序保障的理论视角》,法律出版社1999年版,第149页。

性，而民事调解政策仅仅是法院、人民工作委员会等纠纷解决组织的工作原则，其效力位阶低于法律，受法律制约。

三、明确民事调解规范化的具体内容

1. 建构系统化、体系化的民事调解机制

一项完善的法律制度的建构，是一个整体的系统工程。虽然我国目前存在各种形式的调解制度，且各种调解制度功能独特，但是从各种调解制度的本质来看，无论是法院调解、行政调解、人民调解，还是仲裁调解、民间调解、公正调解等调解制度，其本质均是 ADR 的一种，重在强调当事人解决纠纷的自治性，其功能具有极大的相似性。从现代纠纷的多元性、复杂性来看，由于"矛盾涉及多层次的社会关系、多样化的矛盾主体、多领域的利益冲突以及体制、机制、政策、法律、观念等多方面的因素，解决这些矛盾纠纷，受到经济、社会、文化发展水平等多方面的制约，不是一种手段、一个部门所能做到的"①这种矛盾的特征以及各种调解的本质使得现代调解制度的发展趋势要求对各种形式的调解制度进行综合性的概括和抽象，因此，从整体着眼，整合各种调解制度，使其相互补充、相互衔接，形成有机的统一体乃是民事调解规范化的当务之急，特别是通过司法确认程序，实现非诉讼纠纷解决机制和诉讼机制的有效对接，强化司法对其他调解制度的保障作用。"在目前存在的各种调解机制中，法院进行的诉讼调解与法院外进行的各种社会性调解，并不存在内在的联系和程序的衔接。"②突出表现在各种形式的调解在制度运行中各自为政，一部分纠纷无人问津，而又有一部分纠纷相互争抢，存在的机构也过多，重复劳动以及解决方案严重冲突等现象严重。在这种大背景下，通过构建大调解机制，或完善多元化纠纷机制整合各种纠纷调解资源，实现各种调解间的衔接性和协同性，显然是明智之举，也是形势所迫。需要注意的是，建构系统化、体系化的民事调解机制，不仅应当整合法院调解、行政调解、人民调解、仲裁调解等传统调解资源，还应当注重对如工会、妇联、行业组织等社会其他调解力量的动员和培育，不断拓展民事调解工作的社会参与面，提高民事调解主体的多元性和开放性。

2. 对调解组织和调解人进行合理定位和规范

---

① 吴志明：《大调解——应对社会矛盾凸显的东方经验》，法律出版社 2010 年版，第 29 页。

② 汤维建：《论中国调解制度的现代转型》，载陈桂明、田平安：《中国民事诉讼法学六十年专论》，厦门大学出版社 2009 年版，第 267 页。

调解作为自治性纠纷解决方式,民事调解的公正程度和效益程度与调解组织或调解人的素质、能力和水平有着极大的关系,因此对调解组织和调解人员的角色进行合理定位是实现民事调解规范化的重要措施。从社会契约论的角度来看,虽然在调解过程中,当事人向调解人让渡了部分权利,但就其让渡的权利仅仅是对纠纷解决进程的指挥权,但实质而言,纠纷解决程序和结果的最终控制权仍然掌握在当事人自己手中。因此,调解组织和调解人是不是调解程序的主宰者,其应当作为调解的促进者,为当事人创造"轻松、自由和坦诚"的调解氛围,像催化剂一样促进当事人积极公开地交流信息和进行实质协商,协助其从道德和法律二元层面重构对争议的认识,即"第三方的介入只是从程序上为当事人达成合意提供帮助,而不能从实质上决定纠纷解决的最终结果"①。在此期间,调解组织和调解人必须中立,既不能像法官一样最终裁决纠纷,也不能提出终局性的建议,其提出的方案只有经过双方当事人同意,表现为民事调解协议才能发生法律效力。因此,调解人员必须将自己的角色与法官区别开来,正如富勒教授所言:"法官与调解人员的区别很简单,法官命令当事人遵守规则,而调解人员说服当事人遵守规则。"②

当前调解人员的素质参差不齐也是导致调解乱象的重要根源,随着司法确认制度的完善,对调解人员的素质提出了新的挑战,其要求调解人员既要具备审判人员的法律素养,又要具备调解人特有的素养,包括敏锐的洞察力(发掘争议解决的着眼点)、极强的耐心以及谦逊的态度等。这就要求必须规范调解人员的任职条件,特别要提高其法律、专业、行业背景和工作经历等背景门槛。同时,还要强化对调解人员的定期培训,包括调解技巧、调解程序、职业道德和纪律要求等多方面的培训,进而形成职业化、专业化的调解队伍。对于人民调解、行政调解、仲裁调解、公证调解等较为正式的调解员有必要建立资格认证制度,以促进调解人员素质的提升。

3. 重新设计民事调解的功能

民事调解具有特殊的价值和优势,可以在较高程度上弥补诉讼程序的局限和不足,如柔性化解纠纷,节约司法成本,保障接近正义,促进法治建设等。然而,在民事调解司法实践中,调解功能异化现象严重,突出表现在风险规避

---

① 李德恩:《民事调解理论系统化研究——基于当事人自治原理》,中国法制出版社2012年版,第21页。

② Lon Fuller, Mediation: Its Forms and Functions, *Southern California Law Review*, 1971, Vol. 44, p. 305, & p. 308.

和政策迎合两个方面。作为法院调解的法官,存在的严重的职业风险来自于错案追究制度,这种风险"限制了法官按照司法活动的规律进行司法活动,也因此强化了法官通过调解规避'错判'的心理趋势"①。而调解结案后,当事人不得上诉,也就极大降低了被改判的可能,成为法官规避错案追究风险的最佳方式。从政策推动的视角来看,2003年后我国各级机关将"调解优先"作为缓解民事纠纷的首要方式,使得调解率高低与绩效考核、政绩大小密不可分,甚至等同,驱使调解组织以及调解人无视案件性质、当事人意愿而反复调解、强制调解。因此,民事调解的功能异化是我国当前调解制度在运行过程中出现各种弊端的主要根源,民事调解规范化必须对此问题予以重视,并重新设计合理化的民事调解功能,指导民事调解司法实践。

4. 完善民事调解的法律依据

"规范化"本身意味着制度化、法治化,因此,牺牲调解的部分灵活性,通过完善调解立法确保调解有法可依是民事调解规范化最直接有效的方法,民事调解的主体、各种调解的适用范围、基本程序、法律效力等问题均须法律作出较为统一的规定。但由于我国调解制度的多元化构造,人民调解、行政调解、法院调解等各种调解性质、程序、效力、法律后果等均存在较大的差异,致使我国有关调解立法也各出其门、种类繁多、形式多样,且效力位阶参差不齐,既有基本法层面的规定如《民事诉讼法》(2013年1月1日施行)、《人民调解法》(2011年1月1日生效),也有行政规章方面和司法解释层面的规定,如国务院的《人民调解委员会组织条例》、司法部的《人民调解工作若干规定》、最高人民法院的《关于审理涉及人民调解协议的民事案件的若干规定》(2002年)和《关于人民法院民事调解工作若干问题的规定》(2004年)等,以及政策性规定如2002年9月24日中共中央办公厅、国务院转发的《最高人民法院、司法部关于进一步加强新时期人民调解工作的意见》,2007年3月最高人民法院出台的《关于进一步发挥诉讼调解在建构社会主义和谐社会中积极作用的若干意见》。仅就行政调解而言,就有相关法律近40部,行政法规约60部,行政规章约18部,地方法规约70部,地方规章约45部,另有大量的一般规范性文件。②

如上所述,可见,目前而言我国有关民事调解的法律性规范存在较大缺

---

① 张卫平:《民事诉讼回归原点的思考》,北京大学出版社2011年版,第68页。
② 朱最新:《社会转型中的行政调解》,载《行政法学研究》2006年第2期。

陷。一方面,这些法律、法规以及司法解释和政策性规定之间相互孤立,缺乏衔接性甚至相互冲突。"调解法的调整对象必须涵盖目前存在的各种调解,而且要协调、整合它们之间的关系。"①另一方面,这些规定,过于原则,比较分散,且落后于实践的发展,权威性不足。因此,充分发挥调解定分止争的功能,必须整合各种调解法律法规,制定《统一调解法》,合理设计各种调解制度的法律性质、效力、权限以及功能和机构、人员配置。在短期内无法实现这一目标的背景下,也应当尽量为民事调解的规范化提供全方位的法律依据。包括当事人的行为规则、调解组织和调解员的行为规则,以及各种调解结果的法律效力、生效条件及相应的救济机制。

5. 完善民事调解效果评价机制

民事调解对纠纷解决的效果评价标准,本质上就是实施民事调解的基本目标,对民事调解制度的具体运作具有重要的指引功能。在我国当下出现"搞定就是稳定""摆平就是水平"等调解怪象,归根结底在于调解效果评价机制异化,即单一地将民事调解率作为评价标准缺乏合理性。因此,确立合理的民事调解效果评价标准是民事调解规范化的当务之急。民事调解效果的根本评价标准和目标在于实现民事调解的效益。效益本身是一个经济学术语,反映的是成本与收益的关系。一方面,民事调解的效益关键在于降低代价。"在其他因素一定的情况下,调解的代价愈高,调解的有效性便愈低;反之调解的代价愈低,其有效性则愈高。"②这就意味着必须降低当事人经济成本和时间成本、节约司法资源,确保无法调和的纠纷事件迅速的解决。另一方面,民事调解的效益还要求提升民事调解的收益,即确保良好的调解效果。这种收益一般体现在四个方面:

(1)当事人的满意程度。当事人的满意程度是当事人对调解结果和过程的评价,关系到司法公信力的提升和民事调解结果的履行率,也是民事调解成功的核心标准,必须引起足够的重视。需要注意的是,当事人的满意程度并不意味着一定要完全实现当事人的预期,而主要强调的是当事人对调解结果的内容和程序的公正性、合理性基本认可。当然,当事人对调解协议的满意程度在一定程度上取决于调解人员的调解技巧,这需要通过培训不断提高调解人

---

① 杨荣鑫:《构建和谐社会呼唤调解法》,载《法制日报》2005年3月4日。
② [日]棚濑孝雄著:《纠纷的解决与审判制度》,王亚新译,中国政法大学出版社1994年版,第35页。

员的素养,特别是对当事人主体地位的尊重和法规范形成意识的塑造。但无论如何,当事人的满意根源于对调解结果和调解程序的双重自愿,提高当事人的满意度,根本路径在于确保当事人在"自愿"的前提下进行民事调解。

(2)定分止争效果。纠纷最终得到解决,矛盾彻底化解才是民事调解追求的最终结果。包括当事人之间的表面争议以及深层次矛盾得到解决,这就不仅应当实现"案结事了",还应当最大限度地实现"案结事好",甚至在某些情况下要求将纠纷化解于"萌芽"状态,起到预防纠纷的功效。民事调解是否能够达到定分止争关键在于民事调解的效力,这就要求进一步完善司法确认程序,实质提升各种民事调解协议的法律效力,避免当事人出尔反尔,浪费司法资源,但同时也需要提升民事调解机构的权威性,促使当事人自愿履行调解协议,从而在根本上消除争议。这也在一定程度上要求当事人在民事调解中遵循诚实信用原则,防止其滥用民事调解权。

(3)社会效果。民事调解的再度兴起,很大程度上由于民事调解温和的处理方式以及良好的人际关系修复功能迎合了积极构建和谐社会的背景。民事调解效果的评价机制必须将是否对社会共同体的维系起到了积极作用作为重要标准,即通过民事调解,当事人之间的人际关系是否得到了一定程度的恢复,对社会和谐的建构和社会稳定的维护是否起到了积极的促进作用。除此之外,还应当考量民事调解是否对文明道德的宣传效果,特别是对民众的教化效应。

(4)法律效果。民事调解除了纠纷解决,还承载着法治建设的重要功能,因民事调解的评价机制必须包含合法的标准,包括是否促进了法规范的形成,调解解决是否违反了法律的强制性规定,调解程序是否违法等。

第二节　民事调解规范化指导原则

调解是一种严重依赖具体情境和行动者个人特质的实践操作方式。① 调解案件的差异性、非正式性、当事人需求的多样性以及当事人和调解员自身个性使得调解无法模式化,特别无法设置具体的规范化的程序,而"理念是可以

---

① 武红羽:《司法调解的生产过程——以司法调解与司法场域的关系为视角》,法律出版社2010年版,第5页。

在概念层面上理智把握的对象"[1]，我们所能够概括地比较具有可行性的调解同质性和规律性的规范化路径主要是宏观性的理念。民事调解应当坚持的基本理念，本质上就是民事调解规范化的指导原则，是指导民事调解制度设计和实际运作的基础理论和对调解功能、性质和模式的系统思考，其决定着民事调解制度价值的正当选择和合理定位问题，且不同理念下的调解制度会体现出不同的调解方式，对于制度完善和变革发挥着重要的指引作用。因此，民事调解规范化必须根据我国当前调解的背景特别是客观社会状况重新确立合理化的基本理念，即指导原则。

一、强化自愿性原则

自愿是调解的最基本特征，同时也是调解结果公平、公正的最基本保障。"自愿原则所蕴含的当事人合意作为调解制度的本质属性及正当化基础，使得该原则成为调解制度的核心原则。"[2]自愿理念之基本法理在于当事人对自己权利的自由处分，由当事人在程序利益和实体利益面前进行选择和取舍，不得违反任何一方当事人的意愿，包括强迫其结成某种调解协议，也不得强迫其选择调解程序、调解规则以及调解员，其实质在于赋予当事人自己决定是否适用调解程序以及如何解决纠纷的权利。每个人的利益最大化最好甚至唯一的判断者只能是他自己，因此，必须尊重当事人自愿性的依据在于当事人的处分权，即当事人有权在法律规定的范围内（法不禁止皆自由）处分自己的民事权利和诉讼权利。也只有当事人自己根据实际需要对其权利义务进行处分，才能为纠纷解决结果的正当化奠定基础。调解的这种自愿性凸显了当事人处分权与调解组织之间的分工与主次，在调解过程中调解组织以及调解人特别是法院和法官仅仅是当事人达成和解的推动力，并非主导者，其"所作的一切仅具有建议性质，最终的决定是由当事人自己做出的，调解人并不能把自己的意志强加在当事人身上"[3]。因此，民事调解的规范化必须落实自愿性作为调解程序的法定要件，使其真正成为民事调解的实质要件以及审查民事调解的实质标准。

1. 调解自愿性及真实合意的识别

调解合意的真实本质就是调解的自愿性，包括外在表达的自愿和内心真

---

[1] 赵广明：《理念与神——柏拉图的理念思想及其神学意义》，江苏人民出版社2004年版，第7页。

[2] 邱星美、王秋兰：《调解法学》，厦门大学出版社2007年版，第72页。

[3] 尹力：《中国调解机制研究》，知识产权出版社2009年版，第11页。

实的自愿。外在表达的自愿通过其在调解书或调解协议上签字的行为便可判断并具有正当性、充分性。内心真实层面的自愿则是"共识正义"的核心,其实现是有条件的:一方面,要求合意的达成是建立在充分信息基础上的。这种充分性不仅要求获取调解信息的真实性和有效性,而且要求对称性即"共识必须是双方当事人对相关法律和事实问题都有理性认知且信息对称的情况下达成的。一方当事人清醒,另一方当事人糊涂,他们达成的共识很难说有多少正义的成分"①。另一方面,要求纠纷当事人之间以及当事人与调解者之间进行真正的对话。"真正地对话能够提供充分的判断资料,使发现合意点和提供正确的解决方案更加容易;对当事人来说,能够充分了解对方及调解的意图并获得真实的信息。"②另外,鉴于我国当事人诉讼能力低下的实际情况,要确保当事人实质性协商,还要求调解人必须对有关法律规定、诉讼风险、当事人权利义务、案件本身的法律评价进行平等、充分的释明。如果在当事人存在误解的情况下,调解组织或调解人在不进行释明的情况下仍极力促进合意的达成,显然这种自愿性的正当性就难免令人质疑。我国当前有关释明的规定仅限于证据交换、自认以及诉讼请求变更告知方面,尚未涉及调解方面的释明机制,在民事调解规范化过程中应对此予以重视。在2012年新《民事诉讼法》第122条中已经将先行调解从司法政策上升为民事诉讼应当坚持的一项重要原则的背景下,更应当强化法官的释明作用,使当事人心悦诚服地接受"先行调解"。

需要注意的是,民事调解的自愿还应当在具体的调解类型中根据具体案情判断。在人民调解中,由于人民调解的基本方针在于"调防结合、预防为主",人民调解委员会在发现纠纷后主动介入,只要当事人不反对,并不违反自愿原则。但当事人明确拒绝或中途退出人民调解的,人民调解组织不得强迫当事人接受调解。在行政调解和法院调解中,为了拓展调解的适用范围,行政机关和法院在调解程序的启动方面均居于强势地位,大多主动进行调解,其本质上行使的仅仅是调解的建议权,只要当事人不明确反对,并不影响当事人的自愿性,但需要注意的是,调解组织必须向当事人阐明当事人有权拒绝调解。另外,在我国当前的民事调解中,过分注重民事调解程序启动权和实体处分权,而忽略了当事人对调解员和调解规则的选择权,这也在一定程度上影响了

---

① 江必新:《民事诉讼的制度逻辑与理性建构——〈民事诉讼法〉再修改之思辨》,中国法制出版社2012年版,第54页。

② [日]棚濑孝雄著:《纠纷解决与审判制度》,王亚新译,中国政法大学出版社1994年版,第116页。

当事人的自愿性。

2. 合意诱导机制的构建

民事调解是典型的合意性纠纷解决机制,但没有适当的平台和较大程度上的外力促进、帮助存在一定对抗心理的当事人相互之间进行有效、及时的沟通必然导致当事人在对待如何解决纠纷方面存在严重分歧,阻碍合意的形成。从这一层面上讲必须在充分尊重当事人意思自治和主体地位的前提下构建合意诱导机制。其一,调解人员必须发挥"传声筒"的作用,为当事人之间的有效沟通提供便利条件,或直接介入其对话。其二,调解人员本身必须树立威信,通过自身威信促进当事人接受其提出的调解建议。其三,使调解人通过对法律法规、相关判例,以及中立法律评估等信息的披露或释明,与当事人进行沟通,调整双方当事人对案件争议事实和案件预期结果认识的差距,从而为合意的形成奠定基础。其四,调解人必须为当事人进行有效沟通提供可行的条件,包括适宜调解的时间、地点以及采取适宜的方式。除此之外,还必须借鉴国外先进的立法经验,建构相应的配套保障机制。

（1）强制调解

沃尔夫勋爵在司法改革过程中,提出强制性推荐调解,可以减轻法院系统的负担,使法院能够更迅速地处理其余案件。① 很多国家近年来开始积极推行强制调解的立法和实践。我国《婚姻法》和最高人民法院《关于适用简易程序审理民事案件的若干规定》也规定了强制调解,即婚姻家庭纠纷案件、继承纠纷案件、劳务合同纠纷案件,以及交通事故纠纷案件必须先行调解。2011年11月24日公布的《民事诉讼法修正案（草案）》第25条规定:"增加一条。作为第一百二十一条:'当事人起诉到人民法院的民事纠纷,适宜调解的,先行调解'。"试图进一步扩大强制调解的范围,经过反复讨论,在2012年8月31日通过的《全国人民代表大会关于修改〈中华人民共和国民事诉讼法〉的决定》第27条规定:"增加一条。作为第一百二十二条:'当事人起诉到人民法院的民事纠纷,适宜调解的,先行调解,但当事人拒绝调解的除外'。"最终仍然大幅度扩大了强制调解的案件范围,仅仅从尊重当事人意思自治的角度增加了调解前置的例外情形。

---

① Annie J. De Roo, Robert W. Jagtenberg: *The Dutch Landscape of court – encouraged Mediation*, *Global Trends in Mediation*, Second Edition, Kluwer Law Press, 2006, p. 290.

关于调解前置(强制性调解),学界众说纷纭,反对者认为:"如果当事人确有调解愿望,那他自然会申请调解或同意法院的调解建议而启动调解程序;如果他不愿意调解,即便法院强制启动调解程序,那么也会很快因为当事人反对而无法进行下去,调解结果自然也无法达成。"①但笔者认为,强制调解特别是我国2011年8月31日通过的《民事诉讼法》所规定的强制调解即当事人反对的不得先行调解,本质上仅仅是调解合意诱导机制的一种,其仅仅是对调解程序的启动建议,而非强制,也没有对当事人的实体权利造成任何实质性影响,不会造成对当事人自愿性的侵犯。相反,这种调解前置的做法消除了当事人答应调解可能意味着示弱的顾虑。但需要注意的是,这种"强制"只应当在调解程序启动的时候起作用,而纠纷当事人是否达成调解协议、达成何种内容的调解协议则需要遵循自愿原则。②

(2)承诺性调解

承诺性调解,指调解组织或调解人可以引导主张权利的一方当事人提出和解的要约方案,如果另一方当事人同意该方案,在签订书面协议后直接进入司法确认程序终结案件。否则进入诉讼阶段。在判决结果与和解要约方案一直的情况下,另一方当事人应当赔偿主张权利当事人相应的诉讼成本损失,以此促进当事人尽快调解。域外已有类似的成熟制度,如英国的"第三十六章要约与付款"制度。③ 根据英国《民事诉讼法规则》第36章的规定,当事人可以在任何阶段就任何事项提出和解。"第三十六章付款"制度是指在金钱给付案件中被告以向法院付款的方式提出和解要约。"第三十六章要约"制度是指原告和被告在其他案件中依据第三十六章提出的和解要约。这两种制度是英国民事诉讼审前程序中的重要制度,发挥着重要的息诉作用。为强化我国的民事调解合意诱导机制,笔者认为有必要增加和解方案承诺型调解机制。当然,要确保这种制度的有效实施还需要引入英国"第三十六章要约与付款"制度的威慑力规定,即:"如果另一方当事人不接受上述两项要约,而他在接下来的诉讼中没有取得更好的结果,那么该方当事人不但会败诉,而且还要赔偿提出要约一方当事人的损失,并支付由此增加的诉讼费用。"通过这种向当事人施压的方式确保和解方案承诺型的合意诱导机制得以有效实施。

---

① 肖建华、杨兵:《论我国诉讼调解原则体系之重构——兼评〈关于人民法院民事调解工作若干问题的规定〉相关规定》,载《政法论坛》2005年第1期。

② 肖建国、黄忠顺:《诉前强制调解论纲》,载《法学论坛》2010年第6期。

③ 汤维建:《外国民事诉讼法》,中国人民大学出版社2007年版,第41页。

3. 贯彻自愿性理念的制度障碍排除

当前贯彻自愿理念的制度障碍主要存在两个方面,必须予以改革:

一方面,在于"调审合一"的调解模式。法院调解的本质是公权力主导下对私权利的处分和让与,其为了合意的形成必然不断动用自己直接或间接掌握的资源来迫使当事人接受解决方案。特别是"调审合一"模式下法官既是调解的主持者,又是诉讼的裁决者,难免造成"以判压调、以判促调"的痼疾,在司法实践中调解人员通常使用"暗示性"调解用语促进调解,如不接受调解案件将被搁置或法院将作出报复性不利裁决以及法院将进行不必要的昂贵鉴定。使得当事人不得不在强制阴影下被迫接受调解,造成了调解"合意的贫困化"。

另一方面,在于"背靠背"的调解方法。"背靠背"的调解方法是指法官分别单独与一方当事人交谈从中斡旋以促成调解协议的方法。在实践中法官普遍认为,这是调解的基本方法,是调解成功的关键。但这种调解方法下当事人无法完全掌握对方当事人和案件的全部真实情况,甚至在某些情况下还受到了调解组织以及调解人的欺骗,因此,让其作出让步或接受某些条件,仅仅是形式上的自愿,因信息的不对称,无法实现完全真正的自愿。促使当事人通过合意解决纠纷是调解的本质特征。因此,调解中当事人的自愿性必须最终反映为当事人的合意才能实现纠纷的解决,不仅要达成纠纷解决形式上的合意,还必须使得当事人发自内心地接受调解协议。基于此,应当最低限度地使用背靠背调解法。当然,也不能绝对排除,背靠背调解法也有一定的优势,在当事人之间对抗激烈、情绪失控、实力不对等、缺少判断力等情况下,使用对席调解显然成功的可能性不大,在此情况下,经当事人同意也应当赋予调解人或调解组织使用背靠背调解法的权力。

4. 违反自愿调解的救济

由于传统的调解协议效力低下,当事人之间达成的调解协议如果违反自愿原则,当事人不履行便可获得相应的救济。但为了提升非诉讼机制的法律效力,2011年的《人民调解法》规定了司法确认程序,为与之相呼应,2012修改的《民事诉讼法》第194条、第195条增设了司法确认程序,并将司法确认程序作为民事诉讼非诉程序对待。经过司法确认程序确认的民事调解协议具有相应的强制执行力,因此对违反自愿性的错误确认如何救济必须引起我们的高度重视。对调解自愿性救济的方式发生了重大变革。笔者认为司法确认程序对调解自愿性的救济必须在维护当事人合法权益与维护司法裁决的稳定性之间寻求平衡。即在司法确认过程中应当通过严格审查的方式侧重于对当事人自愿性的救济,违反自愿性的不予确认,而在司法确认后应当侧重于维护司法裁决的稳定性,除非有证据表明严重违反了调解自愿性才能撤销原裁决。具体来讲:

(1)司法确认过程中的救济

由于2011年《关于人民调解协议司法确认程序的若干规定》第7条规定:"具有下列情形之一的,人民法院不予确认调解协议的效力:(一)违反法律、行政法规强制性规定的;(二)侵犯国家利益、社会公共利益的;(三)侵犯案外人合法权益的;(四)损害社会公序良俗的;(五)内容不明确,无法确认的;(六)其他不能进行司法确认的情形。"没有明确将违反自愿原则作为不予确认的情形,缺乏合理性和科学性,笔者认为有必要将违反自愿原则不予确认通过司法解释或立法的方式进一步强化。但需要特别注意的是,如果对自愿原则的审查缺乏可操作的实践性方法,那么自愿原则的设立便成了一个空洞的口号,必须科学设计判断是否违背当事人合意的程序,笔者认为可以要求当事人必须到场经过法官通过对当事人晓谕、询问等方式进行判断。

(2)错误司法确认的救济

对司法确认的错误如何救济,我国民事诉讼法没有规定。最高人民法院2011年公布的《关于人民调解协议司法确认程序的若干规定》第10条规定:"案外人认为经人民法院确认的调解协议侵害其合法权益的,可以自知道或应当知道其权益被侵害之日一年内,向作出确认决定的人民法院申请撤销确认决定。"如前所述,笔者认为在此阶段应当侧重于对司法裁决稳定性的维护,在审查标准上应当更为严格,笔者建议关于合意瑕疵内容的欺诈、误解、胁迫行为的存在,当事人必须提供必要的证据证明,除此之外,还应当将实际发生了相应的损害作为救济的附加条件。

二、重构合法性原则

"合法性原则"是我国民事调解特别是法院调解和人民调解的基本原则,其本质是对当事人处分权的一种限制,体现了国家对当事人自治的干预。但法律法规关于合法性原则的规定极为抽象,有学者认为这一原则纯粹是画蛇添足,而2010年8月28日通过的《调解法》已经将原来的"合法原则"替换为"不违背法律、法规和国家政策"。笔者认为在这种背景下,必须在尊重当事人处分权的基础上对合法性原则进行重新理解。

1.民事调解合法性的界定

民事调解的合法性问题具有较大的争议性,从通常的意义上讲,民事调解的合法性并不意味着只能严格按照法律规范的尺度进行裁量,实际上这里的

"合法"是一种宽松的合法,指不违背法律的基本原则,不违反现行实体法的强制性、禁止性规范。①具体来说,是指不得违反法律、法规和国家政策的明确要求,不得侵害公共利益和第三方利益。但同时需要注意的是,即使民事调解的"合法性"具有极大的弹性,但"对当事人的抉择产生决定性影响的仍然可能是他们自己各自情势与相关法律规范相互对照的结果"②,可见民事调解的合法性并不严格遵循实体法和程序法的规定,但随着我国法治进程的推进,民事纠纷的内容主要涉及法律规范调解的范畴,这就要求必须坚持"法律阴影下的调解"。需要注意的是,在司法实践中,民事调解的标准不仅包括法律法规,还包括道德规范、公序良俗、行业惯例等其他标准,实际上还包括对"情、理"的协调,但这些规范标准并非民事调解合法性中的"法",现代民事调解要求通过逐步推行法规范的形成从而提升民事调解解决纠纷的质量和层次,这就进一步要求民事调解应当将法律法规作为其主要依据,逐步将民事调解从"标准软化"的困境中解脱出来。当然,民事调解合法性的贯彻需要不断提升民众的法律素养和法律意识,需要针对性地加强与群众切身利益密切相关的法律法规和国家政策的宣传,使公民懂法、用法、守法,以合理、合法的形式表达利益诉求。

2.民事调解合法性的主要决定因素

基于调解要求灵活性、简便性以及推崇自愿性,应区别于一般民事诉讼程序的合法性。就一般民事诉讼而言,其合法性,无法完全同时符合双方当事人的要求,主要强调合乎社会上一般人基于法律的日常规定理解而对案件处理结果的承认、接受和信任。而民事调解这种自治类型的纠纷解决方式,由于当事人保留了对纠纷解决结果的控制权,使得其合法性根源取决于当事人对民事调解程序启动、过程及结果的充分认可,即当事人的合意。从这个意义上讲,我国民事调解合法性主要取决于民事调解的自愿性。即使在民事调解中存在不完全合乎民事实体法规定之情形,只要当事人自愿接受,便通过其行使处分权让渡自己法定权益的方式使这种所谓的"适用法律瑕疵"变得正当化、合法化。但前提是当事人处分权的行使必须源自于其真实意愿,包括对让渡法定权益真实情况的了解和对影响其作出决定各种因素的准确、全面考量,以及真实意愿的外部表达。只是需要注意的是,当事人的自愿性不能在违反公

---

① 尹力:《中国调解机制研究》,知识产权出版社2009年版,第44页。
② 范愉:《非诉讼纠纷解决机制研究》,中国人民大学出版社2000年版,第369页。

序良俗和损害国家、社会以及第三人利益的情况下使违法调解正当化,即民事调解的自愿性在较大程度上可以补正民事调解的违法性,但必须在不违反公序良俗和损害国家、社会以及第三人利益的前提下进行。

三、增设适当性原则

1.增设适当性原则的必要性

只有合理判断相应的民事纠纷是否适应民事纠纷并进行相应的类型化归纳,才能合理设计民事调解的启动程序。在国外较为重视民事调解适当性的考察,典型的国家如日本。在日本,强制调解制度只适用于确实不适应诉讼程序的纠纷,法官依职权交付调解的选择必须在确有必要的情形下才能作出。这种必要性也就是法官在作出依职权交付调解的选择时应该依照的基准。关于这种必要性或选择基准,有可能从纠纷的性质与可能适用的实体规范之间的关系或案件对诉讼程序的非适应性以及其他的政策性考虑等若干方面来加以考察。可见日本并不对所有案件一概强调调解,对于其他类型的案件,是否调解,完全取决于当事人的意愿,法院本身并不施加或者变相施加强制性因素。

我国近年来的民事调解运动使得民事调解被过分神话,2012年8月31日通过的《民事诉讼法修正案》第27条规定:"当事人起诉到人民法院的民事纠纷,适宜调解的,先行调解,但当事人拒绝调解的除外。"这一规定在一定程度上灌输和强化了"调解优先"理念,使其从一般性的司法政策上升为民事诉讼的一项重要原则,使得民事调解适用范围进一步拓展和强化,人为地扩大了适宜调解的案件范围,且将民事调解适当性的甄别权完全赋予法院,在"调审合一"模式下,无疑会进一步加重强制调解、违法调解、不公正调解、久拖不决等固有的调解的弊端。因此,民事调解的规范化必须通过树立民事调解适当性原则,对适宜调解的案件进行适当限制,从而助推民事调解启动的合理化、科学化。

2.调解适当性的甄别及处理

民事调解比较适合应用于有一定感性因素或合作关系的民事纠纷。在判断调解适当性时,必须考量纠纷存在的社会环境。其一,应当考量纠纷发生于熟人之间还是陌生人之间。熟人之间相互了解,彼此也很注重自己的声誉,较多顾及亲情、乡情、友情以及合作关系,纠纷发生后,当事人为维系长远熟人关系,愿意通过调解灵活地化解纠纷。陌生人之间人身关系性弱化,彼此越来越重视自己的法定权利和利益,支撑调解的远期投资考量不再是纠纷解决的重要因素,因此,调解也就变得不可能。其二,应当考量当事人权利意识的强弱。

在"俺要讨个说法"成为主旋律的权利时代背景下,"无论是当事人还是社会旁观者,总是习惯把诉讼当做一场战争或战斗,走上法庭'讨说法'的斗士们往往把对方当事人视为敌人"①。如果当事人过于注重对法定权利的追求,则必然合作化解纠纷意识低下,不宜调解。反之,则可以搭建调解平台,促进当事人协商化解争议。

基于前述对适当性的理解,笔者认为,在具体考量调解适当性时应当通过不同的适用程序予以甄别。对不宜适用调解的案件类型应当绝对排除调解程序的启动,作为判断调解适当性的首要步骤。对于有关法律文件明确规定可以调解的案件应当直接进行调解前置,如婚姻家庭纠纷、邻里纠纷、劳动争议和小额债务纠纷,但当事人对先行调解提出异议的除外。对于有关立法既没有强制排除适用,也没有规定可以适用的案件,应当由法官根据具体案情自由裁量并征得当事人同意后进行。但调解适当性最为重要、最为核心的甄别方法仍是当事人的自愿选择,即无论法律规定还是法官裁量均必须尊重当事人对民事调解的程序选择权。新《民事诉讼法》增设了"先行调解"制度,但对"适宜调解"的案件范围没有明确的规定,在法官裁量权没有受到制约的情况下极可能造成调解程序的滥用,因此有必要通过制定司法解释进一步明确和完善适宜调解的案件范围,在当前背景下,应当尽量强化法官的释明权使当事人知晓自己的权利、义务从而提升先行调解制度的正当性和可接受性。同时,也为人民调解、行政调解等不同类型的调解适用提供依据。

3.调解案件适宜性的类型化归纳

对于司法实践中适宜调解和不适宜调解的案件应当分别进行类型化归纳,并通过民事调解相关立法或司法解释予以列举式明确规定,并对不宜调解的案件类型通过立法明确排除适用。如《最高人民法院关于适用简易程序审理民事案件的若干规定》(法释[2003]15号)第14条规定的先行调解案件类型,开启了适宜调解民事案件类型化的开端。从世界各国的规定来看,小额纠纷、邻里纠纷、房屋租赁、家事、劳动人事等类型的案件一般将"调解前置"作为诉讼必经程序。从我国的司法实践来看,调解的适用极为广泛,一般而言,大部分民事纠纷都可以通过调解解决。对于离婚类案件,立法还明确规定必须先行调解。在此基础上,笔者认为可以适用的案件类型有:

(1)有商业关系的企业或个人之间的纠纷

---

① 范愉:《纠纷解决的理论与实践》,清华大学出版社2007年版,第416页。

"诉讼程序会使商业机密泄露,他们会极力回避具有公开性的诉讼程序。而且,即使一方赢得了诉讼,合作关系也往往会因此而中断,调解对他们来说显然更具有吸引力。"[1]这类案件具有调解的可能性,应当为当事人提供调解的选择权。从国外的经验来看,调解的优势对商业纠纷更具吸引力,在欧洲,专门针对商业纠纷的调解示范程序——CPR纠纷解决机构对我国具有示范作用(CPR是公共资源中心的简称,可以根据当事人的要求进行调解)。我国有必要在考虑本土环境的前提下针对商业性纠纷建立专门的调解机制,强化商业类纠纷的调解适用,但不得违反当事人的意愿。

(2)小额纠纷

世界各国的民事诉讼通过繁简分流,将小额和其他一些简单、特殊的纠纷案件同普通案件加以区分,通过小额诉讼、速裁等程序解决,这类程序的特点是结合了诉讼与非诉讼的原理和程序,以简便、快速为基本宗旨,以调解和速裁相结合为基本特征。[2] 这类案件的争议标的额较小,其处理主要基于效益因素的考量,追求快速、低廉,从而节约司法成本和当事人成本。我国2012年8月31日通过的新民事诉讼法增加了小额程序,针对部分适用简易程序案件即标的额为各省、自治区、直辖市上年度就业人员平均工资30%以下的简单案件实行一审终审,也只有强化调解才能为这种程序保障不足的小额程序提供充分的正当性。

(3)熟人纠纷

当前社会仍然存在着大量的熟人之间的纠纷,如婚姻、继承等家庭纠纷、邻里纠纷(主要是宅基地和相邻权纠纷)、不动产共有物的管理、处分、分割纠纷以及合伙协议纠纷。这些纠纷与当事人的日常生活和生产息息相关,矛盾激化不利于以后的长期交往,甚至会破坏社会和谐,特别是案外利益与这些纠纷本身的利益相比亲情、友情以及和合作关系更为重要。因此,在处理这些纠纷时,通过民事调解,打感情、亲情牌,疏通当事人之间的感情,更为适宜。显然,这类纠纷需要进行调解,也属于适宜调解的典型纠纷类型。

(4)法律关系明确的纠纷

保险纠纷、交通事故纠纷、拆迁安置、劳动争议纠纷以及工伤事故等纠纷

---

[1] 章武生、张大海:《论德国的起诉前强制调解制度》,转载于姜丽萍:《试论我国民诉调解制度的改革与发展》,载陈桂明、田平安:《中国民事诉讼法学六十年专论》(2009年卷),厦门大学出版社2009年版。

[2] 范愉:《小额诉讼程序研究》,载《中国社会科学》2001年第3期。

均是常规性的民事纠纷,权利义务关系较为明确,其相应的责任划分和赔偿标准相关法律法规一般有明确规定,甚至高度精确,当事人对事实认定和法律适用均争议不大,通过调解可以高效处理纠纷,确保案件有效分流,缓解法院的案件压力,又不会导致明显不公。但前提是当事人必须自愿接受调解,否则就会不切实际地造成当事人的抵触,适得其反。

(5)当事人有调解意愿的纠纷

"法律的解决一般只能提供标准化的救济,而对于一些高度个性化的诉求则往往无能为力。"①因此,对于一些当事人有调解意愿的案件,如老年人"精神赡养"纠纷、探望权纠纷等,调解则能有针对性地从根本上化解矛盾。对于一些涉及轻微刑事案件如交通肇事的民事纠纷当事人,受害人大多希望得到更多物质上的抚慰,侵权人也希望通过积极赔偿免除相应的刑事责任,双方当事人的和解意愿较强,在法院的积极引导下有较大的调解可能性,这类案件无疑应当列入适宜调解的案件类型。

需要特别注意的是虽然我国有关司法解释已对不适宜调解的案件有所规定。如《最高人民法院关于人民法院民事调解工作若干问题的规定》(法释【2004】12号)第2条规定:"对于有可能通过民事调解解决的民事案件,人民法院应当调解。但适用特别程序、督促程序、公示催告程序、破产还债程序的案件,婚姻关系、身份关系确认案件以及其他依案件性质不能进行调解的民事案件,人民法院不应调解。"《最高人民法院关于适用简易程序案件审理民事案件的若干规定》(法释【2003】15号)第14条规定:"根据案件性质和当事人的实际情况不能调解或显然没有调解必要的不先行调解。"这些规定不仅位阶较低,而且不够全面、完善,有必要通过立法修改的方式进一步深化改革,并将不宜调解的范围从法院调解拓展至人民调解、行政调解等方面。

四、重视保密性原则

保密性是基于当事人自治的要求,对调解的促进具有重要作用,应当成为调解的基本准则之一。我国2004年《最高人民法院关于人民法院民事调解工作若干问题的规定》第7条规定"当事人申请不公开进行调解的,人民法院应当准许",确立了除当事人申请不公开的均公开调解的原则。而2009年出台的《最高人民法院关于建立健全诉讼与非诉讼相衔接的矛盾纠纷解决机制的若干意见》则确立了除当事人申请或同意公开的案件外均应不公开调解原则。

---

① 范愉:《纠纷解决的理论与实践》,清华大学出版社2007年版,第79页。

2010年8月28日通过的《人民调解法》第23条第3款赋予了当事人要求公开进行或不公开进行调解的权利。可见我国相关法律规范逐渐强化了调解保密性的要求,但总的来说,没有保密性适用的案件类型较少,立法位阶较低或保密程度仍有待提高,且规范本身较为抽象,没有规定惩罚性法律后果。因此,民事调解规范化必须充分认识到调解保密性的意义并准确、合理理解其内涵,明确其要求。

1. 调解保密性的重要意义

虽然公开是保证公共权力不被滥用最好的外部制约机制,具有防止司法专横、增强裁决公正性、提升司法公信力等功能。但民事调解的重心在于为当事人交流提供平台,促进其协商,因而没有公开的必要性,相反,更应当强调调解的保密性。调解的保密性主要指调解不公开进行,在调解过程中,双方当事人告知调解员的信息,调解员会严加保密,不会透露给任何人。① 调解的保密性就要求确保当事人可以自由地公开谈论他们所有的要求、利益和感受,他们也确信,在调解的任何阶段所说的,都会被视为秘密,不被偏见地加以对待,并且也不会被当作证据在日后仲裁或司法程序中加以使用。② 调解信息的保密性是调解的重要优势和调解程序维系的根基,"不仅可以减少感性的伤害和道德成本,而且有利于保护当事人的名誉和形象、降低间接损失和道德成本"③。同时"调解可以满足一部分不喜爱打官司或抛头露面的人的心理,合乎价值多元化之社会发展潮流"④。这种优势主要体现在对保护当事人的个人、家庭隐私或商业秘密方面,使得当事人因免于信息泄露压力,而愿意坦诚表达其真实需求和利益,也有益于调解员与当事人之间建立充分的信任关系以及对弱势当事人利益的保护,为当事人营造了一个可以自由表达意见的轻松氛围,有助于当事人畅所欲言,平等地对话和沟通。同时还避免了对当事人隐私权形成不必要的限制与侵犯,因而有利于调解协议的达成。从世界各国的立法来看,保密性已被规定于1980年贸易法委员会的调解示范规则之中,被视为世界主

---

① 齐树洁:《民事程序法研究》,科学出版社2007年版,第104页。
② [英]迈克尔·努尼著:《法律调解之道》,杨利华、于丽英译,法律出版社2006年版,第7页。
③ 常怡:《民事诉讼法学》,中国法制出版社2008年版,第322页。
④ 王建勋:《关于调解制度的思考》,载《法商研究》1996年第6期。

要的调解规则。①

2.调解保密性的具体内涵

"调解的保密性不仅意味着调解不必公开进行,而且也意味着如果调解不成转入诉讼的话,调解中当事人所作的自认、认诺、让步不会被审判者用作对其不利判断的资料。"②在实践中,调解保密的内涵应当包含保密的内容、保护的方式、禁止披露的人等,具体来讲包括三个方面:

第一,对调解的过程中产生的信息,包括案情、调解过程、调解商议、调解结果等均不得向案外人公开,亦即无论是调解的过程还是调解的结果均不得公开,既不允许案外人或公众旁听,更不允许新闻媒体采访,所有调解主体,包括当事人和其他调解参与人也不得向外界披露任何相关调解信息。如在美国夏威夷群岛调解员准则中认为调解中披露的资料都属机密,调解员必须抵制披露调解程序的内容和结局的有关资料。③我国现行的《民事诉讼法》第130条所规定的"人民法院对公开审理和不公开审理的案件,一律公开宣告判决",司法实践中根据这一规定常常公开调解书的做法,实际上已经违反了保密性的要求,应当予以修改。人民调解法也就仅仅规定当事人可以选择调解公开进行或不公开进行,但并未就有关保密事项作出相应的规定。

第二,调解保密性还要求调解程序中所披露的信息不得在后续法律程序中作为对其不利的证据使用,如《最高人民法院关于民事诉讼证据的若干规定》第67条规定:"在诉讼中,当事人为达成调解调解协议。"这就要求调解人不得在审判程序或仲裁程序中作证,也不得披露在调解程序中形成的文件(调解笔录等),更不得将调解中获得的信息作为裁决依据。这些要求旨在免除当事人在调解程序中坦诚协商的后顾之忧。但在我国"调审合一"的模式下,调解法官又是裁决法官,其难以避免在调解失败后的审判中自觉或不自觉地利用调解中获得的信息,要改变这一状况就必须实行调审分离,即调解人不能同时又在后续的法律程序中作为审判法官。除此之外,调解人员没有树立保密意识也是关键,在对调解人员进行保密原则性要求的同时,还必须规定调解信

---

① [澳]娜嘉·亚历山大:《全球调解趋势》,王福华译,中国法制出版社2011年第2版,第268页。

② 廖中洪:《民事诉讼改革热点问题研究综述1991—2005》,中国检察出版社2006年版,第408页。

③ [美]罗伯特·科尔森:《商事争端的调解》,黄雁译,载《仲裁与法律通讯》1999年第6期。

息泄露赔偿制度,即对侵犯当事人隐私权的,有关人员应当对受害人进行民事赔偿,当然,在司法实践中最大的难题在于损害数额无法确定,笔者认为可以规定在当事人难以举证的情况下,可以由法官在法定幅度范围内酌情判决。需要注意的是,从国外的经验来看,为了确保调解信息不被仲裁或后续司法程序使用,一般要求所有文件在调解结束后交还当事人或按照当事人要求当面销毁。这一规定具有一定的可移植性。

第三,调解人在没有征得当事人同意的情况下,不得将其从该当事人一方获知的消息告知任何其他当事人,但当事人同意的可以例外。

3.调解保密性的保障

(1)立法保障

立法保障是调解保密性最有力的保障,贯彻调解保密原则,首先要完善相关立法和制度缺陷,即各种形式的调解组织和调解人员必须采用不公开进行的方式调解,除非当事人申请公开,调解过程和调解结果均应当保密,不得泄露,法院调解中调解人员不得担任后续的审理法官,调解员不得在仲裁或审判程序中作证,这本质上是一种保密命令,是调解组织和调解人甚至相关当事人和参与人必须遵守的职业道德和法律上的义务。但就目前而言,我国涉及调解保密性的法律性规范主要有《最高人民法院关于民事诉讼证据的若干规定》《最高人民法院关于人民法院民事调解工作若干问题的规定》《最高人民法院关于建立健全诉讼与非诉讼相衔接的矛盾纠纷解决机制的若干意见》以及《人民调解法》。整体而言,存在如下几个问题:首先,法律位阶较低。从法院调解以及诉调对接层面上看,相应的规范性文件均为最高人民法院司法解释,调解保密性没有得到民事诉讼法的认可。其次,保密范围较窄。人民调解和法院调解初步形成保密性法律性文件,但行政调解由于缺乏相应的行政调解立法,导致调解保密性几乎无规范性依据。再次,过于抽象,缺乏可操作性。虽然部分法律规范有保密性规定,但确保调解保密的具体要求性规定,特别是对职业特权没有规定,如调解人了解的一方当事人情况应当在对大程度上对另一方当事人保密,调解人以及当事人如何遵循保密性规定均缺乏详细的规定。最后,缺乏惩罚性后果,现有的规范性依据均没有规定违反保密原则的法律后果,无论其是刑事责任、行政责任,还是民事赔偿责任,这极大地削弱了调解保密原则的约束力。

(2)协议保障

从国外的先进立法经验来看,签署保密协议也是调解保密性的重要保障,提供了一个增强保密性的途径。即调解人和当事人都要在调解开始时通过签署一项协议约定保密的事项、期限以及披露例外等事项,使自己恪守保密义务。由于调解相对而言具有相对的隐蔽性,一旦因调解保密性发生纠纷,案外人无从知晓调解人与当事人之间所发生的具体事项,签署保密合同可以在较大程度上解决当事人事后无法举证的困境,为针对侵犯当事人隐私权的行为追究法律责任奠定了坚实的基础,也对调解人和当事人的行为形成了有效的约束,其弊端在于作为一个合同,调解协议无法约束保密协议的非当事人。

4.调解保密性的例外

从国外立法的情况来看,除了有利于保密性的政策,还有许多有利于开示的政策。"意图在两者之间达成适当平衡的努力已在保密的权利和义务方面形成了复杂的迷宫,其中充满了各种里外规则。"[1]在我国民事调解规范化的过程中,在增设保密性原则的同时,切忌"一刀切"的做法,还必须明确遵守保密原则的例外情形,一般而言包括以下几种情形:

(1)保密协议违法。经法院传唤证人出庭作证,如果存在保密协议,且该保密协议旨在隐瞒证据,由于如实出庭作证是每个证人的法定义务,在没有法律赋予其此种情形下享有据证权的情况下,该保密协议违背了法律的强行性规定,侵害了社会公共利益,因此该协议不得对抗司法机关的传唤。

(2)法律明确规定的。针对某些特定情形,法律明确规定了要求其报告或对某些信息的披露义务,如在调解过程中发现一方当事人正在实施犯罪活动的,应当不受保密原则的约束,相关知悉人员,均有义务及时披露相关信息。

(3)为了调解协议所需,不披露可能损害国家利益、社会利益和他人利益的。

(4)双方当事人同意的。自愿是民事调解正当性的基础,经过双方当事人同意的情况下披露相关信息,并没有违反保密性设立的初衷,因此可以作为保密性的例外。

---

[1] Stephen B. Goldberg,Frank E. A. Sander,Nancy H. Rogers,Sarah Rudolph Cole 著:《纠纷解决——谈判、调解和其他机制》,蔡彦敏、曾宇、刘晶晶译,中国政法大学出版社 2004 年版,第 433 页。

第三节　民事调解规范化功能设计

一、通过调解助推法治化建设

现代法治社会的一个明显标志,就是法律在社会秩序形成、社会治理中发挥着主导作用,因而,现代法治社会的纠纷解决机制需要建立在一种以法律为中心的多元规则体系之上。① 在我国法治现代化进程中,调解一度备受指责,被认为"通过不分黑白的和解来解决纠纷会妨碍国民权利意识的确立"②,但调解和法治是可以并行不悖的,关键在于如何在民事调解运行过程中强化调解的法治化建设推进功能,笔者认为可以通过强调法规范的形成和发挥法院判决的"标杆效应",以及凸显法在调解规范中的首要地位三个路径实现这一目标。

1.强调法规范的形成

民事调解不规范的表现之一也在于将调解视为法律虚无主义的"和稀泥"或法外任意性的调解,亦即规范性严重不足,如有学者提出"尽量不考虑法律进行调解,并且应当本着门外汉的圆满主义常识来处理纠纷"③。其原因一方面,在于我国民事调解立法不完善,就法院调解、仲裁调解、人民调解而言,虽有相应的规定,但立法粗糙,过于原则,难以具体操作。就行政调解和民间调解而言甚至没有相应的法律依据,导致调解司法实践中无法可依。另一方面,调解人员不重视调解的法治建设功能,通常在调解过程中过于注重对调解结果的追求,而忽视了调解的效果,特别是调解的法律效果。纠纷的暂时解决或形式解决仅仅是调解一般意义上的功能,其更为重要的功能在于推动法治秩序的有效形成。现代调解制度具有将法律效果和社会效果有机融合的天然优势,这种纠纷解决方式所形成的法律秩序更易为民众所接受,可更加有效地将条文中的法律秩序落实为生活中的法律秩序。

要实现法规范的形成,本质上就是引导当事人向与相关法律规定一致的解决方案靠拢,这就必须注重在司法实践中对调解类型的选择和强化。根据

---

① 范愉:《纠纷解决的理论与实践》,清华大学出版社2007年版,第82页。
② [日]太田知行、穗积忠夫:《作为纠纷解决方式的诉讼上和解》,载渡边洋三:《法社会学的现代课题》,东京岩波书店1971年版。
③ 李刚:《人民调解概论》,中国检察出版社2004年版,第89~90页。

民事调解的功能,棚濑孝雄把调解分为"判断型调解、交涉型调解、教化型调解和治疗型调解"①,判断型调解以发现法律上正确的解决方案为第一目标,是对审判结果的模拟,调解人的主要任务在于向当事人展示其根据法律的判断,促进当事人以该判断为中心寻求纠纷解决的合意;交涉型的调解是当事人在衡量可能的解决结果及解决成本之后寻求对自己最有利方案,其重心在于降低纠纷解决成本;教化型调解是在当事人双方基于存在特定共同体和人际关系情况下谋求符合共同社会规范的自治性纠纷解决方式;而治疗型调解则主要以通过心理治疗实现人际关系的恢复为主要宗旨。赋予民事调解的法治化功能特别是法规范形成功能就必须将判断型调解作为民事调解在司法实践中运作的主要模式,而交涉型调解、教化型调解和治疗型调解应当成为判断型调解无法发挥作用时的补充和辅助,亦即现代调解的这种新的功能要求就使得调解必须实现从"压制性"调解和"情理型"调解向"法理型"调解转变。

另外,需要注意的是,对于某些利益冲突,往往缺乏既有依据特别是法律规范,或者适用现有的法律规范容易造成不公,在此种情况下,民事调解通过对纠纷的处理,可不拘泥于法律规范的简单适用,克服法律的漏洞和矛盾,极大减少了法制与社会的不适应程度,为现代法治的发展保留足够的时间和过程,同时可以在较大程度上为新的规范的形成积累丰富的经验。

2. 发挥法院判决的"标杆效应"

诉讼审判是"法律"解决纠纷的典型形式,它所提供的是一种法律的标准答案,因此,也是其他解决方式的参考系数。在这个意义上,诉讼制度正好也为现代非诉讼纠纷解决方式的存在提供了前提条件。② 一般指导意义上的判例,特别是最高人民法院公布的系列指导案例具有准司法的作用,清晰地反映了法院对一定事实和纠纷的态度,在其指引下明显可以有效帮助当事人预测法律风险,分清法律责任,从而引导当事人自觉解决纠纷,既落实民事调解的合法原则,又贯彻了"法律阴影下的民事调解"理念。从法院功能转型的视角来看,"现代法院的功能确实已经从原先的纠纷解决日益向通过具体的纠纷解决而建立一套旨在影响当下案件当事人和他人的未来行为的规则"③。因此,民事审判应当通过对法律的具体实施成为民事调解的"标杆",这也是民事调

---

① [日]棚濑孝雄:《纠纷解决与审判制度》,王亚新译,中国政法大学出版社2004年版,第54~69页。
② 范愉:《非诉讼纠纷解决机制研究》,中国人民大学出版社2000年版,第32页。
③ 何兵:《现代纠纷解决》,法律出版社2003年版,第117页。

解规范化的核心保障。通常情况下，法院调解被认为是在法律依据和事实依据缺失状态下法官摆脱不得拒绝裁判和裁判无依据尴尬的最佳选择，如最高人民法院2012年3月9日公布的十大调解案例2即"厦门立德置业管理有限公司诉江群如物权确权纠纷案"（福建省厦门市海沧区人民法院[2009]海民初字第1969号）被称为"厦门中秋博饼第一案"，涉及执行法律规定和尊重民俗习惯两个方面的问题，乃至"非物质文化遗产"的保护与健康发展问题，审判实践中无先例可循，法院如何处理，受到社会舆论的高度关注，最终法院选择了调解，但笔者认为我国立法已经日臻完善的今天，法律依据缺失的情形并不常见，在出现新型案例的情况下，更应当作出指导性的判决，甚至可以列入最高人民法院指导性案例，使其成为类似民事纠纷的标杆，促进民事调解进入规范化、法制化轨道。

3. 强调法在调解规范中的首要地位

通常而言，民事调解的规范依据除了法律法规，还包括社会道德、自治规范、单位内部规章制度、宗教和习俗等，即民事调解规范具有多元性。"无论是纠纷的解决者还是纠纷的当事人都应该明白，完全脱离法律的行为或意愿是不具有正义的，因此也就没有实现的保障。"① "我国仍处于法治现代化和社会转型的进程中，确立司法权威、发挥司法功能是时代的需要。"② 因此必须通过调解推进法治建设，这就要求树立法律法规在多元调解规范中的权威和首要地位，凸显法律的规范意义和导向作用，在民事争议有相应法律法规依据时，必须将法规范作为调解准则，从而实现调解依据的规范化。只有在没有法律法规依据的情况下，才能适用其他社会规范，且不能与法律法规的精神和原则相冲突。由于法律规则具有明确性、具体性和完善性，对纠纷解决结果具有决定性作用，对其公正适用可被广泛认同和自觉遵守，因此可以实现纠纷的圆满解决。因此，在纠纷解决的过程中，必须坚持以"法律阴影下的调解"为首要原则，强调对法律规则的参照、遵照和执行，从而实现以维护法律权威为民事调解的基本立足点。但需要注意的是，"社会中的习惯、道德、惯例、风俗等社会规范从来都是一个社会的秩序和制度的一部分，因此也是其法治的构成性部分，并且是不可缺少的部分"③。因此，我们在凸显法在调解规范中的首要地

---

① 赵旭东：《纠纷与纠纷解决原论——从成因到理念的深度分析》，北京大学出版社2009年版，第188页。

② 范愉：《纠纷解决的理论与实践》，清华大学出版社2007年版，第318页。

③ 苏力：《道路通向城市——转型中国的法治》，法律出版社2004年版，第26页。

位的同时,在不违背法律基本精神和社会公共利益的前提下,必须兼顾其他社会规范对调解的作用。

二、通过调解完善多元纠纷解决机制

解决纠纷是民事调解的固有目的和重要功能,加上可一次性地解决多元化和多层次的纠纷,比如不仅可以解决财产纠纷背后的感情、亲情以及人际关系纠葛,而且可以超出民事纠纷的范畴,避免引发深层次的行政纠纷以及刑事犯罪,因此,民事调解的规范化必须高度重视并强化民事调解的纠纷解决功能。

1. 合理配置司法资源

"从社会治理的角度而言,司法资源的供给永远是有限的,不可能全部无限地满足社会纠纷解决的需求,司法资源供求失衡的矛盾是无法根本解决的。"①尽管近些年,各地法院均在积极进行速裁程序的试点,力求诉讼程序的简化、高效。但毕竟诉讼的公正需要严格、复杂的程序保障,难以从根本上避免低效率、高成本的弊端。相比较而言,调解可以避免诉讼时间、金钱成本消耗过大和刚性裁决无法深层次根本化解纠纷的弊端,既节约了司法资源,又降低了当事人接近正义的成本,极大地弥补了诉讼的功能缺陷。另外,民事调解无论是人民调解还是行政调解等其他调解均会大大减少法院的工作量,为纠纷大量涌入法院起到较大的过滤作用,从而确保法院有足够的时间和精力为进入诉讼程序的案件提供高质量的审判,特别是保证了法院将有限的司法资源用于重要和新型案件的裁判中,极大优化了审判资源。从世界各国的司法改革措施看,均着眼于整合司法资源,通过民事调解等ADR机制分流诉讼,进而控制诉讼不至过快增长。基于民事调解的纠纷解决优势和世界各国司法改革的先进经验,在我国当前法院案件激增的背景下,进行民事调解规范化改革,提升民事调解定分止争的功效,有利于司法资源的合理配置。

2. 缓解法院案件压力

尽管现阶段我国是否存在"诉讼爆炸"存在一定的争议。如有学者认为:"分析表明,单纯从案件数量的历时增长,并和改革开放的诉讼水平进行对比,判断我国出现了诉讼爆炸,这是成立的。但是,考虑到我国当前处于失范现象严重的现代化发展前期阶段,在与不同国家的对比中,我国的诉讼率水平是比

---

① 范愉、史长青、邱星美:《调解制度与调解人行为规范——比较与借鉴》,清华大学出版社2010年版,第18页。

较低的,在这个意义上说,我国并没有出现诉讼爆炸。"①但我国近年来法院总收案数量出现"井喷式"增长,积案居高不下,普遍上诉,以及判决自动履行率低下、执行难现状无法根本改观,使得我国诉讼救济严重不充分的问题极为突出,可见我国人民法院面临极大的案件压力甚至不堪重负已成为无法回避的现实。从纠纷解决机制的合理布局看:"在法制社会里,法院诉讼是解决纠纷的'最后一道防线'。也就是说,应该让其他矛盾纠纷解决机制处理大部分矛盾纠纷,只有在其他渠道不能解决的时候,才能借助国家的强制力解决。"②然而,现有纠纷解决体制下法院变成了直面矛盾的"前沿阵地",迫切需要积极构建案件分流机制。因此,民事调解作为重要的 ADR 机制,应当承担主要的纠纷解决任务,特别是人民调解被誉为"预防纠纷的第一道防线"。加之,民事调解以说服教育、规劝疏导、友好协商为主要方法,可以最大限度地使当事人心平气和、不伤和气地从根本上化解恩怨和矛盾,又方便、快捷,减轻当事人诉累,因此通过规范化改革,必须充分发挥民事调解的纠纷解决功能,实现案件的有效分流,极大减少进入诉讼的案件数量,有效缓解法院的案件压力。

三、通过调解提升司法公信力

"司法公信力是指社会公众对司法主体、司法程序、司法运作过程和司法裁判的尊重和认同,是司法在公众心目中所建立的信服状态。"在当事人主义诉讼模式下,民事纠纷必然伴随着双方当事人的激烈对抗,也只能有一方当事人胜诉,客观上无法实现胜败皆服,加之司法实践中存在较多的法外因素影响,同时司法审判遭遇着"起诉难""息诉罢访难""执行难"等困境,使得当事人对诉讼救济无法充分认可,严重影响着司法权威的确立。就民事调解而言,随着调解法规范形成理念、程序自愿性理念、适当性理念、保密性理念的注入,使得当事人对调解化解纠纷的方式更加认可,一定程度上弥补了司法审判公信力不足的缺陷,拯救了司法困境。

四、通过调解实现"接近正义"

1976 年,"基于对司法管理的普遍不满而举行的全国大会"(著名的"庞德会议")在美国明尼苏达州召开,会上提出了关于接近正义的危机这一重大议

---

① 冉井富:《当代中国民事诉讼率变迁研究——一个比较法社会学的视角》,中国人民大学出版社 2005 年版,第 324 页。

② 宋朝武等:《调解立法研究》,中国政法大学出版社 2008 年版,第 16 页。

题。① 民事调解作为ADR的重要机制,本质上属于正义指向,其基本理念在于发挥民事调解对司法的辅助作用,缓解司法的压力和危机并促进民众利用司法的便利化。我国改革开放以来,特别是20世纪90年代以来,公民权利迅速崛起,使得大量纠纷涌入法院,法院开始面临极大的案件压力,甚至被称为"诉讼爆炸"。民事调解利用其处理民事纠纷迅速、便捷、低成本的各种优势,在较大程度上起到了案件分流的作用,确保了真正需要诉讼的案件得到高质量的审判。另外,民事调解本身具有促进法治建设的功能,本质上也属于彰显正义的纠纷解决方式,因此,民事调解确保更多的纠纷能够及时、便捷、经济的解决,当然强化了社会化解纠纷的能力,扩大了法律的作用范围,提升了当事人"接近正义"的几率。

五、重视调解的纠纷预防功能

纠纷解决最有效的途径在于防患于未然,因此一套切实有效的纠纷解决机制,必须强化其对纠纷的预防功能。民事调解功能的规范化设计也必须重视其纠纷预防功效,"将调解工作向前延伸,既搞好'灭火式'调解,又搞好'防火式'调解,充分发挥调解工作在预防和解决矛盾纠纷中的双重功能"②。民事调解充分尊重当事人的主体地位,通过疏导、劝说等柔性方式处理纠纷,有利于恢复破损的人际关系和社会关系,在较大程度上避免纠纷的恶化,甚至是发生。但需要注意的是,实现民事调解的纠纷预防功能必须从源头上分析,本质是社会公共治理功能,多数与行政机关的职能有关,特别是群体性纠纷,如拆迁补偿款纠纷、物业管理纠纷等,而人民调解委员会则最易首先接触纠纷源头,"调防结合、以防为主"也是人民调解的基本工作方针,加上当事人的信任,也较为容易将纠纷化解于萌芽状态,很多卓有成效的人民调解可以及时、便捷地解决纠纷,做到"小事不出村、大事不出镇"或"消化于社区"。因此,纠纷的预防功能应当主要通过行政调解和人民调解两种形式的调解来实现,强化政府各部门间以及人民调解委员会之间的沟通协作和相互配合,从而实现社会矛盾的早期预警和及时化解。

---

① [澳]娜嘉·亚历山大:《全球调解趋势》,王福华译,中国法制出版社2011年版,第4页。

② 章武生:《ADR与我国大调解的产生和发展》,载上海市高级人民法院、上海市司法局、上海市法学会编:《纠纷解决多元调解的方法和策略》,中国法制出版社2008年版。

第四节 民事调解规范化的限度

一、民事调解应符合程序正当性

正当性是任何纠纷解决机制必须予以考虑的基本价值,特别在第二次世界大战以后,"法律的正当程序及其保障"已经成为国际人权法的基本内容。在现代法治社会,只有经过正当法律程序才能剥夺国民的人身权和财产权。"民事诉讼的'正当性'在于界说民事诉讼在'启动'、'过程'和'结果'方面能够被当事人和社会上一般人所承认、信任和遵从的性质或属性。"① 就民事调解程序而言,其正当性也应当包括三个方面,即民事调解程序的启动、过程和结果必须为当事人承认、接受和信任。具体而言,民事调解程序正当性内容又可分为"程序公正"和"程序效率"的两个维度。

1. 程序公正

就程序公正而言,主要指当事人程序主体地位的确立与强化和审判者的中立立场。② 充分尊重当事人程序主体地位要求赋予和保障当事人平等地位,尊重当事人程序主导权以及尊重当事人对裁决形成的充分参与。法官的中立性要求审判者(调解人)不得在法庭以外以任何方式与当事人双方有"亲密接触",同时应当同等对待双方当事人,不偏不倚地听取双方的意见,尤其对于各方当事人的诸种请求或主张应予以同等重视。

2. 程序效率

就程序效率而言,效率属于当事人程序利益的范畴,民事调解周期越长,当事人负担的司法成本也就越高,造成争议长期得不到确定,不利于当事人"接近正义"。同时不顾效率的调解也容易为当事人恶意拖延诉讼提供可乘之机。不顾效率的民事调解同样缺乏正当性,在我国"着重调解"时期,就有过"不怕硬赃官、就怕缠青天""你们不打不骂就是好,就是把事情给窝住了"的历史教训。从司法资源的角度来看,司法资源属于稀缺性资源,在保证调解质量的前提下提升诉讼效率也是节约司法资源的要求,且司法审判程序的复杂性和规范性是正确裁判的有力保障,无法克服效力相对低下的弊端,只有凸显民

---

① 邵明:《现代民事诉讼基础理论——以现代正当程序和现代诉讼观为研究视角》,法律出版社 2011 年版,第 6 页。
② 李祖军:《契合与超越——民事诉讼若干理论与实践》,厦门大学出版社 2007 年版,第 4~9 页。

事调解简便、灵活、高效的优势,才能为民事诉讼提供有益的补充。因此,这种效率性就要求,能调解则调解,不能调解的案件必须及时判决,决不允许反复调解。

二、民事调解应注意预防和规制法律风险

1. 民事调解法律风险的表现形态解读

在民事调解中,多有当事人通过虚构夫妻共同债务、虚构合伙人债务、虚构优先受偿权利标的等形式进行虚假调解,从而恶意逃债、侵吞国有资产损害国家或第三人合法权益的行为。这种行为不仅损害了案外人的合法权益,而且在一定程度上损害了司法公正,危及了司法权威,是民事调解的严重风险。这种法律风险的表现形态通常有三种:第一,善意损害案外人利益类型,即在当事人缺乏对案外人利益或相关法律知识正确认识时,造成的案外第三人利益损害;第二,一方当事人恶意利用调解,以达到拖延诉讼、拖延履行或转移隐匿财产等目的,从而损害对方当事人利益;第三种类型则为双方当事人恶意串通,虚构事实损害国家、集体或案外第三人利益。①

避免诉讼调解运行的极度异化,特别是诉讼调解风险的出现,是民事调解规范化的基本要求和最低限度之一。从前述表现形态来看,民事调解风险包括恶意调解和滥用民事调解权两种,但需要注意的是,从理论上讲,恶意调解是实施者基于恶意,采取不正当手段,借助调解程序,谋取非法利益和损害他人利益,在调解司法实践中较为普遍,但区分和识别民事调解的善意与恶意却是司法实践中的难点和盲点,因此应当严格限制对所谓恶意调解的界定,除非有证据表明采用了虚构事实等不当手段才能认定为恶意调解,否则应当界定为民事调解权利的一般滥用。无论是恶意调解和民事调解权利滥用本质上有损国家、集体、第三人利益,有损国家权威,必须予以预防和加以规制。

2. 民事调解法律风险的预防与规制

民事调解的风险预防和规制应按表现形态类型化区分采用不同的措施,并从强化法院在调解中的职权控制和规范当事人处分权两个方面着手。笔者认为,首先,应当增设民事调解的诚信原则,从理念上要求当事人必须诚信调解,不得滥用程序权利以及实体处分权。新《民事诉讼法》第13条增设了诚实信用原则作为民事调解的基本原则,民事调解同样需要遵循这一原则,因此,

---

① 王秋良等:《诉讼调解风险和防范措施探研》,载上海市高级人民法院、上海市司法局、上海市法学会:《纠纷解决多元调解的方法和策略》,中国法制出版社2008年版。

有必要将此原则拓展至《人民调解法》等其他民事调解相关法律中。其次,在赋予调解文书法律效力时应强化法院对事实和法律适用的审查权。一方面,在涉及第三人、国家或集体利益时,赋予调解文书法律效力必须要求当事人提供相应的证据,其证明标准至少达到释明程度。另一方面,对于不属于法律的事项以及违反法律强制性规定的事项应当拒绝赋予其相应的法律效力。再次,应当完善第三人救济制度,在调解过程中如果涉及第三人利益的应当通知第三人参加调解,在调解文书发生效力后,应当允许第三人申请再审或申请复议,以及在执行阶段提出执行异议之诉。最后,应当完善责任追究制度。构成刑事犯罪的应依法追究刑事责任,普通的民事侵权则应承担相应的民事赔偿责任。

需要强调的是,破解恶意调解和调解权利滥用,不仅要强化恶意调解理论的研究以及相应预防和规制制度的完善,更要在现有的条件下有所作为。纠纷每天都在发生,调解法律风险的预防和规制不能完全寄托于立法和司法环境的变化,调解组织和调解员必须积极发挥能动性,在发现可疑调解行为时,应当主动进行核查,乃至联系利害关系人,提高识别和化解民事调解法律风险的意识和能力。在对案件进行司法确认或制作民事调解书时,法官应当严格审查,不仅审查调解程序的公正与否,而且对待当事人的各种形式要件和实质要件均应慎重考量,对当事人的合意和自愿多持怀疑态度,尽量避免当事人利用调解实现非法目的现象的发生。

三、民事调解不得损害司法权威

"在一个不独立、缺乏应有权威、法官的素质和公正受到全面质疑的司法机制中,调解也不可能获得充分的正当性,其运作效果也不可能较审判本身更好。"[①]因此,维护司法权威是民事调解规范化的基本限度也是民事调解逐渐完善和成熟的根本保障。具体而言,不仅要求民事调解应当强调法规范的形成,在调解过程中逐渐树立法治理念,而且在调解过程中还应当坚持不得损害法律的权威性和判决的权威性。如在当事人申请检察院抗诉阶段、申请法院再审阶段以及在执行阶段不得进行调解,当事人申请调解的也不应受理。当然,这并不排除当事人自行对生效判决所载明的权利进行相应的处分,并没有剥夺当事人自行和解的权利。

---

① 范愉:《调解的重构(下)——以法院调解的改革为重点》,载《法制与社会发展》2004年第3期。

四、确保调解的灵活性和简便性

"诉讼和仲裁都有一套较为复杂和严格的程序设计,因为对其二者而言,裁判是通过对证据的收集调查、对事实的确认作出的,裁判的正确与否依赖于前面所为的一系列行为。"① 而对于民事调解而言,其正当性来源于当事人的合意,因而不需要像诉讼和仲裁那样严格和复杂的程序进行保障。相反,在民事调解中,灵活性和简便性是民事调解必不可少的重要功能优势,是调解的生命力。一方面,这种优势使得民事调解可以不必严格按照现有的法律法规"拘泥"、"刻板"地在浅层面就事论事,而是在一种非对抗性的、和谐的气氛中自由阐述自己的观点和意见从而将纠纷解决的范围扩展至争议背后深层次的矛盾,从根本上化解矛盾。另一方面,"势者,因利而制权也"②,社会矛盾具有多样性、多层次性和多变性,只有保持调解的灵活性和简便性,才能针对纠纷的特点个性化处理,避免定型化、机械化,从而妥当、迅速地化解纠纷,调解员也应当具备战略家的眼光,必须能够时刻根据调解的进展情况灵活地确定相应的程序和采取相应的调解方案。也唯有如此,才能降低诉讼成本,提高纠纷解决效率,从而充分发挥民事调解的功能优势。

基于前述分析,笔者认为:民事调解的规范化和法制化并非要求民事调解必须采用单一的法律标准或对各种调解采用一元化改造,在对调解进行规范化的同时必须保证调解的灵活性和便捷性优势,防止调解的审判化倾向,避免民事调解成为诉讼机制的替代制度。这种灵活性和简便性要求:首先,民事调解的合法性原则,必须区别于诉讼程序的合法性,在强调法规范的首要地位同时必须充分发挥道德、习俗等其他非法律规范的作用。其次,则应当在程序上对调解进行适当简化,即可以不要求查明事实、分清是非,也不要求当事人对每个主张都提供相应的证据。再次,应赋予调解人一定的调解方式选择裁量权。目前就调解方式而言可谓"八仙过海,各显神通",较为流行的有"背靠背调解法"、"面对面调解法"、"以情感人法"、"代理人外力法"等。调解权不同于审判权,调解权是主动的、积极的,其目标在于尽快尽多地解决民事纠纷,因此,保障调解人在调解中行使权力一定的灵活性和简便性,也是民事调解规范化的基本限度。最后,应当保持民事调解在场所、期间、时效以及举证等方面

---

① 宋朝武等:《调解立法研究》,中国政法大学出版社2008年版,第22页。
② 参见《孙子兵法》。

的灵活性,调解的时间、地点和方式,甚至调解依据均可由当事人自由协商或者由调解人建议,也没有时效上的限制和必须查明案件事实、分清是非的要求,使得调解较为便捷、高效,可以及时化解纠纷。

第二章 民事调解规范化的背景

"欲充分发挥某种制度解决纠纷的功能,必须有适合于它的一定社会条件存在,反之,如果不存在这样的条件或条件不充分,该制度就会慢慢变得有名无实,或者实际上的纠纷解决过程逐渐向适合于既存社会条件的方向转化。换言之,无论什么样的纠纷解决制度,在现实中其解决纠纷的形态和功能总是为社会的各种条件所规定的。"① 基于调解的自身优势,各国在第三次正义浪潮的推动下都在积极探索与本国国情相适宜的调解制度、程序和方式。在这种趋势下,我国也逐渐开始注重调解的效果,并向规范化转型。我国民事调解的规范化离不开国际背景,特别是全球调解趋势,但国内民事调解制度的历史背景、政治背景、制度背景、社会背景均深刻地影响着民事调解规范化的方向和力度,解决中国的问题必须了解中国社会的现实需求及可能采取的最佳方式。因此,研究民事调解全球趋势的同时还应当注重结合我国调解发展的历史背景、社会环境、司法政策、文化理念等综合背景对国外制度进行合理移植和本土化改造。

---

① [日]棚濑孝雄著:《纠纷的解决与审判制度》,王亚新译,中国政法大学出版社2004年版,第21页。

第一节 我国民事调解规范化的历史背景

从"陕甘宁边区时期"到新中国成立后,我国民事调解在过去几十年中经历了反反复复的推崇和冷遇,总体来看经历了"前诉讼时代"、"诉讼时代"和"后诉讼时代"。[①]"前诉讼时代"是指我国新民主主义时期至建国初期,民事诉讼尚未形成主流纠纷解决机制,民事调解发挥着重要作用。"诉讼时代"是指改革开放后,民事诉讼成为主要纠纷解决机制,民事调解严重萎缩和边缘化。"后诉讼时代"主要指近年来在多元化纠纷解决机制探索过程中,民事调解再度复兴,甚至被过度拔高。研究民事调解发展轨迹,探寻其规律,总结经验、教训,对我国民事调解的规范化是十分必要的。

一、诉讼调解的"U"形演变历程

1."陕甘宁边区时期"的"马锡五审判"

自1937年7月9日陕甘宁边区高等法院成立,边区高等法院在延安13年的审判实践中,创建了一套全新的人民司法制度和影响深远的"马锡五审判方式",受到了当时群众的极大欢迎和边区政府的高度评价。如1943年《陕甘宁边区民刑案件调解条例》第2条规定:"凡民事一切纠纷均应厉行调解。"1944年1月6日,陕甘宁边区政府主席林伯渠在《边区政府一年工作总结》中"关于司法工作"一节里提出:"提倡马锡五审判方式,以便教育群众。""马锡五审判方式"是新中国法院调解的初创和雏形,其特点在于"深入调查、坚持原则,在坚持执行政府政策法令,照顾群众生活习惯及维护其基本利益的前提下,合理调解"[②],其本质在于贯彻"调解为主、审判为辅"的司法工作方针。"马锡五审判方式作为当时人民司法的首选,有着深刻的社会历史根源"[③],从当时的司法制度看,调解不仅是一种纠纷解决的方式,更重要的是作为一种社会治理模式存在,即调解更重要的是作为承担革命法制任务的载体,旨在推行一套符合人民民主的法律制度,在当时较为适应社会状况。

---

① 洪冬英:《当代中国调解制度变迁研究》,上海人民出版社2011年版,第91页。
② 《民事诉讼法学参考资料》(第1辑),法律出版社1988年版,第58页。转引自宋朝武:《诉讼调解机制的模式转型》,载陈桂明、廖中洪:《中国民事诉讼法六十年专论》,厦门大学出版社2009年版。
③ 洪冬英:《当代中国调解制度变迁研究》,上海人民出版社2011年版,第40页。

2. 新中国成立后调解盛极一时

新中国成立后,受到"马锡五审判方式"的影响,调解被确立为新中国民事诉讼的一项最具特色的基本原则和制度,在司法实践中应用极为广泛,并被誉为"东方经验"。在《民事诉讼法》制定实施以前,调解曾一直被作为民事审判的基本原则和主要方式,将"调解为主、就地解决"作为民事审判工作的根本工作方法和工作作风。如1950年召开的全国司法会议明确指出"人民法院必须始终重视调解工作,诉讼中的调解是我国审判制度的一个必要组成部分"①,1958年毛泽东主席在北戴河会议上强调"还是'马青天'那一套好"。这一时期,"调解是我国民事诉讼中占主导性的运作方式,我国的民事审判方式在构造上仍是'调解型'的"②。1982年《民事诉讼法(试行)》贯彻了这一方针,规定"人民法院审理民事案件,应当着重进行调解",并将"着重调解"作为民事诉讼的基本原则,"着重调解"原则虽然一定程度上矫正了原来强调"调解为主"提法的不足,但仍然突出了调解较判决更为优越的地位。③ 在此后几年的司法实践中民事调解制度仍然发展极为迅速,绝大多数民事案件在判决前法院均会组织调解,且调解成功率也较高。民事调解依旧是极为重要的民事纠纷解决方式。据统计,20世纪80年代中期,调解结案的比例高达70%左右,而判决比例不足20%。④

3. 20世纪90年代民事调解进入低谷

因一度盛行的"调解为主"、"着重调解"政策均积弊重重,理论界和实务界均开始对调解进行检讨,包括牺牲原告合法权利、强制调解、不公正,以及实体法和程序法对法官约束的双重软化等。在学界的"口诛笔伐"下,调解被讽刺为"反法治"的代名词。在此背景下,1991年《民事诉讼法》将"着重调解"改为"自愿、合法调解",以此为标志,转而追求司法专业化,强化人民法院审判方式的改革,提升司法裁判水平,我国纠纷解决机制进入"诉讼时代"。这一时期法院系统乃至整个社会都出现了要求限制调解、强化裁判作用的声音,认为调解是"和稀泥",不能体现司法水平,而判决则权威性强,能够体现法官的法律水平和法理水准。这一时期的调解政策对调解的作用有了合理的评估,在较大

---

① 杨荣新:《民事诉讼法参考资料》(第1辑),法律出版社1981年版,第224页。
② 王亚新:《论民事、经济审判方式的改革》,载《中国社会科学》1994年第1期。
③ 奚晓明:《中华人民共和国民事诉讼法修改条文理解与适用》,人民法院出版社2012年版,第266页。
④ 沈志先:《诉讼调解》,法律出版社2009年版,第31页。

程度上修正了调解与判决的关系。但由于对判决的过分重视,使得这一时期的调解政策又走向了另一个极端,完全忽视了调解应有的作用,法院调解滑向低谷。"庭审中调解的时机和环境都未受到法官应有的注意,以致在公开的庭审中,法官的调解作用活动已经被简略为一句当事人是否愿意调解的询问。"①

4. 21世纪调解的再度复兴

由于审判的诸多弊端逐渐明显,审判解决纠纷的效果不尽如人意,2003年以后,民事调解政策发生重大变化,经历了推崇与冷落反复之后的民事调解作为重要的社会治理模式再度被逐渐强化,特别是人民调解和法院调解被予以高度重视,形成了新一轮的"调解热"。特别是2004年后法院调解进入复兴和大发展时期。这一时期,最高人民法院出台《关于人民法院民事调解工作若干规定的规定》(2004年8月18日由最高人民法院审判委员会第1321次会议通过,自2004年11月1日起施行)极大地促进了法院调解的深入改革和进一步发展。2007年最高人民法院发布《关于进一步发挥诉讼调解在构建社会主义和谐社会中积极作用的若干意见》,2009年再度出台《关于建立健全诉讼与非诉讼程序相衔接的矛盾纠纷解决机制的若干意见》助推了法院调解的全面发展。

2009年王胜俊院长在全国法院民事审判工作会上提出"调解优先"的理念,2010年6月最高人民法院发布《最高人民法院进一步贯彻"调解优先、调判结合"工作原则的若干意见》进一步确认了这一理念。此后,人民法院将"调解优先"理念作为法院调解工作政策强力推行,认为"调解是高质量审判,调解是高效益审判,调解能力是高水平司法能力"②,强调各级法院在处理案件时,将调解作为首要选择,自觉主动地运用调解处理矛盾纠纷,把调解贯穿于诉讼程序的各个环节和各个阶段。"这种特定的政治态势,使得诉讼调解在法律上的实效性和规范性问题居于次要地位,社会效果或政治效果成为人们追求的第一目的。"③在司法实践中,"调解优先"成为一种思潮,全国各级法院将提高调解率作为工作重点。在这种背景下,审判人员难免过于追求调解率,"片

---

① 范愉:《非诉讼纠纷解决机制研究》,中国人民大学出版社2000年版,第581页。
② 参见《最高人民法院进一步贯彻"调解优先、调判结合"工作原则的若干意见》第1条第2款。
③ 张卫平:《民事诉讼回归原点的思考》,北京大学出版社2011年版,第61页。

面理解调解原则,坚持多次、反复调解,在调解不成的情况下久拖不决"①。据统计,近几年来全国人民法院一审民事调解案件与撤诉结案案件均保持在60%以上。2012年8月31日通过的新《民事诉讼法》第122条规定"当事人起诉到人民法院的民事纠纷,适宜调解的,先行调解,但当事人拒绝调解的除外",进一步确认了调解优先原则,使得法院调解的重要地位被极度凸显。

二、非诉讼调解的曲折发展

1. 人民调解的发展历程

人民调解在我国有着悠久的历史,其最早可追溯到20世纪20年代初第一次国内革命战争时期的工农运动中,如1922年澎湃领导的广东"赤山约农会",便设有"仲裁部"专门调解农会会员之间的纠纷。② 第二次国内革命战争时制度化、多样化的人民调解形成并发展,并基本确立了自愿、合法、保护当事人诉讼权三大基本原则。新中国成立后人民调解被作为司法制度和社会主义人民民主政治的重要内容予以重视,1954年政务院颁行《人民调解委员会暂行组织条例》立法确立人民调解制度,1980年1月重新颁布《人民调解委员会暂行组织通则》,1982年宪法又再次确立,1989年国务院又通过《人民调解委员会组织条例》。使得新中国成立后的较长一段时期(除反"右倾"时期和"文化大革命"时期),人民调解取得了长足的发展。

"20世纪80年代至90年代初,随着法制的发展和诉讼高潮的到来,我国的人民调解曾一度衰落。"③1990年被称为人民调解的分水岭,亦即新中国成立后至1990年这一时期,人民调解制度一派欣欣向荣,在此之后则重要性骤减,逐渐走向低谷。具体来说,我国人民调解处理的民事纠纷1991年为740.92万件、1994年为612.37万件、1995年为602.85万件、1996年为580.22万件、1997年为554.32万件、1998年为526.72万件、1999年为518.9万件。④人民调解这一时期陷入停滞甚至倒退的根本原因在于这一时期国家过分强调和倚重诉讼。当然,人民调解随意性大、效力低下、公信力不高以及财政投入不足等因素也有较大的影响。

---

① 陈斯、段体操:《转型时期司法调解的推进路径——以东莞法院为视角》,载徐昕:《司法:调解的中国经验专号》,厦门大学出版社2010年版。
② 吴志明:《大调解——应对社会矛盾凸显的东方经验》,法律出版社2010年版,第12页。
③ 尹力:《中国调解机制研究》,知识产权出版社2009年版,第61页。
④ 范愉、李浩:《纠纷解决——理论、制度与技能》,清华大学出版社2010年版,第170页。

20世纪90年代后期以及21世纪初期,中央再度对人民调解的矛盾化解和预防功能予以重视,使得我国开始对人民调解制度进行系列改革,自2002年起人民调解进入新的发展时期,人民调解在一定程度上有所复兴,调解案件的数量有所回升,人民调解在纠纷解决中的作用也日渐凸显。这一时期主要强调了人民调解协议的效力法治化和操作程序规范化,如2002年9月,中共中央办公厅、国务院办公厅批转的《关于加强新时期人民调解工作的意见》强调了人民调解的重要性。最高人民法院出台的《关于审理涉及人民调解协议民事案件的若干规定》,明确了人民调解协议的性质和效力。司法部公布的《人民调解若干规定》对人民调解的性质、工作范围、组织形式以及调解程序等作出了明确的规定。2005年根据全国人大立法规划,司法部开始调研论证,并着手起草《人民调解法》(中华人民共和国第十一届全国人民代表大会常务委员会第十六次会议于2010年8月28日通过并公布,自2011年1月1日起施行)。2009年7月24日最高人民法院颁布了《关于建立健全诉讼与非诉讼相衔接的矛盾纠纷解决机制的若干意见》(法发〔2009〕45号),加上《人民调解法》第33条第1款"经人民调解委员会调解达成调解协议后,双方当事人认为有必要的,可以自调解协议生效之日起三十日内共同向人民法院申请司法确认,人民法院应当及时对调解协议进行审查,依法确认调解协议的效力"的规定,基本上从立法层面解决了人民调解协议效力低下的痼疾。

2.行政调解举步维艰

西方国家对待司法远远重于行政,行政调解的运用远少于司法,甚至根本就没有行政调解。而在我国,情况大不相同,"我国的行政机关历来担负着处理公民的纠纷和各种申诉的职能,各种行政机关根据有关法律法规的规定,一般都有通过行政调解、决定或裁定等方式处理该领域公民的申诉和其他纠纷的职责"①。亦即行政调解是我国重要的纠纷解决机制,也是民事调解的核心类型。行政调解在我国也有着悠久的历史,在我国周代专门设有"掌司万民之难而谐和之"的"调人"之职,这可能是我国历史上最早设立的专职"行政调解员"了。此后的历任王朝均极为重视官府调解。新中国成立后,行政调解也一直被给予相当的重视。但需要注意的是,我国的行政调解并没有得到充分发展,特别是没有形成健全的体系化的制度。突出表现在:其一,行政调解仅集中存在于几个常规性的领域中,如交通事故纠纷、劳动争议纠纷、土地权属争

---

① 范愉:《非诉讼纠纷解决机制研究》,中国人民大学出版社2000年版,第540页。

议纠纷以及行政医疗纠纷等,尚未形成普遍性的纠纷解决体系;其二,行政调解职能仅仅作为行政职能的附属,没有独立地位,也没有强制要求行政机关必须履行这一职能,使得行政调解没有独立的程序,功能发挥极大受限;其三,我国有关行政调解的法律法规没有形成完善的法律体系,不能为行政调解制度提供充分的法律保障。

三、民事调解发展历史的启示

1. 民事调解发展的影响因素

按照诉讼制度在纠纷解决体系中的功能,我国纠纷解决时可分为前诉讼时代、诉讼时代和后诉讼时代。"在中国,2001年前可以被称为前诉讼时代,此后进入诉讼时代,其特征在于争议解决方式逐渐单一化、集中化。后诉讼时代是一个民事纠纷可以被多种方式合理解决的时代。"①如前所述,每一时期,民事调解的兴衰与当时的社会状况密不可分,这是由相应的历史环境所决定的。

(1)前诉讼时代的影响因素

前诉讼时代的民事调解特别是"马锡五审判方式"盛行的实践状况是由其战时环境及建国初期的特定历史环境所决定的,在当时的背景下,尚未建立和实施完善的法律规范和司法制度,没有现代意义上的法院和现代意义上的法官,也不存在可以据以裁决的程序法依据和实体法依据,且纠纷解决必须符合民众呼吁人民民主政治的政治形态要求,使得必须充分利用传统调解资源,包括民间调解和法院调解,加之当时的乡土社会为民事调解提供了必备的社会基础。

(2)诉讼时代的影响因素

诉讼时代,国家对诉讼过分倚重,使得诉讼的强势地位压制了其他纠纷解决机制的发展,使得纠纷解决方式过于单一化,致使诉讼费用和司法成本过高,法院不堪重负,无法及时有效地化解纠纷。

(3)后诉讼时代的影响因素

后诉讼时代,民事调解的急遽升温,主要是基于政治环境的需求和对司法政策的迎合,特别是缓解"案结事不了"的各种信访、诉讼案件压力。就法院调解而言,在"调解优先"政策的助推下,各级法院将调解作为人民法院审判工作

---

① 张卫平:《中国民事司法改革的基本构想》,载《中国社会科学(英文版)》2002年夏季号。

的重点,以种种内部措施特别是法官绩效考核来激励法官促进调解。当然,这一时期的调解复兴在一定程度上也是对"诉讼是解决纠纷的唯一手段"、"法律至上"的反思,认识到了调解对定分止争以及构建和谐社会的作用。

但必须注意的是,随着社会的发展,必须借重和依赖民事调解的各种决定性因素已经发生了根本变化。就社会结构而言,民事调解的全新发展依赖于乡土社会的熟人关系,特别是调解员对地方民众较为熟悉,易以地方性、习惯式的方式化解纠纷。随着城镇化进程的加快,街道居民委员会所面临的更多是陌生人之间的纠纷,自己也对当事人缺乏了解,这种因素已经发生了根本变化。另外,法律制度和司法制度逐渐健全,公民的法律素养也逐渐提高,使得现代民事调解的基础发生了极大变化,因此,必须在此基础上考量调解政策、调解方式以及调解技巧。从民事纠纷制度的整体视角来看,国家必须对纠纷解决机制的整体发展战略合理布局,根据民事调解的具体社会背景和需求制定合理的民事调解政策。

2. 应当建立多元的调解机制

"诉讼的承载能力是有限的,负荷过重必然损害诉讼的正当性根基——程序正义,进而损害司法的公信力。"①因而,在法治基础上建立一种多元纠纷解决机制,即诉讼、调解以及其他纠纷解决方式共同发展、相互促进的纠纷解决体系,更符合社会和法治的可持续发展,也只有根据纠纷的性质和需求配置相应的司法资源才能在司法资源有限的背景下最大限度地实现纠纷的合理化解;从社会控制的视角来看,"当代社会追求善治理念,强调法治与其他社会控制、法律与其他社会规范、国家执法系统与民间社会自治的协调互动,认为对法律和诉讼的过度依赖不仅需要付出极高的社会成本,也会给社会带来一定的负面效果"②;从社会控制的实际需要和客观规律来看,社会冲突具有复杂性和多样性,在诸多社会冲突中,各种冲突的性质、形式和激烈程度具有较大的差异性,加之每个当事人的价值观和救济需求具有多元性,使得纠纷解决的手段和方式必须具有多样性。20世纪后半期,在世界范围内的司法改革运动中,替代性纠纷解决机制取得了迅猛发展。我国正处于社会转型时期,矛盾多发,类型复杂多样,更加需要大力发展多元化纠纷解决机制。

---

① 宋朝武:《调解立法研究》,中国政法大学出版社 2008 年版,第 45 页。
② 范愉、李浩:《纠纷解决——理论、制度与技能》,清华大学出版社 2010 年版,第 19 页。

在当代社会,法律不再被视为社会治理的唯一手段,多元化治理模式已自发形成,即便从非诉纠纷解决机制来看也应当凸显其多元化。从我国现有的非诉讼纠纷解决机制看,主要由人民调解、行政调解、法院调解和仲裁调解构成。人民调解通过广泛开展法制教育和进行公德教育,不仅在化解民事纠纷方面具有独特的优势,而且有效预防了纠纷的发生,甚至在预防控制犯罪方面也具有显著的效果。因此,人民调解自古就有的自主教化和宣传作用,是一个有着"和为贵"之传统并重视德育的国家所无法舍弃的,①是社会治理不可或缺的手段。

3. 坚持民事调解的灵活性和规范性的协调

民事调解最大的特征在于其灵活性,灵活性也是任何成功调解的关键,保障了民事调解的各种优势。首先,体现在调解依据的灵活性,调解协议不必依据实体法律法规形成。即"调解主要的依据是国家的法律,当然与法律不抵触的家法、族规、乡约等社会规范和地方规范也作为依据适用"②。其次,调解的灵活性保障了调解内容的开放性,即调解不仅仅针对正在发生的纠纷,而且可以化解深层次的矛盾包括非法律调整的范畴,使得调解解决的纠纷范围拓展至未来的纠纷。即调解的灵活性不仅照顾到了当事人的眼前利益,而且照顾到了当事人的长远利益,使得纠纷可以获得更加切合实际的解决。最后,调解的灵活性保障了纠纷的及时、有效化解。正如棚濑孝雄教授所言:"只要双方当事者同意,解决的内容就可以任意地决定,因而这种处理方式更容易得到符合纠纷实际情况的结果。"③

但同时民事调解的灵活性必须受到一定的限制,民事调解必须在法治的框架内进行。"中国调解解决纠纷机制的变革,我认为是一种适应性变革,就是要不断实现调解的规范化和程序化,提高调解的效率和公正,让它完全符合现代法治观念和法治需要。"④可见,民事调解的灵活性和规范化是民事调解的两个相互矛盾的基本要求,缺一不可。这就要求在民事调解规范化过程中必须实现调解灵活性和调解规范性的适度平衡,不可将调解演变为不讲法律和原则的"和稀泥",也要避免民事调解走向诉讼程序化的极端。

---

① 张增强:《试论人民调解制度》,湘潭大学 2005 年法律硕士学位论文。
② 沈志先:《诉讼调解》,法律出版社 2009 年版,第 25 页。
③ 棚濑孝雄:《纠纷的解决与审判制度》,中国政法大学出版社 1994 年版,第 80 页。
④ 肖扬:《让"东方经验"重放光彩——在亚太首席大法官会议上的演讲》,载《判解研究》2004 年第 5 辑。

4. 应当吸取历史教训,避免重蹈覆辙

在民事调解发展过程中,有过较多的历史教训,应当作为"前车之鉴"。就法院调解而言,之所以将"调解为主"政策改为"着重调解"的原因在于前者导致了"强制调解"以及对判决的忽视。① 如一度将调解作为判决的必经程序,导致久拖不决,被群众误以为法院不愿解决问题,"不怕硬赃官,就怕软青天"、"你们不打不骂是好,就是把事情给窝住了"②等口号盛行一时。1991年的《民事诉讼法》确立"自愿、合法"原则的根本原因在于"着重调解"政策仍然无法克服"调解为主"遗留的痼疾,特别是仍然突出了调解优于判决的错误理念。当然,这一时期司法实践中也产生了"重判轻调"的错误倾向,片面强调"坐堂问案"和"一步到庭",民事调解率迅速下降,民事调解政策走向了另一个极端。可见理性的民事调解政策对民事调解制度的健康运行有着极大的影响,这就要求我们必须重视调解的纠纷解决优势,但同时也要认识到其局限性不可过分夸大和强调其功能。在积极构建和谐社会的背景下,重视调解并无不当,但必须对过分的"调解优先"政策进行反思,必须吸取类似的历史教训,避免重蹈历史覆辙,特别是新民事诉讼法引入先行调解制度后,必须对适宜调解的案件范围进行深入的研究,并加以规范,否则必然过分拔高"调解优先"的适用。

第二节　我国民事调解规范化的制度背景

民事调解作为纠纷解决的方式之一,当前在我国占据重要地位,且表现形式极为丰富,包括法院调解、人民调解、行政调解和仲裁调解、公证调解,以及行业调解、民间调解等,但目前我国调解制度已经走到了十字路口,进入了制度转型时期,特别是当前的调解过于注重形式上的调解率而忽视了调解效果,导致弊端重重,特别是各种形式的调解孤立运作、相互之间壁垒森严,无法形成体系化,因此,我们必须深入研究我国当前民事调解的现状,为民事调解规范化奠定基础。

一、各类型调解条块分割,缺乏系统性和针对性

当代中国,为应对日益增多的纠纷,各种解纷机制并存,特别是民事调解

---

① 河南省法学会:《调解制度理论与实践》,郑州大学出版社2010年版,第29页。
② 张希坡:《马锡五审判方式》,法律出版社1983年版,第61～62页。

类型逐渐多元化已成为不争的事实,但我们不得不面对现有的民事调解体系发育不成熟的客观现实。突出表现在民事调解体系在整体结构设置上合理性不够,纠纷解决体系内部组成部分之间有机协调不足等,因此,我们必须从系统论的视角审视并规范现有的各种民事调解类型。系统论的显著特点在于"整体性、综合性、层次性、结构性、环境关联性、功能性"①,强调从综合考察整体与部分之间、部分与部分之间、整体与外部环境之间的相互联系、相互制约、相互作用的关系中对问题进行最优化改革处理。从这一视角出发,我国现有的民事调解机制存在如下问题:

其一,我国民事调解体系内部结构存在严重失衡的状况,使得大部分类型的民事调解与其应有的地位不符,没有受到足够的重视和支持。突出表现在长期以来将人民调解、行政调解、法院调解以及仲裁调解视为正统的调解机制,忽略了其他种类繁多的社会团体的调解以及公民个人的调解,如律师主持的调解、公证调解、行业协会调解、民间调解等,使其边缘化,而这些"非正式"调解在定分止争上也毫不逊色,却因体系设计不科学、不合理,无法充分发挥自身的功能。即便就传统的人民调解、行政调解、法院调解而言也存在不同程度的偏见。譬如,在积极构建诉调对接过程中,我国现行的法律特别是《人民调解法》、2012年新《民事诉讼法》仅强调了对人民调解协议的司法确认,全国人大法工委民法室扈纪华主任在2012年10月27日于南京召开的全国民事诉讼法学研究会年会上强调,根据新民事诉讼法的理解目前能够进行司法确认的只有人民调解。可见,我国各种类型的民事调解发展出现了严重的不均衡,对各种不同类型的民事调解类型给予相应的重视并进行必要的培育是民事调解规范化的重要内容之一。

其二,我国各类型的民事调解之间缺乏应有的衔接和配合。消费者协会的调解与工商行政管理局之间的调解,乡镇司法所的调解与人民调解委员会的调解之间的受案范围的冲突,在运作中经常出现"踢皮球"或"抢案源"的怪异现象。因此,必须充分重视民事调解内部各机制之间出现的交叉、重复或空白现象,对各种调解进行重新定位和梳理,理顺各种非诉讼解纷方式之间的关系,使其相互之间能够优势互补、良性互动,从而追求民事调解体系的整体纠纷解决效果,确保民事调解系统内部的顺畅运行。

其三,我国的调解机制忽视了"调解制度解决的纠纷出现类型化处理的趋

---

① 常绍舜:《系统科学方法概论》,中国政法大学出版社2004年版,第30~39页。

势,并且其涵盖的纠纷类型在扩大"①。我国司法实践中所面临的纠纷虽然没有截然的分野,但逐渐出现了类型化倾向,如校园纠纷、交通事故纠纷、环境纠纷、医疗纠纷、家事纠纷、消费者权益纠纷、劳动争议纠纷等。这就需要对这些纠纷进行专门化研究,配置专门的调解机构和调解员,并规定其受案范围、权力范围、法律效力等,逐渐培育、完善和细化多元类型的民事调解制度,使其系统化、完整化。目前,仅仅按照传统的人民调解、行政调解和法院调解进行简单的类型划分显然远远无法满足民事调解纠纷解决体系发展的需要。

二、调解仅被视为社会治理模式,尚未上升为当事人的基本权利

调解既是一种重要的纠纷解决机制,也是当事人程序选择的一项基本权利,是具有实体性利益和程序性权益的权利,是宪政视野下当事人的一项基本人权。这一权利不仅要求尊重当事人启动或不启动调解程序以及如何达成调解协议的基本权利,而且要求有关机关必须丰富、完善民事调解机制,为当事人解决纠纷提供合理、科学、公正的多元化民事调解程序。"调解权为公众提供了一条表达意愿、维护自身权益的基本途径,它也促使那些为宪法以及基本法律所保障的利益关系得到现实的维护,同时也使得国家权力与公民权利之间的配置关系得到优化,为法治的发展注入了新的活力。"②因此,只有将调解视为当事人的一项基本权利,并将其作为民事调解制度完善的基本目标和主体框架基础,对调解权的运行机制以及调解主体如何实现这一权利进行深入研究,才能实现民事调解"惊心动魄的跳跃"。

从我国调解制度的运行现状来看,调解仅仅被视为国家解决纠纷、化解矛盾的手段或方式,从未被作为当事人的一项基本权利予以建构和保障。这也在一定程度上反映了我国当前民事纠纷解决机制运行的根本目的在于化解矛盾、维护社会秩序,公民个体权利的保护被放在了次要地位。民事调解的规范化,应当全方位地对民事调解制度进行完善,以当事人基本权利为核心的调解权的提出,实现了民事调解权性质认识上的飞跃,重新平衡了调解权与国家相关权力之间的关系,有利于对当事人权益的维护。因此,当前民事调解完善的核心和当务之急是将调解作为当事人的一项基本权利,建立"当事人主义"的民事调解体系,并对其运作目标和整体框架进行重新设计。

---

① 李德恩:《民事调解理论系统化研究——基于当事人自治原理》,中国法制出版社2012年版,第55页。

② 杨继文:《论我国调解制度中的调解权建构——调解权之性质初探》,载《民事诉讼法修改重要问题研究》,厦门大学出版社2011年版。

三、运动式的调解政策

民事调解政策是指党中央、国务院、中央政法委、司法部以及最高人民法院等一系列中央机关在一定时期内为实现民事调解目标所发布的有关调解准则、指南以及针对调解的基本态度。① 民事调解政策是民事调解制度运行的风向标，对民事制度的完善起着极为重要的指引作用。纵观我国的调解制度发展史，调解制度自新中国成立以来，经历了曲折的发展历程，在历史的轮回中此起彼伏、冷热互见。在"调解为主"时期（革命根据地时期至 1982 年）和"着重调解"时期（1982 年—1991 年）过分强调调解的纠纷解决功能优势，推崇调解万能，将调解的运用推向极端，导致了强制调解、久拖不决以及过分"冷落"其他纠纷解决机制。"自愿、合法"调解时期（1991 年—2003 年）又极其轻视调解制度，使得"废除论"、"无用论"盛行，调解制度应有的纠纷解决功能被完全忽视。在"调解优先"政策的推动下，民事调解再度复兴，"大调解"以及通过积极推动调解参与社会管理创新在全国形成一种潮流和运动。民事调解政策在两极之间频繁转换并非理性选择，且"建立在主观、狂热、错误判断和急功近利基础上的运动，不仅难以达到预期的目标，反而带来不可弥补的损害"②。可见，确立理性的和稳定的民事调解政策已是当务之急。

在确立这一政策时，必须清醒地认识到：一方面，调解作为传统的纠纷解决方式，在我国有着悠久的历史，在我国多元化纠纷解决机制中占有重要的地位，其在纠纷解决方面的功能优势必须加以肯定和给予足够重视。另一方面，调解不是万能的，其有着巨大的局限性，且是民事诉讼的必要补充，因而其必须走下"神坛"。鉴于此，笔者认为，在制定民事调解政策时既不能过分冷落也不能过分推崇，必须理性地对待民事调解，根据社会环境的变迁确定温和的、稳定的、理性的民事调解政策。

四、各种调解弊端重重

我国的民事调解规范化，不仅要对各种类型的民事调解进行综合性、整体性和系统性的观察，深化改革，更要从各种调解类型自身着手改进和完善，使其尽可能完美。如前所述，我国存在种类繁多的民事调解，除了传统的调解类型外，还包括仲裁调解、公证调解、行业调解等，但由于我国没有对这些调解类型给予充分的重视，调解没有得到充分的培育，尚未形成制度，故在此笔者仅

---

① 张嘉军：《民事诉讼调解政策研究》，郑州大学出版社 2011 年版，第 22 页。
② 范愉：《调解年和调解运动》，载《河南社会科学》2010 年第 1 期。

对法院调解、行政调解、人民调解进行相应的评述。

1. 法院调解弊端重重

我国法院调解有着悠久的历史,在民事纠纷解决方面在一定程度上,具有优势,应当肯定。但与此同时我们必须认识到司法实践中凸显出来的各种弊端,突出表现在:(1)"调审合一"导致强制调解、久拖不决等弊端重重。(2)法官调解权过大导致不公正调解无法克服。(3)"大立案"、统一送达、排期开庭,使得调解无法及时进行,或者流于形式无法发挥调解的固有优势,调解功能削弱。(4)没有注重调解的适当性,盲目调解。就法院调解而言特别需要注意的是,我国新《民事诉讼法》第122条关于"先行调解"的规定,其适用对象是起诉到人民法院的民事纠纷,可以是人民法院收到起诉状或口头起诉之后、尚未立案之前,也可以依法立案受理后、移送业务庭审理之前,使得调解的阶段极大扩张。容易导致在价值上产生"调解优于判决"的错误判断,异议适用范围的无限扩大。另外,由于当事人对法官的畏惧,可能产生其不敢行使"拒绝调解"的权利。因此,必须对法律规定的"适宜调解"作严格的解释,且法院必须充分行使释明权保障"先行调解"的正当性。

2. 行政调解存在的不足

基于我国传统的行政管理根基,"在纠纷出现时,当事人的第一反应就是'找政府'、'找干部'",因此,行政机关在依法行政的同时,也承载着重要的民事纠纷解决功能,其表现形态则是行政调解。行政调解有着极大的现实需求,特别是行政机关拥有公权力具有实质的权威性,使得行政机关具有强势的地位,其提出的方案对当事人有着不可忽视的分量,因此,行政调解无疑是纠纷解决的有效资源,在多元化调解机制中发挥着重要作用。但由于行政调解职能所存在的诸多问题极大地限制了其功能的发挥,甚至导致其功能虚化,突出表现在效力不足,功能附属,以及行政调解法律体系不健全,缺乏整体性、系统性。

(1)行政调解效力不足

行政调解协议效力低下是目前行政调解制度的最主要问题之一,突出表现在行政调解不是政府机关的义务性职能,仅仅是衍生职能,且调解结果不具有强制性的法律效力,达成的协议没有约束力,当事人可以随意反悔。"调解的效力缺乏刚性,即使签订了调解协议,当事人也可以轻易地予以否定,不仅浪费了宝贵的资源,而且也使得当事人的权利不能得到及时的救济。"①此种情况使得行政调解陷入了极端困境,即不能实质解决纠纷,不仅令当事人对行政调解的效果表示深度怀疑,而且也使行政机关自身对开展调解工作的积极性变得越发低落,加上"现在有些行政部门害怕到法院当'被告'或者认为处理民事争议得'不偿失'不愿意行使民事争议的裁决权"②。这一效力瓶颈极大地制约了行政调解制度的良性发展,因此必须引起我们的高度重视,虽然最高人民法院公布了《关于建立健全诉讼与非诉讼相衔接的矛盾纠纷解决机制的若干意见》(法发〔2009〕45号),2012年新《民事诉讼法》也规定了司法确认程序,但目前而言仅人民调解协议可以进行司法确认,行政调解效力瓶颈的痼疾并未得到足够的重视和缓解。

(2)功能附属

我国目前没有统一的行政调解管理机构,且行政调解与行政管理相比更多体现的是一种附属性职能。各行政机关在各自的职责范围内均可行使相应的调解职能。既没有管辖范围的划分,也没有专门的调解机构和人员配备,这使得行政机关在调解时多带有临时性,缺乏相应的独立性和专业性,特别是调处与行政管理有关的纠纷时,其不独立性和不公正性更为明显。这一现状导致了"现行的行政调解机制大多处于闲置状态,目前我国法律、行政法规及规章中所涉及的行政调解机制达40余项,大部分以特定领域的民事纠纷为调解对象,如消费纠纷、电信纠纷、资源权属纠纷、交通事故纠纷等,但司法实践中,这些行政调解机制很少被利用,行政调解的作用和效力十分有限"③。而在国外,大多成立了专门的行政调解委员会对特殊类型的民事纠纷进行调解,如日本的劳动委员会专门调解劳动争议案件,公害调解委员会专门调解环境污染或保护案件。从这一趋势来看,应当逐渐提高行政调解组织的独立性和专业性,同时还应当重视行业调解组织和专业调解组织的作用,用行业调解代替行政调解的部分职能。如可以将交通事故争议、劳动争议等典型性的争议从行政调解中剥离出来,授权社会组织进行调解。

---

① 赵旭东:《纠纷与纠纷解决原论——从成因到理念的深度分析》,北京大学出版社2009年版,第126页。
② 江必新等:《民事诉讼的制度逻辑与理性建构——〈民事诉讼法〉再修改之思辨》,中国法制出版社2012年版,第46页。
③ 蒋惠岭:《行政调解的"座次"之争》,载《人民法院报》2009年8月10日。

(3)缺乏程序保障

就目前而言,我国行政调解中的程序性规则极不健全,有关程序性规定极其匮乏,加上行政权力实体规范乡规混乱,在司法实践中重实体、轻程序观念根深蒂固,导致当事人的程序保障严重不足,行政权力极有可能被滥用,出现强制调解、不公正调解、违法调解等现象,严重侵犯了当事人的合法权益。另一方面,部分行政机关在行使行政调解权时过分消极,由于法律并未将行政调解作为民事诉讼的前置程序,大多行政机关怕麻烦和承担责任,而在不调解的情况下直接告知当事人向人民法院提起民事诉讼,实际上剥夺了当事人选择行政调解的权利,同时也使行政调解形同虚设无法实际发挥功能。

3.人民调解的困境

被誉为"东方经验"的人民调解制度,是我国纠纷解决机制的重要组成部分,是维护社会稳定的"第一道防线",其与国家司法程序并行不悖、相辅相成,是一种司法辅助制度,也是我国解决民事纠纷的特色法律制度。但当前,人民调解制度正在遭遇萎缩困境,甚至有学者将这种每况愈下的境遇描述为"组织庞大,力量不足,往往徒有虚名,民间调解处于半瘫痪状态"[①]。具体体现在如下几个方面:

(1)自治性受到严重制约

根据我国《宪法》、《民事诉讼法》、《人民调解委员会组织条例》、《人民调解法》等法律法规的规定,人民调解制度由村民委员会和居民委员会下设的调解民间纠纷的群众性组织作为人民调解委员会对自己主管区域内的民事纠纷进行调解解决,即人民调解具有民间性和群众性,属于民间调解的范畴,人民调解组织也属于群众自治组织,并非行政或司法组织。我国《民事诉讼法》(2007年修正后)第16条第1款规定:"人民调解委员会是在基层人民政府和基层人民法院指导下,调解民间纠纷的群众性组织。"虽然该条款在2012年8月31日通过的《民事诉讼法修正案》中被删除,但在2010年8月28日第十一届全国人民代表大会常务委员会第十六次会议通过的《人民调解法》第5条"国务院司法行政部门负责指导全国的人民调解工作;县级以上地方人民政府司法行政部门负责指导本行政区域的人民调解工作;基层人民法院对人民调解委员会调解的民间纠纷进行业务指导"的规定仍然保留着行政机关和人民法院的双重"指导"权,极大削弱了人民调解民间自治性特征。在司法实践中,原来

---

① 何兵:《现代社会的纠纷解决》,法律出版社2002年版,第189页。

具有高度群众自治性的人民调解组织已经演变为具有较强行政性的组织,政府在人民调解中发挥着主导性作用,不仅表现在调解目标的行政化方面,而且表现为人民调解工作的日常运作受到政府的较大牵制,越来越表现出强烈的"官方"色彩。因此,如何避免人民调解被行政机关和法院过度干预,实现自我调节和自我发育应当成为人民调解改革的重要内容之一。

(2)法律效力瓶颈尚未根本解决

人民调解协议的效力问题是人民调解制度发展的根本瓶颈,直接关系到调解作为纠纷解决方式的有效性,因为"和解协议的执行如果处于不确定状态,当事人就会谨慎选择这种方式"①。有关机关均意识到了这一问题的严重性,并积极采取相应的措施,主要是司法确认程序,试图从根本上提升人民调解制度的公信力。2011年1月1日施行的《人民调解法》第33条和2013年1月1日施行的《民事诉讼法》第194条、第195条均增加了有关司法确认程序的规定,且最高人民法院于2011年3月21日还发布了《关于人民调解协议司法确认程序的若干规定》。这些无疑对人民调解协议的效力提升起到了积极的作用。但现有立法的完善并没有从根本上解决人民调解协议的效力瓶颈问题,究其原因主要是人民调解制度建设不充分特别是经费保障不足,对人民调解员的选任也没有严格的专业要求。

(3)适用率不高

虽然,近些年来人民调解制度有所发展,但是,与司法相比,仍然存在着严重的司法中心主义倾向,对人民调解的重视程度仍有待加强,特别是其纠纷预防功能和纠纷过滤功能没有得到根本的发挥,没有起到第一道防线的作用,究其原因在于利用率不高。从这一角度来看,调解必须被动员,通过各种激励机制鼓励当事人利用调解解决纠纷,包括费用激励、调解优势释明以及调解程序适用的引导。

(4)调解人员素质有待提高

现有的人民调解员主要是村民委员会和居民委员会的工作人员,调解人员的法律知识和业务水平欠佳,扮演调解角色的德高望重的人逐渐减少。加之,由于司法实践中对人民调解组织经费的保障严重不足,仅能靠人民调解员自行解决经费问题,主要是进行义务调解,使得人民调解组织无力聘请专业的调解人员,调解人员的素质无法从根本上提高,导致调解具有较大随意性,规

---

① 尹力:《中国调解机制研究》,知识产权出版社2009年版,第96页。

范性不足,权威性不够,调解协议的效力也极为低下,根本无法起到定分止争的作用。特别是在司法确认制度的进一步发展后,对人民调解员的素养进一步提出了挑战,要求调解员既要精通调解技巧,又要精通法律法规,现有的人民调解员不具备"一定法律、政策水平和文化水平"的准入标准更加无法适应新时期人民调解工作的要求。因此,有必要加大人民调解员队伍培养的投入,通过强化其选任、培训、监督制度,打造专业化的人民调解员队伍。

(5)调解类型有待拓展

我国的人民调解组织主要是村民委员会和居民委员会,是一种地域性的调解组织。然而,"随着市场经济的发展,单纯依托地域组织的解纷机制已无法满足社会需求。当代社会还需要根据纠纷的类型、行业管理的特点,建立多类型化、行业化及专门性的纠纷解决机制"[1]。从我国现行的调解法律法规来看,仅规定了地域性的人民调解。虽然不分地区对行业性调解或专门性调解有所试点,但因缺乏相应的法律依据和政策支持,显得力不从心,无法发挥应有的功能。

第三节　我国民事调解规范化的政治背景

在我国司法中心工作被确定为服务国家政治大局以及将"保增长、保民生、保稳定"作为司法使命的现状下,中央有关机关对弥补和改造现有司法制度的政治表达对民事调解的发展趋势具有重大影响,因此,对民事调解进行规范化改革,必须充分考量当前所处的政治背景。

一、积极构建和谐社会仍是纠纷解决机制的政治任务

基于"和为贵"传统和合文化的影响,息事宁人和追求"安定"秩序一直被作为重要的社会治理理念,而无讼则被视为衡量社会秩序是否走向和谐稳定的基本尺度。在我国古代,"孝道变成治国的最高原则,教化则是地方官的基本职责。这种格局一直保持到帝国的终了而没有根本性的改变"[2]。故历代统治者力主"无讼"、"息讼",竭力将禁止民众诉讼、下降诉讼案件数量作为判

---

[1] 范愉、李浩:《纠纷解决——理论、制度与技能》,清华大学出版社2010年版,第174页。

[2] 梁治平:《清代习惯法:社会和国家》,中国政法大学出版社1996年版,第7页。

断"太平"的重要标准。依据2006年10月11日中国共产党第十六届六中全会通过的《关于构建社会主义和谐社会若干问题的决定》(以下简称《决定》),安定有序是我国当前构建和谐社会的重要内容之一。"法治的目标就是通过民主科学的法律创制、良好的执法与司法系统以及多元化的社会治理和纠纷解决机制不断适应社会需求,保持社会的协调和发展。"①同时,该《决定》还要求:"完善矛盾纠纷排查调处工作制度,建立党和政府主导的维护群众利益机制,实现人民调解、行政调解、司法调解有机结合,更多采用调解方法,综合运用法律、政策、经济、行政等手段和教育、协商、疏导等办法,把矛盾化解在基层,解决在萌芽状态。"因此,纠纷解决的法律机制必须贯彻和谐理念的政治要求也就成了应有之义。"调解符合中华传统文化和民族心理,融法理和情理为一体,化干戈为玉帛,为营造安定有序的和谐环境发挥了独特作用"②,民事调解被誉为增进社会团结、和谐的"润滑剂"。这也必然使得民事调解的规范化必须重视民事调解对构建和谐社会的重要意义,不可忽视调解在纠纷解决方面的功能优势。

二、强力推进社会管理创新成为当前政治新要求

"社会管理创新是适应我国发展新特征、新变化的时代课题。"③关于社会管理创新的概念仁者见仁、智者见智,总体而言,社会管理创新是指:"在现有的社会管理条件下,运用现有的资源和经验,依据政治、经济和社会的发展态势,尤其是依据社会自身运行规律乃至社会管理的相关概念和规范,研究并运用新的理念、知识、技能方法和机制等对传统的管理模式及相应的管理方式和方法进行改造、改进和改革,建构新的社会管理机制和制度,以实现社会管理新目标的活动或者这些活动的过程。"④2004年6月我党的十六届四中全会提出要"加强社会建设和管理,推进社会管理体制创新",2007年党的十七大报告提出要"建立健全党委领导、政府负责、社会协同、公众参与的社会管理格局"。此后,社会管理创新也就成为重大政治目标和新的政治要求,各级机关包括党委、政府、司法机关均积极参与社会管理创新。2009年底全国政法工

---

① 范愉:《纠纷解决的理论与实践》,清华大学出版社2007年版,第113页。
② 沈志先:《诉讼调解》,法律出版社2009年版,第3页。
③ 刘旺洪:《社会管理创新:概念界定、总体思路和体系建构》,载《江海学刊》2011年第5期。
④ 莫于川:《社会管理创新的内容、路径与价值分析》,载《检察日报》2010年2月2日。

作电视电话会议将社会管理创新作为三项重点工作之一。就法院而言,社会管理创新也是人民法院工作的核心。最高人民法院2010年、2011年和2012年的《人民法院工作要点》均将"社会矛盾化解、社会管理创新"作为人民法院工作的重点予以强调。在此政策指引下,各级法院也积极参与社会管理创新。司法局、居委会以及各行政机关在通过人民调解和行政调解等纠纷解决机制积极推进矛盾化解过程中也必须贯彻社会管理创新理念的要求。因此,我国民事调解规范化必须在积极参与社会管理创新这一政治背景下进行。

第四节 我国民事调解规范化的社会背景

由于我国经济社会的快速发展,社会各方面发生了深刻变革,包括社会文化和社会结构在内的中国社会背景正在发生着重大变革。而"调解在中国之所以能够成为解决纠纷的常规方式,与中国的传统社会结构和法制文化形态存在密切联系"①。因此,民事调解的改革离不开对我国社会背景的考察,特别是研究民事调解规范化,必须深入分析我国传统的社会文化及社会结构,并认真研究其变迁过程。

一、传统调解制度的文化根基逐渐瓦解

"一切法律之中最重要的法律既不是铭刻在大理石上,也不是铭刻在铜表上,而是铭刻在公民的心里。"②深藏于民众心理中对法的信念、情感、风俗、习惯等诉讼文化,对民事调解的改革具有重要的影响,特别是其"无讼"、"耻讼"、"贱讼"观念到"俺要讨个说法"纠纷解决理念的重大变迁极大影响了当代民事调解的基础和模式。

1. 传统诉讼文化

"制度的进步必须以观念的转化为支持"③,"相对于政治变革,文化诸要素总是先在的、持久的和决定性的。从根本上讲政治变革不可能脱出文化所给定的条件之外,而只能在它固定的界域内进行"④。司法制度作为政治体制

---

① 赵旭东:《纠纷与纠纷解决原论——从成因到理念的深度分析》,北京大学出版社2009年版,第117页。
② [法]卢梭:《社会契约论》何兆武译,商务印书馆1980年版,第20页。
③ 胡亚球:《民事诉讼制度的理论基础》,厦门大学出版社2008年版,第249页。
④ 梁治平:《寻求自然秩序中的和谐》,中国政法大学出版社1997年版,第92页。

的一个有机组成部分,其运作也与文化根基密切相关。我国有着几千年的儒家文化传统,其理想在于实现一个"无讼"的社会,"使民不争"是我国传统民事诉讼的目的所在,其价值观则表现为"和为贵"、"让为贤"、"中庸和谐"、"耻于言利",在传统的儒家文化价值观下,为了更好地生存,国人从小就被教育要追求道义,学会忍让和妥协,以德服人,从而使得民众贱讼、厌讼、惧讼观念根深蒂固,"息事宁人"、"息讼止争"也就成了普遍性的纠纷解决意识。当民事纠纷出现时,他们不要求什么权利,要的只是和睦相处与和谐,这种文化背景为调解的发展提供了充分的人文条件和基础。加之,从社会治理文化传统来看,我国有着悠久的调解历史传统,其不仅是民间社会中各类组织包括血缘组织和地缘组织解决内部争议的主要手段,而且是官方解决民事争议的主要手段。因此,传统调解契合了我国和合文化根基和"无讼"价值取向,也符合了我国社会治理传统,在前诉讼时代,深受民众和行政机关的欢迎,不仅制度完备、经验丰富,而且实施广泛,自然而然地也就成了民事纠纷解决的主流机制。在这种文化背景下,民事调解的规范依据主要强调习俗、族规、乡规民约、道德观念,其调解方式也主要强调道德教化,压制当事人的权利意识,要求其"忍为上"。

2. 诉讼文化的变迁

时至今日,虽然我国传统的诉讼文化仍然存在于历史舞台,在一定的社会群体和公民的内心中仍有着强大的生命力和潜在的影响力,传统的"无讼"思想在当前中国仍具有较大的影响力。但总体而言,这种文化基础已经悄然发生了巨大变迁。传统的诉讼文化所依赖的自然经济已经为市场经济所取代,使得在诉讼时代,特别是90年代初期以后,随着我国法律制度的完善,民众的权利意识逐渐增强,在"拿起法律武器"的舆论引导下,"俺要讨个说法"、"将诉讼进行到底"等新观念逐渐为民众所接受和认同,并开始变得"健讼",一旦发生纠纷,人们便开始将寻求民事审判这种正统的纠纷解决方式作为偏好,导致近年来人民法院案件呈现出井喷式的增长趋势。在某种程度上,甚至出现了"一元钱诉讼"、"天价索赔"等滥讼现象。民事调解的规范化研究诉讼文化的变迁程度和现状,并在此基础上进行民事调解改革,或为民事调解的改革创造、培育相应的文化基础都是考量当前诉讼文化背景的基本要求。

3. 诉讼文化新背景下的应对

当前社会是一个"厌讼"和"滥讼"并存的社会,两种诉讼文化心理均非理性的诉讼意识。"厌讼"必然导致应有的正义无法伸张,当事人的权利无法获得相应的司法救济,私力救济盛行,甚至导致违法犯罪。"滥讼"则会导致"鸡毛蒜皮"意义上的琐事也大量涌入法院,浪费司法资源,并导致其他纠纷解决机制萎缩,并且不利于人际关系的修复以及和谐社会的建构。另外,当事人对纠纷解决结果的期待心理以及认同依据均发生了巨大的变化。因此,笔者认为,民事调解规范化需要一个"法律至上"、"理性诉讼"、"协同化解"的文化基础。这就要求:首先,培育民众的法治理念。通过普法宣传、法学教育等方式不断提高民众的法律素养,在民事调解过程中应当灌输法规范的形成意识,强调法在各调解规范中的首要地位,实现"法律阴影下的调解"。其次,强化理性诉讼意识灌输和诉讼风险告知。舆论传播特别是媒体宣传必须传播理性的诉讼意识,私力救济、民事调解、诉讼、仲裁、忍让等不同的纠纷解决手段虽然策略不同,但是却殊途同归。舆论必须引导民众利用适当的纠纷解决方式合理化解纠纷,以最低成本获取最大正义。最后,加强道德教化,培育协同文化。虽然当代社会更加提倡通过法律途径维权,进而实现公平正义。但是"那些没有起码的理性能力、没有起码的公平正义感、没有起码的道德正义心与自我美德、没有起码的社会合作能力的人,不能够构成现代性的公平正义良序社会"①。民事调解规范化必须在法治社会、诚信社会的背景下,通过道德教化引导民众"研究人们之间如何相互尊重、理解、帮助、竞争,防止、克服被扭曲了的种种不正常关系,减少不必要的'内耗'"②。在纠纷解决过程中本着诚实信用原则协同化解纠纷,避免将纠纷解决当作竞技场。

二、熟人社会向陌生人社会转变

1. 熟人社会的纠纷解决

调解作为一种解决纠纷的重要途径在我国的历史源远流长、根深蒂固,其重要根源来自于熟人社会的需求,特别是乡土社会的民间调解。乡土社会下的中国,"一表三千里","非亲则故、非族则邻",亲情关系、邻里关系、行业关系构筑了庞大的熟人关系网络。加之"乡土社会是安土重迁的,是生于斯、长于斯、死于斯的社会"③,受传统自然经济的影响,乡土社会封闭性较强,人口流动性极小,社会地缘关系极为稳定,使得传统乡土社会的熟人关系具有不可改变性和难以摆脱性。改革开放以前,中国每个个体都是"单位人",而非"社会人",人们的点点滴滴都依赖于"单位"或"组织",强大的、无所不包的社会"单位"网络,通过复杂的行政结构和监管政策实现控制。在这种熟人社会的背景

---

① 高兆明:《支撑现代政治正义制度的美德精神》,载《南京师范大学(社科版)》2004年第4期。
② 李交发:《法律文化散论》,人民法院出版社2004年版,第91页。
③ 费孝通:《乡土中国》,北京大学出版社2005年版,第72页。

下,国人就必须强调"做人",学会通过"让"积累美德,"在'自己人'之间不要斤斤计较,不应分你的与我的"①。在纠纷发生时,可谓"情深累世,衅起一时",熟人必须基于对长远关系维系的考量,选择能够维护共同体内部和谐的纠纷解决方式,而调解、和解在较大程度上体现了宽恕、包容,并将习俗、乡规民约、族规等非正统性规范作为定分止争的依据,不仅可以有效修复损坏的人际关系,而且易为当事人所接受,因此成为乡土社会中最佳的纠纷解决途径。

2."陌生人社会"的调解危机

我国改革开放后经过三十多年的社会经济发展,城镇化进程加快、人口流动性增大,乡土社会逐渐向现代社会转变,社会转型使当代社会结构发生了剧烈变化。随着"去集体化"和"去组织化"趋势的发展,原来的"单位人"转化为"社会人",加之我国现有的城市社区自治尚不成熟,大多邻里之间"老死不相往来",传统的人身依附关系逐渐解体,社会主体活动范围逐渐扩大,先前关系密切的生活日渐分离,成员间的独立性逐渐增强,社会交往更多体现为陌生人之间的交往,或者是短暂性、易变性的熟人之间的交往,原来赖以解决纠纷的传统权威走向衰落,社会成员间的关系越来越需要普适性的规则进行调整。从这一视来角看,我国民事调解传统的社会结构根基已经发生了根本的变化,因此,我国当前的民事调解改革必须从成本与效率的维度来考量,从而增加民事调解的吸引力,促进其功能的有效发挥。但需要注意的是,我国社会结构的这一变化并非绝对化,特别在乡村、社区、单位等社会结构中,仍然存在一定的熟人社会,当事人在化解纠纷的过程中仍然将维系长远人际关系为重要考量因素,在这种背景下民事调解规范化改革必须充分利用现有的熟人社会背景,并在有条件的情况下尽力培育这种熟人社会,特别是发挥社区的纽带功能。

三、国家本位向权利本位转变

国家本位,也称权力本位,是指从国家的角度和立场出发,简单地把法律视为国家控制和管理社会的工具的思想观念。② 在我国有着根深蒂固的国家本位传统,亦即义务本位,在这种观念下,"皇帝的心愿和愿望就是未来的国家的根本法律,皇帝就是整个国家制度,一切由他一个人决定"③。即便在近现

---

① [美]孙基隆:《中国文化的深层结构》,广西师范大学2004年版,第204页。
② 江伟:《民事诉讼法专论》,中国人民大学出版社2005年版,第111页。
③ [德]费兰茨·奥本海:《论国家》,沈蕴芳译,商务印书馆1994年版,第11页。

代国家治理传统中,这种理念仍然体现了强烈的国家干预色彩,其结果必然是对民众权利的漠视,强调民众的义务本位。具体在纠纷解决机制方面,则首先强调的是维护国家统治秩序,而在较大程度上忽略了对当事人权利的保护。国家本位理念下的民事调解,必然导致无视当事人程序选择权和实体处分权,在"诉讼爆炸"的情况下,以牺牲当事人诉权为代价,强制或变相强制选择调解程序,这样一来会抑制调解功能的发挥,即便在调解过程中也强化调解人的职权影响,缺乏对当事人诉求的尊重,严重影响了当事人在调解中的主体地位和独立性。

然而,随着我国社会政治经济的发展,国家社会正在逐步向市民社会转型,权利本位主义正在悄然崛起。从成熟的市民社会的视角来看,一个国家最高的福祉不在财富与秩序,而在美德与自由,权利本位才是现代法治国家的理想状态。"现代社会中,自然人或市民个人才是程序规则体系的支配者。只有公民积极行使其公民自治权时,才能保障享有平等权利的公民的私人自治。"①"每一个社会成员依自己的理性判断,管理自己的事务,自主选择、自主参与、自主行为、自主负责"②;从社会治理的角度,要实现善治,必须实现多元化的复合式治理,既要充分发挥国家、司法、行政治理的功能,又要充分发挥民间社会特别是当事人自治的重要作用,而民事调解为当事人搭建有效的对话和交流平台,保障其充分自主参与纠纷解决的全过程,并根据自己的利益需求行使程序选择权和实体处分权,是典型的自治方式,从这一角度出发也应当更加重视当事人在民事调解中的主体地位;从世界宪政的发展趋势来看,对国家权力特别是政府权力进行制约和限制的要求也使得民事调解规范化必须以保障基本人权为目标,进一步凸显权利本位。权利本位更加强调化解利益纷争和对当事人合法权益的保护。基于权利本位价值理念的发育和成长,决定着我国民事调解的理念必须变迁,必须"尊重人性",即权利本位理念指导下的民事调解规范化改革更应当强调如何满足当事人纠纷解决以及实现权利救济的需要,而不能过于迎合追求政治效果的需要。

分析表明,上述社会背景的变迁,必然对国家社会治理模式产生重大影响,如行政机关在纠纷解决机制中的地位逐渐弱化,仲裁机构逐渐独立。就民

---

① [德]哈贝马斯著:《法的合法性》,许章润译,载郑永流:《法哲学与法社会学论丛(三)》,中国政法大学出版社 2000 年版。

② 江平、张洪礼:《市场经济与意思自治》,载《法学研究》1993 年第 6 期。

事调解方面而言,必须充分认识到社会条件变迁带来的巨大影响,因此,笔者认为在此背景下,必须充分尊重当事人的主体地位,突出"法律阴影下"的调解,坚持充分发挥民事调解自身的纠纷解决优势吸引当事人主动接受民事调解程序。

第五节 民事调解规范化的全球趋势

调解制度作为可通用的替代性纠纷解决机制,在第三次"接近正义"浪潮的推动下,已经为世界各国所高度重视,并在世界范围内传播和流动,随着通讯、经济全球化和法律全球化的快速发展,各国法律理念、价值观和法律制度逐渐趋同化,对调解制度的目标规划及程序设置均可彼此借鉴。

一、第三次"接近正义"浪潮

ADR概念源于美国,原来是指20世纪逐步发展起来的各种诉讼外纠纷解决方式,现在已引申为对世界各国普遍存在着的、民事诉讼制度以外的非诉讼纠纷解决程序或机制的总称。① 20世纪70年代后期,从全球范围看,诉讼迟延和诉讼昂贵已经成为民众接近正义的障碍,世界各国在对民事诉讼进行改革的同时,开始注重法治与其他社会控制的协调互动。突出表现在大力发展替代性纠纷解决机制,通过ADR强化社会解决纠纷的能力,尽可能地扩大法律作用的范围,确保更多的社会主体和当事人能够及时、便捷、经济、和平地解决纠纷,从而更好地保障社会成员利用司法的权利。这一世界潮流使得ADR机制迅速兴起,从而弥补了传统诉讼程序在当事人接近正义方面的不足,被称为"第三次接近正义浪潮"②。在这次世界各国"接近正义"的浪潮中,调解运动勃然兴起,并成为成长最快的一种替代性纠纷解决机制。现代调解是指20世纪70年代发端于美国,80年代出现于澳大利亚和英国,90年代拓展至欧洲大部分大陆法国家和南非的一场运动。③ 从现代调解运动的兴起和

---

① 范愉、李浩:《纠纷解决——理论、制度与技能》,清华大学出版社2010年版,第28页。

② Nadj A. Alexander, Trends in Mediation: Riding the ThirdWave, *Global Trends in Mediation*, Second Edition, Kluwer Law Press, 2006, p. 5.

③ [澳]娜嘉·亚历山大:《全球调解趋势》,王福华译,中国法制出版社2011年版,第2页。

发展来看,促进调解和强化法官在和解中的作用,已经成为世界性司法改革的潮流。从民事调解的发展阶段来看,可以分为允许、鼓励和要求三个阶段,世界大多数国家目前已处于鼓励阶段,即通过立法、政策、财政等多方位鼓励、引导民事调解机制的运行和发展。甚至在某些国家,出现了要求调解现象,主要通过设置诉讼调解前置程序,对小额债务、邻里纠纷、婚姻家庭纠纷强制启动民事调解程序。

二、全球调解制度化和法律化趋势

ADR 的法治化、规范化已经成为世界各国发展的普遍趋势,调解作为 ADR 的重要组成部分,其发展规律与当代 ADR 的转型轨迹具有高度一致性。因此,与 ADR 运动一样,在世界各国大力发展民事调解的同时,也正逐步从早期的实验阶段和多样化实践向制度化方向迈进,亦即开始注重民事调解的法制化和规范化,开始通过颁行系列法律法规对调解人、调解程序进行比较完善和可操作性的规定,并将调解逐渐纳入司法体制。如美国 2001 年 5 月通过了《统一调解法》(UMA),并开始为调解员的行为制定国家标准。

第三章

人民调解制度规范化研究

由于纠纷类型、文化背景以及制度设计的差异,不同国家甚至不同地区对于纠纷解决方式的选择有着不同的偏好。在现代法治主义的影响下,社会大众把诉讼看作是实现权利的唯一途径,把非诉化的解决机制看作是与法制不相符合的。但是,现实的情况告诉我们,并非所有的纠纷必须经过法院才能解决,法院也不可能解决所有的纠纷,非诉化的解决方式有其存在的必要性。"只要纯化合意,即只要具备了使合意出于真正的自发、自愿的条件,即使以对审判的需要为前提,调解也能够成为与审判并立的另一个重要的纠纷解决制度。这种制度的存在只能有好处,绝无带来坏处的可能。"[①]人民调解作为最早为宪法所明确规定的基层社会组织的调解制度,是一项融合传统文化和历史特色的法律制度,随着现代社会的发展,人民调解被赋予了更多的挑战,当然也有更多的机遇。在人民调解实务中,各种新型的调解组织开始出现,调解范围不断地扩大,人民调解组织也开始尝试和人民法院、政府部门相结合。这在立法方面也得到了相应的体现,2002 年 11 月,《最高人民法院关于审理涉及人民调解协议的民事案件的若干规定》出台,规定了人民调解协议具有民事合同的性质;2009 年 7 月,《最高人民法院关于建立健全诉讼与非诉讼相衔接的矛盾纠纷解决机制的若干意见》规定了人民调解协议经司法确认的即具有

[①] Franlk Sander,*Varieties of Dispute Processing*,Federal Rules Decisions 70,1979,p.113~134,转引自[日]棚濑孝雄著:《纠纷的解决与审判制度》,王亚新译,中国政法大学出版 2004 年版。

强制执行力;2010年8月,《人民调解法》的颁布进一步确立了人民调解制度的法律地位和基本框架;2011年3月,最高人民法院《关于人民调协议司法确认程序的若干规定》明确和细化了人民调解协议的司法确认程序,进一步健全了人民调解与诉讼相衔接的矛盾纠纷解决机制。这些法律、法规的出台都表明了国家层面对人民调解制度的关注。在地方各级调解组织、人民法院之间也都在作相应的制度创新和规制。但是,人民调解制度该如何在新的社会中继续生存发展,需要人民调解自身得到完善,也有必要得到制度外的保障。如何审视人民调解工作的性质和定位,如何从人民调解制度内和制度外保障该制度的完善和发展,探索建立健全的人民调解纠纷解决机制,已然成为一个具有重大战略意义的理论课题和现实问题。

第一节 人民调解制度概论

一、人民调解制度的概念、性质和特征

"由于情感恩怨、利益归属及价值取向等因素的存在,人类社会从其产生的那一天开始,便伴随着各种不同的纠纷和冲突。"[①]调解是我国的纠纷解决方法之一,在现代的纠纷解决制度中仍然是不可或缺的一部分。传统的调解是一种民间行为,调解人一般都是当事人双方同意聘请的民间组织。我国的人民调解制度就是一种典型的传统调解制度。[②] 人民调解在解决社会纠纷、减轻法院压力等方面担当了重要角色。我国的人民调解制度,不但具有坚实的文化、社会基础,而且这种基础在实践中正不断地得到发扬和继承,到目前为止,已经在全国城乡、厂矿企业、事业单位形成了一整套较为全面的人民调解体系。因为这种纠纷解决方法的优势,人民调解在国际上也享有盛誉,被赞为"东方经验"和"中华民族的创举"。

对人民调解的含义说法很多,但是究其本质而言都是一样的。其中较为经典的说法是人民调解是指作为基层群众性自治组织的人民调解委员会,依据一定的标准,居中教育、疏导纠纷当事人自愿达成和解协议的活动。[③]《人

---

① 李祖军:《民事诉讼目的论》,法律出版社2000年版,第24页。
② 何兵:《和谐社会与纠纷解决机制》,北京大学出版社2007年版,第29页。
③ 梁德超:《人民调解学》,山东人民出版社1999年版,第6页。

民调解法》规定,人民调解是指人民调解委员会通过说服、疏导等方法,促使当事人在平等协商的基础上自愿达成调解协议,解决民间纠纷的活动。因此,人民调解制度也就是有关人民调解组织、人民调解参与者、人民调解活动和人民调解协议的法律规范制度。

二、人民调解制度的性质

人民调解制度作为一种典型的调解制度,不同于一般的民间调解,也有别于其他的调节形式,具有不同的法律内涵、性质和规范模式。作为我国纠纷的解决机制之一,除了具有调解的一般性质外,人民调解还具有如下较为明显的性质:

一是群众性。人民调解制度设计的目的之一就是平息人民群众之间的纷争,维护社会的稳定;调解组织是人民调解委员会,一般也就是村民委员会、居民委员会,最新的发展到其他基层组织;调解范围是发生在当事人之间的民间纠纷;调解委员是由人民群众选举产生的,由了解调解政策法律知识的人担当;调解的依据除了法律、法规和政策之外,还有社会公德、民间习俗等。

二是自治性。人民调解的活动不具有强制性,人民调解必须在平等、自愿、合法的基础上进行。从当事人的角度来讲:首先,当事人参不参加调解一般由当事人自己说了算;其次,在调解的过程中,当事人能否放弃自身可以自由处分的权利由当事人决定;最后,调解委员会不可以强制当事人接受调解或者调解协议,更不能对当事人的人身或者财产采取强制措施。从调解委员会的角度来讲,具体的调解活动的进行由其自由掌握和控制,政府和司法机关都只能进行指导而不可以直接加以干涉。

三是灵活性。从人民调解活动的过程来看,调解委员通过说服、疏导等方法,促使当事人在平等协商的基础上自愿达成调解协议,调解可以不按照法律严格规定的程序进行,甚至在实体权利的处分方面,当事人也可以突破法律的规定,调解委员只要是在中立的立场了解当事人陈述的内容,在适当的时候采取合适的方法帮助就好了。此外,调解的依据不一定就是法律明文规定的条款。

此外,还有人认为人民调解具有准司法性。① 我们认为,自治性是人民调解的最为重要的性质。"人民调解是一种人民民主自治制度,是人民群众自己解决纠纷的法律制度,是一种司法辅助制度,属于国家司法制度体系的范畴,

---

① 刘树桥、马辉:《人民调解实务》,暨南大学出版社2008年版,第4页。

是一种具有中国特色的司法制度。"[1]首先,人民调解组织的基本形式依然是村民委员会和居民委员会下设的人民调解委员会。其次,我国宪法作为根本大法对人民调解委员会的定性是基层群众自治组织。再次,人民调解的自治性也是人民调解区别于诉讼以及其他非诉讼纠纷解决方式的特征所在。虽然,随着社会转型所带来的深刻转变,人民调解在实践中也发生了很大的变化,出现了专业性的人民调解委员会、行业性的人民调解委员会等新的人民调解组织形式,新出台的《人民调解法》也规定,乡镇、街道以及社会团体或者其他组织根据需要也可以设立相应的人民调解组织。这些新型调解组织的出现似乎突破了人民调解自治组织的范围,但事实上这些新型的调解组织的产生只是人民调解委员会的基本形式的扩展,通过制度设计也可以包含在自治的框架内。所以人民调解组织的性质依然是群众性自治组织。

三、人民调解制度与相关法律制度之间的关系

制度都不是孤立存在的,法律制度也并不例外。人民调解作为一项中国特有的法律制度,也会与其他制度存在直接或者间接的联系,在人民调解的辐射范围内,人民调解制度与诉讼、其他调解制度最为相关。

人民调解与诉讼之间的关系。两种制度都是纠纷解决方式。它们的不同之处也是相当明显的。首先,诉讼具有司法最终确定原则,作为民事纠纷的解决方法,诉讼是纠纷解决的最终保障。其次,当纠纷产生后,有一部分纠纷是不能交由人民调解委员会来解决的,只能交由法院来解决,人民调解协议达成后,当事人认为调解协议无效、可撤销或者可变更的,需要交由法院来判断。人民调解以当事人之间的合意为基础,更多的接近民众、符合生活状态,体现当事人的自治;诉讼调解体现了国家司法权对私人事务的关注,以裁判为基础,从形式上强调双方之间的对抗,注重当事人的权利的维护。在适用方面,人民调解不仅可以适用法律,还可以适用社会风俗习惯、道德风尚等,程序也较为灵活;诉讼更多的是从法条中为当事人的权利寻找正当性。这两种不同的法律制度在司法实务中,也会通过相应的制度衔接结合起来,人民调解协议的"司法确认"制度就是很好的例证。

人民调解与其他几种调解制度之间的关系。调解在我国大致包括行政调解、法院调解、仲裁调解及人民调解。调解的共同点是通过说服教育,促使当事人互相谅解,达成和解协议。人民调解和其他几种调解虽然都属于调解范围,但是它们在调解主导者、调解范围、调解性质以及协议效力等方面都具有

---

[1] 尹力:《中国调解机制研究》,知识产权出版社2009年版,第80页。

明显的区别。首先,调解的主导者明显不同。其次,受案范围不同。行政调解是行政机关行使职权的一种附带职能,受案范围是与职责有关的纠纷;法院调解的范围包括所有的民事纠纷、刑事自诉案件、刑事附带民事诉讼案件的民事部分、行政赔偿案件;仲裁调解包括商事活动中合同纠纷的仲裁及有关劳动争议的仲裁;人民调解解决的是民间纠纷。再次,人民调解并不是必经程序,当事人可以自愿选择调解;而法院调解中一些案件(如离婚案件),调解是必经的前置程序,无法调解的,人民法院应当及时作出裁判。最后,调解协议的效力不同。人民调解的调解协议达成后并不能立马获得强制执行的效力,只有靠当事人自觉履行或者通过法院司法确认来赋予其强制执行力;而行政调解、法院调解、仲裁调解都是结案的一种方式,达成的调解协议有执行内容的话可以强制执行。

四、人民调解的原则

人民调解委员在进行调解的时候,须遵循一定的原则,具体而言,人民调解应该遵循如下原则。

一是平等原则。首先,人民调解解决的纠纷是当事人之间的民事纠纷,其争议的双方地位是平等的。其次,作为人民调解的调解组织处于中立的第三方,是群众性的自治组织,这有别于司法、行政机关。最后,当事人之间的争议一般都与他们的生活密切相关,调解人员只有在平等的氛围下才能够更好地解决纠纷,才可以将当事人的对立情绪控制得比较好,这样调解的效果才更好。

二是自愿原则。人民调解必须在当事人自愿的情形下才可以进行调解活动、达成调解协议。自愿原则就要求人民调解委员会在受理纠纷、调解活动进行、调解协议的达成方面都要当事人自愿。调解参与人通过对调解启动、过程、结果的自愿进行,实现其程序。

三是尊重当事人诉讼权利原则。人民调解不是纠纷的最终解决方式,当事人在经过人民调解后,如果没有达成调解协议,或者认为调解协议有可以变更、撤销或者无效的情形时,当事人仍然可以向法院进行诉讼。

四是保密原则。人民调解调解的都是调解参与人的私人事务。人民调解采用保密原则,一方面可以激发那些不愿意公开其纠纷事务的当事人选择人民调解的热情,另一方面也能有效地鼓励当事人坦诚地表达其真实的需求和利益,有助于和解的实现。在我国,调解以公开为原则,不公开为例外。在调解的过程中确立保密原则,包括调解过程和结果的不公开,涉及社会公众或第三人利益的情况下的适度信息披露。当今社会中公众和传媒无处不在,为了当事人的生产生活秩序,应该坚持不公开为原则,在当事人同意的情况下,也可以公开调解。

五、我国人民调解制度的传统与现实

人民调解的设立并非司法制度缔造者的刻意创造,而是根据实际的需要逐渐认可和完善的,具有相当的历史基础和文化根基。

(一)人民调解制度的历史基础

窥探一个制度的历史,从其产生、形成到发展可以知道该制度的未来,人民调解制度在历史中形成,得益于历史,在未来的发展中也依然会有历史的痕迹。纵观人民调解制度,可以从以下两个方面来了解:

1. 中国传统儒家思想文化的影响

在中国几千年的封建社会中,统治者都希望自己统治的社会比较安宁和平静。"无讼"已成为几千年中国封建社会法律文化的重要特征和最高的价值理想,也一直是执政者追求的目标。[1]"礼"在儒家文化中占据重要的位置。"礼"除了追求封建等级外,还有一个重要的功能,就是强调人际关系的和谐,希望通过礼的教化使人们心目中将"和"置于一个道德的制高点,在这里,一方面,将诉讼视为是对等级制的挑战,是大逆不道的行径;另一方面,不断地强调"和为贵"、"让为贤"的观念,从而实现不敢诉、不能诉的局面,达到"无讼"的效果。中庸也是儒家文化中的重要体现,在中庸的哲学观的影响下,人们更乐于去接受原来的安排,不会想着去改变什么。"中者不偏不倚,无过不及之名,庸者,平常也。"[2]强调生活的安宁与平静,自然不会去挑战统治者的权威什么的。如秦汉时期,在乡、亭设立"啬夫"承担着"职听讼"的职责,所谓的"职听讼"就是调解民间纠纷;唐代乡里的民间纠纷由坊正、里正、村正调解未果才能起诉到县衙;在明代,乡里设"申明亭"由里长、里正调解民间纠纷,同时宣教礼仪道德;清朝康熙皇帝曾经把调解息讼与"弭盗"、"完粮"并重,督励州县官吏认真执行。[3]

2. 中国古代几千年的小农经济为人民调解的诞生提供了自然沃土

我国从古代直到近现代的社会,从严格意义上讲,是一个乡土社会,在几千年的历史中,整个社会是一个比较封闭的社交圈,以宗法血缘为主的关系

---

[1] 张晋藩:《中国法律的传统与现代转型》,法律出版社1997年版,第277页。
[2] 《中庸》章句。
[3] 张晋藩:《中国古代民事诉讼制度通论》,载《法制与社会发展》1996年第3期。

网。在这种社会里,个人的力量显得很单薄,个人只有在群体中才能够得以生存,家庭也必须和其他的家庭相互帮助,这种人与人之间的那种千丝万缕的关系,使得人自身被限制在社会中,个人的权利意识很难实现,甚至是完全没有。当然,传统社会的调解大多依靠的是国家专制权力和宗族重要人物的威望,适用的社会环境是小农经济基础以及深厚的血缘、地缘关系,调解的过程也就具有了强制的性质,而不是调解参与人的合意。当时的社会现实给民众造成一个司法困境,那就是真正的诉讼离他们很遥远,而调解又离他们很近,人们很自然的就被迫的去适用调解了。

(二)人民调解制度的形成沿革

人民调解制度虽然是一种典型的传统调解制度,但是现代的人民调解制度的开始却是源于新中国的成立,与中国古代社会的民间调解有着相当明显的区别。当代人民调解制度的形成大概可以分为三个阶段:

人民调解制度初创阶段。在土地革命时期,人民调解开始萌芽,比如1922年10月,广东成立"赤山约农会",农会下成立"仲裁部","仲裁部"是专门调解农会会员之间纠纷的,这应该算是人民调解委员会的雏形。在这之后,广东、广西、湖南、湖北、江西、陕西等纷纷建立农会,大约有2万个。在第二次国内革命战争时期,中国共产党建立的中华苏维埃的区、乡两级政府都设有"裁判委员会",虽然它们的职能有所不同,但是"裁判委员会"都可以审理民事案件,解决民事纠纷。这个时期的人民调解活动在名称上一般都会称作仲裁或者裁判组织;在范围方面,民事案件和刑事案件都可以;在组织的性质方面,集司法、行政和人民调解为一体,而不单单是基层性的群众自治性组织。

人民调解制度雏形阶段。抗日战争时期,人民调解制度得到进一步的发展。当时的陕甘宁边区、山东抗日民主根据地、晋察冀边区、中央苏区等地乡村都设有调解组织,并且被称为"人民调解委员会",以示翻身农民当家做主,这个名称沿用至今。① 抗日战争和解放战争时期,人民解调工作在根据地党和政府的重视与支持下,创立了工作原则,强化了组织机构,完善了调解内容,制定了工作程序,初步形成了人民调解制度的雏形。② 在这个时间段,独立的人民调解组织、组织的名称、调解的内容、调解的基本原则等具体问题都得到相应的确定。

---

① 李刚:《人民调解概论》,中国检察出版社2004年版,第60页。
② 朱文献:《人民调解制度研究》,2008年山东大学硕士学位论文。

人民调解制度的形成阶段。人民调解制度在民事领域得以存在和发展是与多层次的法律保障机制密不可分的。《宪法》第111条规定,在"居民委员会"或"村民委员会"这些"基层群众自治组织"中,要设包括"人民调解"在内的委员会,以"调解民间纠纷,协助维护社会治安";《民事诉讼法》第16条第1款规定,"人民调解委员会是在基层人民政府和基层人民法院指导下,调解民间纠纷的群众性组织";1989年《人民调解委员会组织条例》出台;至上世纪90年代中期,人民调解达到高峰期。1990年4月19日,司法部发布《民间纠纷处理办法》,对基层人民政府的民间纠纷处理作出了具体的规定。该规定强调公民之间有关人身、财产权益和其他日常生活中发生的纠纷应该首先调解,并且调解协议具有执行力。1993年9月,最高人民法院发布了《关于如何处理经乡(镇)人民政府调处的民间纠纷的通知》。该规定提出:"民间纠纷未经乡(镇)人民政府调处的,当事人如直接向法院起诉,不得拒绝受理;民间纠纷经调解未达成协议或达成协议又反悔的,当事人如向法院起诉,法院应受理;法院所作的判决或裁定内容不涉及原调处意见的维持、变更或撤销,但可以纠正原处理;乡(镇)人民政府所作的调处决定,当事人申请强制执行的,法院不予执行。"届时,人民调解制度已然建立。

（三）人民调解制度的现代演进

随着中国加入WTO之后,社会发展的步伐和方向均发生变化。社会经济环境、文化环境、政治环境的变化,使人民调解制度在社会大熔炉中也呈现出不一样的光彩。新的社会纠纷类型不断涌现,纠纷数量不断攀升,纠纷主体也在不断演变。为了应对这些环境的变化,人民调解制度也作出了相应的调整和改变。2002年9月,司法部发布的《人民调解工作若干规定》,以及2010年8月通过并于2011年1月1日开始施行的《中华人民共和国人民调解法》,这些法律条文共同构建了人民调解制度的法律保障机制。并且这些法律法规的出台也显示出了人民调解的生命力,定然会将人民调解推向新的历史发展阶段。

六、对人民调解制度的理性解读

（一）人民调解制度的优势所在

人民调解制度在依据、程序、成本等方面表现出其他纠纷解决方式所不具有的优势。人民调解员以法律法规、伦理道德、风俗习惯为依据,对调解参与人双方晓之以法、动之以情、明之以理,不打破原有的人际关系和社会结构,用快速、简便、高效的手段把大量的纠纷化解在基层、社区。把一大部分的矛盾纠纷控制在法院之外,这样既可以缓解法院的"讼累"压力,也可以使纠纷的双方低成本化解矛盾,还可以让法院有更多的精力去处理那些复杂疑难的案子。可以说,人民调解在处理民间、社区、基层矛盾纠纷方面具有判决不可比拟的优势。

人民调解制度开始实施以来,可以说取得了一定的成就,不论是从组织机构、分布区域、调解案件数等规模角度还是从预防化解、宣传教育、关系维护等功能角度来看,人民调解制度都可以说是相当重要。①

有报道说,"截至 2009 年底,全国共建有人民调解组织 82.3 万多个,基本实现了调解组织网络全覆盖,人民调解员近 500 万人,近两年每年通过人民调解解决的纠纷八九百万件;近 5 年来,全国人民调解组织直接调解、协助基层人民政府调解各类民间纠纷 2904 万余件,调解成功 2795 万件,调结率为 96%;防止因民间纠纷引起的自杀 10 万余件,防止因民间纠纷转化成刑事案件 25 万余件,开展矛盾纠纷排查 90 万余次,专项治理各类矛盾纠纷 108 万件,制止群众性械斗 18 万余起,防止群体性上访 16.6 万余起,其中经人民调解又诉至法院的纠纷占调解纠纷数的 1%,经法院裁定维持调解协议的比例高达 90.6%"②。人民调解作为传统的民事纠纷解决机制,具有扎根基层、分布广泛、方便快捷、不伤感情等特点,在纠纷解决中可以发挥重要作用。在地方的实践中,重庆市渝北区法院通过加强"诉调对接"工作,让人民调解得到了完善与发展。2010 年在渝北区法院的推动下,在渝北区成立了劳动人事争议调解中心,在劳动争议多发的行业、园区、街镇建立了劳动争议调解中心,在企业建立了劳动争议调解委员会,从而构建起渝北区的劳动人事争议调解网络。充分发挥了人民调解在构建和谐劳动关系中的重大作用。2010 年渝北区各劳动争议调解中心成功调解劳动争议 112 起。2011 年渝北区法院联合区司法局、区房管局制定了《关于进一步加强物业纠纷调解工作的指导意见》,建立起区、街镇、社区三级物业纠纷人民调解委员会,实现了人民法院、司法行政机关指导下的物业服务纠纷人民调解全覆盖。2011 年渝北区各街道物业纠纷调解委员会成功调解物业纠纷近 3000 起,大量物业服务纠纷在矛盾初发期即得到了控制和化解。具体说来,相对于其他的调解方式,人民调解制度有如下的优势:

---

① 《人民调解让"东方之花"更加绚烂》,法制网,http://www.legaldaily.com.cn/,下载日期:2014 年 5 月 23 日。

② 《最高人民法院 2010 年工作报告》,最高人民法院网,http://www.court.gov.cn/,下载日期:2014 年 5 月 23 日。

一是人民调解接近于纠纷的发生地,更有利于实质的公平正义。《人民调解法》明确规定人民调解解决的是民间纠纷,人民调解委员会是群众性组织,解决纠纷的对象和组织的性质决定了人民调解制度的特质,人民调解解决的是人民群众的纠纷,必须了解人民群众的心声。在调解的过程中,调解委员必须熟悉社情民意,真正的关注到纠纷参与人的实际状况。纠纷发生后,如果要通过人民调解来进行解决就必须及时,越是接近纠纷发生时、发生地,就越能够还原纠纷产生时的实际状况。一旦远离纠纷的发生时间、地点,争议双方在叙述或者回忆的时候就越容易失真,任何一方也就有更多的机会制造出对自己有利的假象。而人民调解制度的群众性让这种制造假象的机会降到一个较低的范围。同时,人民调解员也是与纠纷参与人相对熟悉的人员,没有裁判法官、政府职员的那种距离感。这种在生活中的熟悉必然会更加地了解事实的真相。纠纷当事人也因为有了相互熟悉的这种关系,也会产生纠纷在基层解决的这种需要。诉讼关注的是过去和现在的事实情况,注重合法性和正当性;而人民调解更多关注的是当事人关系的继续,注重双方利益的平衡。强化人民调解在化解纠纷中的作用能够弥补司法解决纠纷的不足,而且也符合"和为贵"的民族传统。

二是调解参与人的主动性更强。人民调解在很大程度上是当事人实现自治的一个过程。因为人民调解解决的更多的是当事人的民间纠纷,又加上程序上的高度灵活性,调解参与人可以在实体和程序方面拥有较大的自由,只要当事人和调解员愿意,甚至可以对某一个事实状态进行反复的查证。同时,当事人在处分权方面也会得到较为全面的体现,纠纷内容的民间性必然让当事人拥有这项权利,人民调解可能出现双赢的结果。

三是人民调解可以在一定程度上预防事态的进一步恶化。人民调解解决的纠纷一般都发生在基层,人民调解通过全方位的组织覆盖能够第一时间知道是否产生了纠纷。同时,也能发挥出排查、化解、控制等功能,通过掌握纠纷的发生动态,建立合理的预警机制,让矛盾解决在基层,尽可能地控制事态的进一步发展。诉讼是一种事后救济手段;而人民调解可以征得矛盾双方同意后主动地介入,把纠纷化解在激化之前。

(二)人民调解制度的现实困境

人民调解在之前是以程序灵活、成本低廉、体现自治意愿著称,受到基层群众的欢迎,进入新世纪,社会发生了重大的变化,整个社会因为文化的断裂和经济的腾飞,社会的矛盾不断加剧,新类型纠纷不断涌现,从而解决方法也就相应的应该予以变化。其一,法院的压力逐渐增大。"2009年,最高人民法院受理案件13318件,审结11749件,同比分别上升26.20%和52.09%;地方各级法院受理案件11378875件,审执结10544736件,标的额16707.01亿元,同比分别上升6.26%、7.17%和16.42%;自2005年以来案件量年均递增5.95%,2009年案件量比1978年增长了19.87倍。"① 1990年至2010年,全国法院民事一审案件收案年均增长9.56%。2008年至2010年,全国法院一审案件收案共计19977144件,其中一审民事案件收案17303357件,占人民法院全部诉讼案件的86.62%。随着中国法治建设的推进,人们越来越推崇用诉讼来解决纠纷,社会时常出现"一元钱官司",新闻媒体也对此起到了推波助澜的作用。案件不断的涌向法院,人民调解组织的功能不能得到尽善的发挥。其二,人民调解自身的作用呈现下降的趋势,调解纠纷、化解矛盾的作用不断弱化。"人民调解委员会组织庞大、力量不足,往往徒有虚名,民间调解处于半瘫痪状态"②人民调解在人民群众之间的声誉大不如从前,自身的弊端和调解机制的问题导致人们不愿选择人民调解作为纠纷解决方式。

(三)人民调解制度的缺陷分析

近年来,我们国家一直在致力于人民调解的改革,但是在实践中取得的效果还不是很明显,人民调解组织虽然更加完善和健全了,但是人们对于调解的认同感却有些衰退的迹象。人民调解制度的发展变得有些停滞,除了社会环境的变化还有人民调解制度本身的局限。

1. 阻碍人民调解制度发展的内部因素

(1)人民调解员的素质参差不齐。"我国的人民调解人员大多数是兼职或业余工作,缺乏职业性和专业性。"③在基层调解实践中,调解委员大都由村/居民委员会主任及其成员兼任,他们的调解成功率主要依靠对当地居民的长期了解,对地方惯例和规范的熟悉以及其经验、口才、个人魅力或诚信等因素而产生的对当事人的影响力。然而,随着法制观念的普及和社会生活方式的转变,人民逐渐变得倾向于从法条中寻找支持自己权利的理由。人民调解工作的领域已从传统的家庭婚姻、邻里纠纷向合同争议、房屋买卖、变更抚养权、医疗事故、道路交通事故、劳动争议等纠纷延伸,而人民调解员素质偏低,普遍

---

① 《最高人民法院2010年工作报告》,最高人民法院网,http://www.court.gov.cn/,下载日期:2014年5月27日。

② 奚晓明:《为民诉法改提供理论和实践支持》,最高人民法院网,http://www.court.gov.cn/,下载日期:2014年5月29日。

③ 李玉花:《论人民调解员的职业化》,载《中国司法》2006年第9期。

存在年龄偏大、文化素质低、缺乏法律专业知识等问题,调解员通常采用"情、理"以及"和稀泥"的折中方法,对于日益复杂的、新型的民间纠纷已经很难适应,在一定程度上制约了调解工作的向前发展。①

(2)人民调解程序的随意性。《人民调解法》的公布在一定程度上为人民调解程序带来了保障,但是还是有很多的地方有待完善,比如调解中当事人应该如何分担举证责任、调解组织应如何保证中立性、调解的保密原则等一些基本的制度都有待得到规定,调解员很多时候只能依据实践经验和调解人员的专业常识来进行调解。此外,当事人一般在选择人民调解时,对人民调解的优势、功能缺乏足够的认识,这就导致人民调解制度很难充分的实现其价值。对人民调解的工作程序有一个明确的规定,在保障人民调解制度自治性、灵活性的同时也要保障该制度的严肃性。

(3)社会纠纷新类型的出现导致原有的调解局面不能顺畅的打开。随着社会的发展,社会关系不断的复杂化,新的纠纷类型不断涌现,出现劳资关系、环境保护、征地拆迁、企业改制纠纷等等。纠纷主体也在发生着转变,社会组织、法人之间的纠纷也逐渐进入调解的范畴。人民调解的受理范围从传统的婚姻、继承、邻里纠纷、房屋宅基地、损害赔偿问题等方面,已经逐步扩展到农村土地承包流转、医患纠纷、城市房屋拆迁、建筑工地扰民、企业重组改制、交通肇事、物业管理等诸多问题上;在农村,因林地权属纠纷、干部办事不公、财务不公开等引发的纠纷也逐渐进入了人民调解的视野;人民调解的主体也从公民扩展到法人、组织和政府部门,受理的群体性的纠纷也日益增多,上述变化表明人民调解的社会覆盖面已经越来越宽。②

2. 阻碍人民调解制度发展的外部环境

(1)法治主义的盲目推崇。"在实行改革开放政策之后的中国,必须加强民主与法制建设成为国家与社会的共识。然而,在推崇依法治国理念的同时,由于缺乏法治的经验与传统,我国社会在高呼民主与法制的同时,也造就了对诉讼机制的迷信,助长了诉讼万能思潮的泛滥。整个法学界,进而是各种媒体一直过分强调司法诉讼的地位与作用,一时间,上法庭讨说法成为社会时尚。"③在这种诉讼主义成为主流法律意识形态的背景下,在"诉讼率提高等于

---

① 于丽娜:《浅谈人民调解制度》,载《法制与社会》2012年第2期。
② 宗玲:《论人民调解的现状、问题及发展趋势》,载《前沿》2009年第4期。
③ 林险峰、李明哲:《当前人民调解的困境与出路》,载《中国司法》2004年第11期。

权利意识提高"的范式下,诉讼被解读为"为权利而斗争",是法律观念增强的体现,是法治社会的要素,而以调解为象征的非诉讼纠纷解决机制以及与其相对应的传统文化被认为是落伍的。①"调解的本质特征即在于当事人部分地放弃自己的合法权利,这种解决方式违背了权利是受国家强制力保护的利益的本质,调解的结果虽然使纠纷得到解决,但付出的代价却是牺牲当事人的合法权利,这违背了法治的一般要求。"②这种思潮的盛行导致非诉讼方式成为与法治相悖的手段,诉讼才是当事人权利维护的正确途径。人民调解是与现代法治背道而驰的,在社会公众对法治主义的盲目崇拜过程中,人民调解逐渐被轻视甚至被忽视。

(2)相应制度之间的诉调对接混乱不堪

最近几年,司法界对诉调对接进行了相当的关注。但是,在对接的过程中却是做法和理解不一,就对诉调对接的理解上就有好几种,诉调对接不但在宏观层面的运行模式不同,而且在微观层面的具体对接方式也各异。一种观点认为"诉调对接"指法院审判系统(法院诉讼系统以及法院调解系统)与人民调解、行政调解等所有非诉调解系统的衔接;③一种观点认为"诉调对接"指法院审判系统(法院诉讼系统以及法院调解系统)与人民调解的衔接;还有观点认为"诉调对接"是指法院调解与人民调解、行政调解等非诉讼社会调解之间的衔接;④也有观点理解为"诉调对接"是指法院调解与人民调解之间通过不同的方式有机组合,实现司法调解与人民调解力量的有效整合,从而达到纠纷化解这一目的的 ADR。⑤对人民调解概念的不同理解必然会导致各个地方的不同做法。具体到各个法院就有法院附设调解、诉前调解、委托调解、联合调解、驻法院工作室等等不一样的做法。

(3)过分强调政府管理功能的。人民调解从一定意义上来说是具有政治功能的,因为它从产生时就具有政治因素,然而,过分地强调政治功能必然会伤害人民调解制度本身。最近几年,我们政府在倡导调解优先的政策下,各种各样的调解模式出现,都在不断地推出新型的调解方法。在这种调解满天飞

---

① 文正:《我国人民调解制度研究》,2009 年贵州大学硕士学位论文。
② 徐国栋:《民法基本原理解释:成文法局限之克服》,中国政法大学出版社 1996 年版,第 123~124 页。
③ 范愉:《论转型中的人民调解制度》,载《中国司法》2004 年第 10 期。
④ 孙霞:《诉调对接初探》,载《法制建设》2007 年第 10 期。
⑤ 崔永振、刘璇:《诉调对接的概念浅析》,载《法制与社会》2008 年第 11 期。

的情形下,调解是否能够达到真正的社会效果是值得思考的。"能动司法"、"零判决"这些在实践中的做法使得普通大众对司法失去了应有的信心。还有就是在法院内部强调调解优先的司法政策,这种对调解的依赖必然会导致人民对司法的不信任。

(四)人民调解问题的解决之道

近年来,许多人民法院都感觉到案件大量涌入的压力,人民调解如果能充分发挥"第一道防线"的作用的话,人民法院就可以集中精力提高案件的审判质量。就此问题,解决的方法就是结合人民调解和其他纠纷解决方式。有新闻报道称:自2011年1月1日《人民调解法》施行以来,人民调解工作的法制化、规范化水平全面提升,有力地推动了社会矛盾化解工作,人民调解工作机制创新取得新进展,健全完善了人民调解组织之间的沟通协调机制,初步建立了人民调解组织与基层人民法院以及公安、信访等部门的协调配合机制,进一步完善了人民调解与行政调解、司法调解的衔接配合机制。司法部与人力资源和社会保障部、全国总工会、卫生部、中国保监会等制定了劳动人事争议、医疗纠纷人民调解意见,与公安部开展了人民调解参与交通事故民事赔偿调解试点工作,取得明显成效。①

从我国司法理论界和司法实践情况来看,人民调解的实施将会进入新的时期。人民调解制度的改良也得到了学界和司法实务界的密切关注,对人民调解制度的反思、改良、探索、完善的思考由此展开。这场改革主要集中在调解组织与调解形式、"诉调对接"等方面。在实务界和理论界的共同关注下,人民调解制度的完善主要集中在两条路线:一是从人民调解制度本身出发,力图让人民调解制度更加趋于完善,通过对调解的原则、程序、参与人的权利和义务等等的规定,让人民调解活动本身得到规范;二是从该制度的外围出发,寻求制度外的合理支持,其中"大调解"、"诉调对接"都是现实中的实践尝试。本书也正是从这两个方面来构建人民调解制度的。通过从制度内和制度外两个方面的规范化完善,人民调解的制度本身和相应的配套制度都会和谐有机的运转,人民调解制度就会发挥它应有的作用。这两个方面都是需要得到规范的,缺少任何一方的制度规范都不能使人民调解制度的作用得到有效发挥,也就不会达到应有的社会效果。

---

① 《人民调解组织网覆盖城乡》,载《法制日报》2012年2月21日。

第二节　人民调解制度规范的基础

一、人民调解制度规范的必要性

(一)规范化有利于人民调解制度的良性运作

人民调解制度内和制度外的局限性导致其实施的效果不是很明显,通过制度内和制度外的规范,人民调解的运行并不会恣意而为。在制度内,通过对人民调解组织、调解员、调解范围、调解协议和调解程序的规范化,人民调解制度本身会得到修补和完善,也会显得更具张力;在制度外,通过"诉调对接"的施行,人民调解制度就会与法院调解制度的运行进行合理的对接,这种对接不仅保障了两种制度的运行通畅,从宏观上来说,还可以促使整个纠纷解决机制的和谐运行。

(二)人民调解制度的规范化有利于促进调解参与人的和谐

1.规范化有利于实现调解参与人之间实质的公平和正义

调解在很大程度上体现了当事人的非诉讼资源的博弈关系。调解双方的地位并非都是完全对等的,在这其中,有许许多多的考量因素,比如说他们的时间自由度、财力自由度、个人社会威望度、个人表述熟练度等等,不得不说,调解的过程也并非是一种真正公平的较量,它其实也是当事人的各种资源的具体体现。相应的,你的社会资源越多,你在调解的过程中的主动权越大,就越能够左右调解结果。调解虽然是在自愿和平等的原则下进行的,但是这些社会资源不平等导致的非自由性也必须是调解的参加者考虑的因素。人民调解制度的立法者、调解委员、调解参与人、法院法官都应该注意到这个问题。人民调解不能够对此问题坐视不顾,相反的,应该就这个问题作出相应的对策。在这样的情形下,立法者、调解委员在立法、具体调解中就应该作出相应的回应,需要他们在相应的环节上作出相应的遏制或者帮助。如果不对人民调解进行规范化理解,放任人民调解制度的施行,就很可能会加剧双方地位的不平等性,这显然是有悖于实质的公平正义理念的。

2.通过规范可以促使社会纠纷解决机制之间的和谐运行

人民调解制度也是"大调解"制度的一个重要组成部分,在"大调解"的模式下,人民调解制度需要与其他的制度实现组织、人员、效力方面的对接。"大调解"的制度模式在各地都表现不一,到底什么才是真正合适的做法没有一个明确的定义,也没有相应的总体制度去规制。人民调解制度在"大调解"的氛围中被赋予强制的外衣,其张力是否受到限制。此外,人民调解在"大调解"制度中被行政等权力渗透,这种行政权的渗透是否会影响到人民调解制度的群众性、自治性也是值得思考的。调解并非万能,也并不是各种调解模式都是正当、合理的。在规范化的语境中,我们可以辨别出不合理的调节模式,从而保障调解的纯正性和严肃性。

3. 规范化视野下的人民调解可以减少恶意、虚假调解

只有通过当事人之间的诚信参与,当事人之间的非理性对抗转化为理性对话,才能使当事人通过参与的这个过程保护他们的实体利益。通过参与的这个过程,人民调解参与人就能够通过公正的程序,实现其实体利益,同时,这个公正的程序也保障了当事人的叙述的愿望,相应的,调解的这个过程能够更好地保障当事人的对话交流。调解能够容许当事人反复、细致的描述争议发生时的情形,更多的体现当事人让人倾听的愿望。其实,在纠纷的处理过程中,当事人之间的纠纷并非是一成不变的,有时候当事人提出的很可能是一种让人颇感意外的要求。在这个问题的探讨方面,李浩教授有很精彩的评述,他说,调解的开放性可以使调解人找出潜藏在表面争议后的深层次矛盾,从整体上、根本上解决纠纷。他还论述到,调解不必总是纠缠于过去,双方当事人完全可以面向未来寻求解决纠纷的办法,如违约的一方与对方再作一笔贸易,在新的贸易中给对方更多的折扣,以补此前违约给对方造成的损失。①

(三)人民调解制度规范化有利于构建多元化诉讼机制

社会矛盾的多元性决定纠纷的解决途径也是多元的。纠纷主体呈多元化趋势,法人及非法人团体相互之间的纠纷增多;纠纷类型多样化,出现很多跨行业、跨地区的纠纷;纠纷类型复杂化,有时甚至民事、行政、刑事案件交织在一起;纠纷的对抗性强且处理难度加大。② 随着社会利益格局的不断变化,社会矛盾在强度、形式等方面不断变化,给现有的纠纷解决机制带来了冲击。现代社会的纠纷解决方式并非也不可能单一化,法院的裁判不是纠纷解决的唯一途径。在成熟的法治社会,纠纷解决机制通常也是由和解、民间调解、民间仲裁以及行政执法、行政调解和司法审判等多层次的纠纷手段构成。③ 一般来讲,现代的矛盾纠纷解决方式可以分为诉讼内和诉讼外两个方面,诉讼内的

---

① 李浩:《调解的比较优势与法院调解制度的改革》,载《南京师范大学学报(社会科学版)》2002年第7期。

② 董小红、高宏贵:《论人民调解制度的重构——基于人民内部矛盾变化的视角》,载《社会主义研究》2010年第1期。

③ 刘武俊:《调解制度有助依法治国》,载《国际先驱导报》2004年第1期。

解决方式指的是法院判决、法院裁定和法院调解,诉讼外的方式是指人民调解、行政调解、仲裁、当事人和解等。诉讼内和诉讼外的纠纷解决方式共同构成了一个多元化的纠纷解决机制,人民调解具有悠久的文化基础和良好的社会氛围成为一种重要的诉讼外纠纷解决机制。

李浩教授曾撰文论述调解制度与判决相比具有利用的自愿性、目的的和解性、过程的协商性、内容的开放性、信息的保密性、程序的简易性和处理的高效性、结果的灵活性和多样性以及费用的低廉性八个比较优势。① 李浩教授在论述调解制度的比较优势时是对调解制度的总概括,人民调解作为调解制度的典型代表,其比较优势体现得更为明显。

二、人民调解制度规范的参与主体

(一)立法者

人民调解的规范是一种全方位的规范。人民调解自实施以来,相继出台了《人民调解委员会暂行组织通则》、《中华人民共和国村民委员会组织法(试行)》、《人民调解委员会组织条例》、《人民调解法》等一系列法律、规章,2002年9月,最高人民法院的《关于审理涉及人民调解协议民事案件的若干规定》,司法部制定的《人民调解工作若干规定》,中共中央办公厅、国务院办公厅转发的《最高人民法院、司法部关于进一步加强新时期人民调解工作的意见》,各地方法院也出台了相应的工作纪要,这些都是立法的相关活动,立法的过程也是一个不断完善,不断规范人民调解制度的过程。

(二)人民调解委员

"调解人也并不总是试图运用现有的法律规范来解决双方的纠纷,而是对纠纷双方提出的观点和要求策划一种妥协与和解的办法。"② 调解委员在具体调解的过程中起到一个居中调解的作用,通过抓早、抓小、抓苗头,建立因人防御、因地防御、因时防御、因事防御等预防机制,将矛盾化解在基层,化解在萌芽状态。人民调解员要采取不同的工作方法,真正、扎实地彻底解决当事人之间的纠纷,调解委员在调解艺术、调解用语、工作方法方面都应该有一个较为明确的概念。比如说调解的时候,采用换位思考、苗头预测、模糊处理、褒扬激励等调解艺术,采用"背靠背"、"第三人"介入法、"冷处理"的工作方法。在调

---

① 李浩:《调解的比较优势与法院调解制度的改革》,载《南京师范大学学报(社会科学版)》2002年第7期。

② 沈恒斌:《多元化纠纷解决机制原理与实务》,厦门大学出版社2005年版,第110页。

解用语方面也应该注意,甚至在具体的调解过程中,还应该具有一种社会学、心理学、伦理学方面的知识储备。此外,还应该注意培育在政治、道德、心理、法律方面的素养。不是一定需要在具体的每一件纠纷中运用这些知识,但至少应该有这些意识,万不可一概用"和稀泥"的方法,充当一个"和事佬"的角色。这样下去,并不能够真正的解决纠纷,当事人也不一定会完全信服,同时也会加大纠纷解决的成本。通过对人民调解委员的规范,人民调解的开始、进行、协议达成都会因为有程序而得到规制,调解结果也会更有预测性,从而在有执行内容的情形下更容易得到执行。

(三)各级人民法院

法院调解和人民调解本是两种不同的制度,如果让两种制度结合起来,让两种制度的优势结合、劣势对冲,就会构筑一种更好的制度,"诉调对接"就是这两种制度的结合和创新。《最高人民法院关于建立健全诉讼与非诉讼相衔接的矛盾纠纷解决机制的若干意见》(以下简称《意见》)为人民调解和诉讼的对接提供了法律依据。该《意见》规定了对调解协议的确认、各级人民法院与调解组织的联系,并对调解员条件、职业道德、调解费用、诉讼费用负担、调解管理、调解指导、衔接方式等进行了规范。高级人民法院制定的相关工作规范应当报最高人民法院备案。基层人民法院和中级人民法院制定的相关工作规范应当报高级人民法院备案。可以看出,该《意见》从人员、组织、效力、程序等方面都做了努力。法院对人民调解规范的作用也是不言而喻的,法院与人民调解的联系主要体现在两个方面:一是对当事人在人民调解组织中达成的调解协议的效力确认,二是通过与人民调解的对接实现资源、人员的整合利用。通过法院与人民调解的结合,使得调解协议的效力和当事人对人民调解的认同都大大的提升,这样更有利于矛盾纠纷的解决,从而使人民调解"纠纷第一道防线"的重要使命得以完成。

(四)人民调解参与人

调解参与人是纠纷的主体,人民调解的目标是解决他们之间产生的纠纷。根据私法自治精神,调解参与人进行何种活动完全由参与人自己决定。很多时候一方或双方会感觉没有解决的希望,认为另一方不会妥协,调解的神奇作用即在此刻发挥,能够帮助双方打破僵局,达成可行、持久、自愿的协议。① 人

---

① [美]詹姆斯·E.麦圭尔著:《和为贵——美国调解与替代诉讼纠纷解决方案》,陈子豪、吴瑞卿译,法律出版社2011年版,第28页。

民调解的开始、进行、终结都是出于双方当事人的自愿,这也贯彻了自治理念。所谓自治理念,是指在纠纷解决过程中调动当事人的主观能动性,由当事人自己在纠纷解决过程中发挥主导作用,大力倡导当事人意思自治以及协作与协商解决纠纷的精神。① 根据这一理念,调解组织、法院都不得强制当事人进行调解,调解的结果也是由当事人自愿接受,如果当事人感到调解内容有失偏颇或者调解过程不合程序,他们都有权利拒绝接受调解结果。

第三节 人民调解制度内的规范

一、人民调解组织的规范

(一)人民调解组织的形式

对人民调解组织的理解,1989年《人民调解委员会组织条例》规定人民调解委员会主要是指设在基层村委会、居委会以及各种基层的"单位"。随着社会的发展和转型,社会结构发生了变化,人民调解组织的形式也作出了相应的调整,2002年9月,司法部发布的《人民调解工作若干规定》规定:人民调解委员会可以采用以下形式设立:(1)农村村民委员会、城市(社区)居民委员会设立的人民调解委员会;(2)乡镇、街道设立的人民调解委员会;(3)企业、事业单位根据需要设立的人民调解委员会;(4)根据需要设立的区域性、行业性的人民调解委员会。政策的导向促使人民调解组织网络越来越多元化,调解组织呈现出多层级、多类别的态势。成立了村民委员会、居民委员会、乡矿企业、事业单位基层调解组织,还有由乡、区政府组织成立的联合调解委员会;不仅有传统的调解组织,还出现了社区调解、专业调解、职业调解组织等等新类型的调解组织。据人民网报道,截至2011年10月份,我国已成立医疗纠纷人民调解专门组织1358家,医疗纠纷人民调解网络地市级以上全覆盖,县级覆盖面达到73.8%,人民调解在更大的范围内得到了发展。② 对于人民调解组织地建立,应该根据实际需要因时因地的建立,但是建立的基本底线应该是与政府机关相分离,也应该与法院相分离。还是应该以群众性自治组织为依托,建

---

① 沈恒斌:《多元化纠纷解决机制原理与实务》,厦门大学出版社2005年版,第412页。

② 于丽娜:《浅谈人民调解制度》,载《法制与社会》2012年第02期。

立起相应的组织;对于在人员密集区、纠纷频发区,比如说车站、农贸市场建立固定的人民调解室;对那些具有专业性质的行业,比如汽车制造业、纺织业等行业内也可以建立行业组织;在一些社区,也可以建立专业性的人民调解工作室,比如北京的"小小鸟工作室"、上海的"李琴工作室"等等;在条件允许的地方,还可以建立那种收费的职业性的人民调解组织。人民调解组织的建立应该建立在自治性的基础之上,避免党政机关对调解组织的不当干涉。

（二）人民调解组织的群众性与中立性

人民调解解决的是民间纠纷,更多的是要考虑到纠纷解决的便易和灵活,也要求人民调解组织更多的具有接近当事人的可能性,换句话说,就是要有群众性。这种调解组织的群众性可以保障调解组织能更方便的解决纠纷,人民调解员也可以更早地接近案件的发生地,更好地帮助纠纷的解决。然而,这种群众性也必然导致调解组织与调解参与人有着此种或彼种的联系,这就会威胁到调解组织的中立性。为此,调解组织需要自我监督,调解组织应该制定严格的工作程序和工作守则,不要因为一些特殊利益而动摇其中立性。

二、人民调解调解委员的规范

（一）人民调解员的素质问题

《人民调解法》规定人民调解员需要为人公正,联系群众,热心于人民调解工作,具有一定的法律、政策水平和文化水平。但是仅仅有这些还是不够的。针对人民调解委员的素质问题,可以从提升人民调解员的专业性角度来解决。应该说有的地方已经在尝试招聘专业的人民调解员,并且已经取得了相当的成功。可以尝试在人民调解组织中选举产生非村、居民委员会主任的人员担任人民调解员。

（二）人民调解员的薪酬待遇

调解委员会的工作经费和调解员的补贴经费,由村民委员会或者居民委员会、企事业单位解决。人民调解的费用问题是妨碍该制度发展的一大障碍。人民调解的工作量巨大、任务繁重。人民调解员在工作的时候必然要付出相当大的心血,但是没有回报的付出是违背一个理性人的正常选择的,同时在没有经济保障下的人民调解的质量也是令人担忧的。法律规定,国家鼓励和支持人民调解工作,县级以上地方人民政府对人民调解工作所需经费应当给予必要的支持和保障,对有突出贡献的人民调解委员会和人民调解员,应按照国家规定给予表彰奖励。人民调解员队伍的待遇偏低,经济不发达地区,其工资会更低,遇有突发性事件还需经常加班加点工作,与为政府服务的其他聘用人员待遇相差太大。而且调解人员没有编制、没有专门资格,所以调解员的工作积极性不高,人民调解员都是在依靠自身的责任心在开展工作。这严重影响了调解员队伍的稳定性,每年的人员流动比例高达30%以上,难以吸引优秀人员。对此,《人民调解法》规定:人民调解的费用由同级财政部门支出。但是,应当知道,人民调解组织都是基层组织,基层组织的财政原本就是一个问题,因此法律规定能否得到落实仍令人怀疑。对此,我们认为人民调解应该争取政府财政的支持和投入,人民调解的工作经费、补贴经费以及人民调解员表彰经费等相关费用理应纳入政府的财政预算,由政府拨款解决。随着我国市场经济的发展,政府财政收入的不断增加,为人民调解工作取得政府的财政支持提供了可能性。近几年来,我国一些地方司法行政机关在解决调解资金问题上作出过许多有效的努力和尝试。如,福建省司法厅要求把人民调解工作经费纳入财政预算,经济发达地区还要为人民调解员交纳人身伤害保险金。具体到有哪个部门来执行款项的拨付,我们认为,司法行政部门也就是地方司法局应该担当此任。此外,还可以尝试实行一些收费制的人民调解,对这样的人民调解虽然不在法律的规定之内,但是值得尝试。

(三)人民调解员的培训问题

以前,我国人民调解员的培训主要是讲调解制度和法律法规。现代的人民调解原理、理念、调解的优势、特点及其与诉讼之间的关系未得到应有的重视,只是简单机械地理解依法调解。对依法调解的理解也容易产生局限性,仅仅局限在法律和法规上。人民调解的发展并不能仅依靠法律的推动,而需要依靠每一个调解员的实践,他们的能力和素质(包括职业道德、法律知识、调解技能和经验等)决定着人民调解的质量、社会效果和未来。同时需要看到,人民调解正处在当代世界ADR的发展潮流中,其传统调解方式既有适应本土的优势,但也有些已经过时。需要在坚持自身特色的同时,逐步实现调解的现代转型、拓展发展空间,改革固有的不足和弊端,不断发展创新。对这个问题,可以尝试实行专业的培训指导。

(四)人民调解员的义务

现实生活中,矛盾冲突是复杂多变的。人民调解员在参与调解的过程中,双方当事人的矛盾可能因为各方面的因素而升级,这时候就需要人民调解员采取有针对性的预防措施。例如,在调解过程中,有一方蛮不讲理,或者有过暴力或犯罪经历,这时候可以事先邀请当地公安机关干警参与调解,预防不必要的事件发生。对双方在调解过程中矛盾冲突异常激烈,甚至出现肢体冲突的案件,要特别留意,可以向当地派出所或社区居委会、街道办、农村村委会、乡镇机关等部门报告,采取相应的预防措施,以避免引起严重的社会治安、刑事案件。这是法律赋予调解员的一项义务,可以让人民调解真正起到"矛盾纠纷的第一道防线"的作用。同时,也应该对人民调解员的相关利益关系披露进行规定。"调解员如果与人民调解要解决的具体纠纷具有任何的利益关系,均有义务向纠纷中的当事人披露,当事人有权选择是否继续延用该调解员。"①

三、人民调解范围的规范

(一)人民调解范围的一般概述

《人民调解法》对人民调解的范围这个问题采取了搁置的态度,并没有采用列举的方式规定哪些类型的纠纷可以由人民调解来解决。这种做法能够降低立法的难度,加速立法的进程,让调解法顺利地尽快地出台。但是这种做法也会带来一些实践中的困惑。人民调解范围已经大大突破了法律的规定,在实践中还在不断扩大。人民调解立法不能仅局限于现行的法律法规,不能忽略人民调解发展的需要,但是同时也要立足于人民调解的性质,不能与行政调解和司法调解范围相混淆。人民调解的范围应当定位为民间矛盾纠纷,不能调解行政案件和公诉案件,但有关机关委托人民调解组织调解这类纠纷的除外。

(二)人民调解受理范围的扩张

人民调解的范围规定为民间纠纷。在实践中,人民调解的范围已经突破了法律的规定,并且随着实践的增多还在不断地增加,人民调解的受理范围已经不再局限于传统的婚姻、家庭、邻里、赔偿等简单传统的各类民事纠纷。传统的工会系统始终认为无须在企业内部设立人民调解组织,理由是企业不应承担过多的社会功能,而解决企业内部纠纷可以以工会为主。人民调解法如果仅规定"其他组织根据需要可以参照本法有关规定设立人民调解委员会,调解民间纠纷"。其结果既可能导致部分公益性民间社会调解(如消协调解和一些业已建立的交通事故、医疗纠纷、劳动争议调解等)向人民调解组织统合,但也使得商事调解等市场化、非营利性的组织被排除在该法的调整范围之外。最终,草案的这些安排大都被立法者接受,奠定了立法的基本框架和风格。调解的范围还包括医疗损害纠纷、环境污染纠纷、劳动争议纠纷、消费者权益纠纷、保险纠纷、物业管理纠纷等新型的民事纠纷。总之,凡是法律未禁止的民商事纠纷都可以进行调解。由于调解组织成员的知识结构、纠纷多发情况等因素,各人民调解组织化解纠纷实际各有偏重,可分为一般调解委员会和专业

---

① 宋朝武等:《调解立法研究》,中国政法大学出版社2008年版,第252页。

调解委员会。居委会、村委会成立的人民调解委员会一般处理婚姻家庭纠纷、轻微侵权、相邻关系等日常生活纠纷,而医疗事故调解委员会、劳动争议调解委员会、消费者权益保护调解委员会、保险调解委员会、机动车交通事故纠纷调解委员会等主要处理消费、保险、机动车交通事故等某一类的纠纷。

(三)"告诉才处理"的轻微刑事违法行为也应可以调解

我国具有民间调解轻微刑事案件的传统,因此,在新时期我们也可以把"告诉才处理的"轻微的刑事案件纳入人民调解的范围。刑事诉讼法规定的"告诉才处理"的案件(包括侮辱、诽谤、暴力干涉婚姻自由等案件)情节显著轻微,社会危害性不大,并且法律赋予了当事人自由处分的权利。人民调解委员会将轻微的刑事案件纳入人民调解的范围,也可以减轻法院的诉讼压力,使法院集中更多的精力办理社会危害性大的案件,维护人民群众生命财产的安全。在我国台湾地区也允许乡镇市调解组织对"告诉乃论"类的刑事案件进行调解,德国中介人制度也可以调解轻微的刑事案件。①

(四)人民调解受理范围的限制

基于私人生活和公共生活的区别,人民调解的范围也并不是毫无边界的,必须受到相应的限制。人民调解的受理范围应该以法律或者法规明文禁止为界限,不得逾越。在这里,如果是法律规定必须由政府部门、人民法院或者仲裁机构解决的纠纷,人民调解就不得涉及。与此同时,还应明确规定哪些行为不能适用人民调解,这种规定应划清公民权与国家权力的界限,以保证人民调解的功能得到尽可能大的发挥。除了公共生活关系的限制,人民调解还应该受到案件性质的限制,如果案件属于私人生活,但是由于特殊的原因不能够调解或者不能由人民调解来解决,"因为案件的性质并不是当事人因为民事权利义务关系发生争议请求人民法院裁判,而是请求人民法院确认某种权利或者某种法律事实,这些权利或者事实是被确认还是被驳回是依法律的规定,当事人不能通过合意的方式确定,这些民事权利不能由当事人自由处分",②这就要求人民调解远离这些案件。

四、人民调解协议的规范

(一)人民调解协议的性质

人民调解协议是在人民调解委员会的主持下,双方当事人经协商,自愿达

---

① 范愉:《非诉讼纠纷解决机制》,中国人民大学出版社 2000 年版,第 180 页。
② 崔永振:《诉讼与调解相衔接的制度化研究》,2009 年山东大学硕士学位论文。

成的解决他们之间纠纷的协议。我国《民事诉讼法》第 16 条第 2 款规定:"人民调解委员会依照法律规定,根据自愿原则进行调解。"最高人民法院在《关于审理涉及人民调解协议的民事案件的若干规定》中将人民调解协议的效力定位于"具有民事合同性质",《人民调解法》规定人民调解协议"具有法律约束力"。调解协议的效力的表述发生了从"具有民事合同性质"到"具有法律约束力"的变化,但是两者实质上没有什么区别。此处的具有民事合同性质应该是与一般的民事合同有一点区别,它是经过人民调解组织主持下的调解,属于已经处理过一次的纠纷协议,可以直接到人民法院予以确认,确认之后具有强制执行的效力。"法院调解书与人民调解协议在执行力上不应该存在具有法院判决的效力与仅具有合同效力这样的本质差异"[①],最高人民法院在《关于审理涉及人民调解协议的民事案件的若干规定》中规定人民调解协议可以依法予以司法确认。立法的这一规定涉及司法确认程序的确立,这一方面巩固了人民调解委员会化解基层社会的矛盾纠纷的地位,另一方面又落实了"司法最终解决"原则。

(二)人民调解协议的司法确认

对于调解协议该如何审查?人民调解协议效力的审查应该为形式审查,并且实行一审终审制。这是基于两点考虑的:一是提高法院的工作效率,二是对人民调解委员会工作的充分支持。调解参与人申请司法确认应该考虑如下问题:第一,应该向有管辖权的人民法院提出申请;第二,应该是双方都同意申请,仅一方当事人提出的司法确认申请无效,一方当事人提出申请,另一方表示同意的,视为共同提出申请;第三,当事人在司法确认的过程中请求人民法院判决或者诉讼调解的,人民法院应告知当事人另行起诉,这也保障了当事人的诉讼的权利。在人民法院审查的过程中,并不是所有的民事协议都要确认,如果发现有如下情形,应该终止确认。第一,申请程序不合法的,如当事人申请法院管辖错误。第二,调解协议内容不规范、不具体、不明确,无法确认和执行的。第三,调解协议违反法律、行政法规强制性规定的,侵害国家利益、社会公共利益的,侵害案外人合法权益的,涉及是否追究当事人刑事责任的,内容不明确,无法确认和执行的,调解组织、调解员强迫调解或者有其他严重违反职业道德准则的行为的,不应当确认的。

人民法院对调解协议进行审查之后,产生两种结果:一是予以确认,二是

---

① 尹力:《中国调解机制研究》,知识产权出版社 2009 年版,第 46 页。

不予确认。如果人民法院对调解协议予以确认并且调解协议具有执行内容的,就具有强制执行的效力。如果人民法院对调解协议没有确认,调解协议就不具有强制执行的效力,如果当事人自愿履行,就应该算作是当事人之间的和解,如果当事人不愿意履行,就应该再调解或者直接诉至人民法院。按照《最高人民法院关于人民调解协议司法确认程序的若干规定》的规定,目前的司法确认限于对人民调解协议的司法确认,并不包括当事人的诉前、诉中和解协议。2011 年,重庆市渝北区人民法院对人民调解协议司法确认 539 件,司法确认的具体程序和工作流程,渝北法院现在是严格按照《最高人民法院关于人民调解协议司法确认程序的若干规定》进行的,即审查立案(案号为"民调确字",普通案件为"民初字")→协议审查(真实性与合法性,可询问当事人)→裁定确认。

(三)人民调解协议的执行

人民调解协议达成后,具有两种不同的情形:一种是调解参与人对调解协议的内容予以认可并履行相关的义务;另一种是调解参与人对调解协议的内容不予认可,在这种情形下,如果想得到执行只有经过司法确认、重新调解或者进行诉讼。对调解协议的执行应该注意,在没有得到司法确认的情形下不得强制执行,达成的协议只有靠调解参与人自愿履行。

五、人民调解程序的规范

(一)调解的受理

人民调解的受理方式可以是当事人直接向人民调解组织请求调解,也可以由人民调解组织主动进行调解,还可以先进入法院之后又转为人民调解来解决纠纷,纠纷进入人民调解组织进行调解的方式并不重要。提出申请,可以采用口头形式,在某些情况下也可以要求采用书面形式。

(二)调解前的准备

在准备阶段主要是履行相关的告知义务,保证双方当事人到场并且顺利的参与调解。《人民调解工作若干规定》规定:人民调解委员会调解纠纷,在调解前应当以口头或者书面形式告知当事人人民调解的性质、原则和效力,以及当事人在调解活动中享有的权利和承担的义务。人民调解不能让当事人随随便便的参与,应该是有一个正常的秩序,人民调解组织应该确保调解是在其主持之下进行的。

(三)正式调解

调解过程可以采用灵活的方式,不一定非要求什么严格的程序套路。实践中,很多矛盾纠纷的调解并不是在专门的调解室进行的,而是在田间地头、庭院、车间就地调解。"尽管我们期待坚持公正标准,但调解过程比我们习惯的民事诉讼还是有一种更大的流动性和非正式性的特征。"[1]这都体现了人民调解在纠纷受理、适用程序、人员选择、调解方式、场所选择等方面的灵活性和便捷性。调解的依据包括法律、法规、规章、政策,在有的时候还应该适用风俗习惯、乡规民约。调解的时候,还应该努力达到消除双方对立的情绪。这种调解的灵活性并不说明调解是任意的,调解也应该遵循最起码的准则,也必须公平地让参与人负担举证责任。在调解过程中,调解员应该仔细地听取当事人的陈述,通过对当事人提出的各种证据进行自由心证,调解员确定双方的权利义务的时候应该分清是非、明确权利义务。

(四)达成调解协议

双方达成调解协议应该合法自愿,调解委员不能够强迫当事人接受调解协议。至于调解协议的形成,可以由当事人双方在调解组织的主持下自己达成,也可以由调解组织提出调解意见,由双方当事人予以认可。在调解协议的达成方面,应该充分注意人民调解的保密原则。

(五)做好回访工作,敦促当事人履行调解协议

当事人双方达成调解协议后,人民调解组织应该敦促当事人及时、全面地履行调解协议,当事人也应该自觉地履行协议,应该言而有信、诚实信用。

(六)调解的文书与档案管理

人民调解组织应该根据具体的情形建立调查笔录、调解笔录、调解协议的格式,对有双方当事人参与的调查笔录、调解笔录、调解协议应该公开宣读或者由当事人查看,并有调解参与人、调解员、记录人员签名。对人民调解员主持的调解档案,调解组织应该予以保存,并且保存一段时间以上以便查阅。

第四节 人民调解制度外规范

人民调解与诉讼、法院调解、行政调解在解决纠纷方面各有千秋,这些纠纷解决方式并不能孤立地存在,只有将它们有效的衔接起来,纠纷解决机制才会完善构筑,社会稳定才会得到有效保障。如何实现人民调解与其他纠纷解决方式的有效衔接?从哪些方面进行衔接?面对这些问题,各个地方进行了

---

[1] [美]戈尔丁著:《法律哲学》,齐海滨译,上海三联书店1987年版,第223页。

诸多有益的尝试,有些方案已经在实践中得到了有效的实施。这些方案大致可以分为两种不同的路线:一是人民调解与行政调解衔接结合走行政性方案,二是人民调解与诉讼调解衔接结合走法律性方案。由行政机构主导的调解方案可以称为"大调解"模式,本书对人民调解在这种模式中的独立性和社会作用存疑,暂时不作讨论。相对而言,本书认为在法院主导下的"诉调对接"模式是值得思考和进一步完善的。

一、地方"诉调对接"机制的实践考察

(一)重庆市北碚区法院主导下的"诉调对接"实践

重庆市北碚区有1个区人民调解委员会,5个街道人民调解委员会,12个镇人民调解委员会,117个村人民调解委员会,全区共有人民调解员1070人。在重庆市高级人民法院的指导和上级法院的支持下,北碚区人民法院立足于充分发挥民事司法审判职能,以构建诉讼调解与人民调解对接机制为抓手,不断强化和开拓民事诉讼调解工作,为建立高效快捷的多元化纠纷解决新机制进行了深入探索和实践。通过对北碚区实践状况的调查,循着"诉调对接"的工作流程,可以将他们的具体做法归结为如下内容:

1. 指导调解。对于人民调解组织正在调解的案件,北碚区法院指导法官向人民调解组织提供法律适用、调解方案等方面的指导,以提高人民调解工作水平,促进案件调解成功。北碚区法院参与个案指导调解情形有两种:一是人民调解组织在调解矛盾纠纷时请求指导法官提供指导。每一调解组织都有相应的指导法官名册和联系方式,能随时联系上指导法官,由指导法官进行适时指导。二是法院委托人民调解组织调解案件时,主动指派指导法官。在委托时,案卷中会附上指导法官的姓名和联系方式,以及指导法官关于案件涉及的法律关系及有关注意事项的提示。指导法官在指导调解时,既可以电话答疑,也可以亲临调解组织,与调解组织进行商讨,但一般不直接组织或面对当事人进行调解。为确保指导法官能及时指导调解,北碚区法院民事法官分别负责一个片区内的调解指导工作,强化了与片区内人民调解组织的联系。

2. 委托调解。对于一部分案件事实较为清楚、法律关系较为明晰的简单民事纠纷,北碚区法院在立案受理后,委托给人民调解组织进行调解。具体的操作性工作程序是:立案—审查—(简单民事案件)征求当事人意见—(如当事人同意调解)告知受托组织、调解期限等—向受托组织发出委托函并附案件基本材料—受托组织立案调解—调解成功制作人民调解协议,不成功的说明情况—回函人民法院立案庭—调解成功的制作民事调解书或通知当事人撤诉,调解不成的转入下一审理程序。委托调解的期限为10日,10日内无论调解成功与否，人民调解组织均需回复人民法院，避免拖延诉讼的情况出现。委托调解必须坚持自愿性原则和及时性原则，否则将失去其正当性。

3. 联合调解。有些案件涉及的案件事实或社会关系复杂，当事人之间矛盾冲突激烈，裁判结论可能有较强的社会影响，不适宜以判决的方式结案。这类案件往往需要多个部门协调或各方参与调处，人民调解组织可能难以驾驭而难以胜任调解。这类案件虽不多，但影响很大，针对这类案件，北碚区人民法院设置联合调解室，通过联合调解室组织有关部门或人士联合调解处理。联合调解室的案件来源于审判法官或人民调解组织，审判法官或人民调解组织认为需要由联合调解室调解的案件，将案件移送联合调解室。联合调解室接受案件后组织人民调解组织、有关社会单位、专家学者、律师等有关社会力量，共同调解案件。对于来源于人民调解组织的案件，联合调解室遵循人民调解的规定调解案件，达成调解协议的应提请原调解组织出具人民调解协议；对来源于审判法官的案件，联合调解室应按诉讼程序的相关要求开展工作，达成调解协议的，提请原审判法官出具调解协议。联合调解室调解案件，无论调解结果如何，均需将案件移送回原人民调解组织或审判法官。

4. 协助调解。审判法官在审理案件过程中自主调解案件时，认为需要人民调解组织等有关社会组织、个人给予协助的，可以邀请他们协助调处案件。协助的内容很广泛，比如请调解组织或当地居委会找当事人谈话，或为审判法官提供一些影响当事人认识的信息等等，以帮助审判法官拟定最佳的调解方案，促使案件得到妥善处理。

此外，北碚区人民法院充分履行审判职能，以指导人民调解为切入点，积极向前延伸诉讼调解职能，努力推动人民调解工作迈上新台阶。(1)帮助业务培训。北碚区人民法院注重对人民调解员的培训工作，派出法律知识或审判经验比较丰富的法官，对全区人民调解员进行调解业务培训，提高人民调解员队伍的素质。(2)开展业务指导。北碚区人民法院陆续编发婚姻、家庭、土地、损害赔偿等类型化纠纷的审判、调解案例25篇，发放至各人民调解委员会，帮助人民调解员准确把握法律原则和调处要点，并积极到各镇、街开展巡回审判活动，对人民调解员进行示范指导，帮助人民调解队伍提高调解能力和水平。(3)参与个案指导。对人民调解组织正在调解的案件，北碚区人民法院还在必要时派出法官给予个案指导，力促高效调结。一是人民调解组织调解纠纷时请求法官提供法律帮助，二是法院委托人民调解组织调解案件时，法官进行跟踪指导。

(二)重庆市渝北区法院主导下的"诉调对接"实践

渝北区人民法院结合社会的实际情况扩大了"诉调对接"的范围,自2011年以来,先后与交警部门、司法局、劳动与社会保障局建立了旨在化解道路交通事故、物业服务和劳动争议的专门调解委员会。通过委托调解、共同调解和司法确认三种方式实现纠纷联动化解。

渝北区共成立机动车交通事故纠纷人民调解委员会3个,物业服务纠纷人民调解委员会8个。2011年,渝北区人民法院委托机动车交通事故纠纷人民调解委员会处理纠纷437件,委托物业纠纷调解委员会调解案件252件;2012年1月—7月,委托机动车交通事故纠纷人民调解委员会处理纠纷225件,委托调解物业纠纷235件。

渝北区在劳动争议调解方面极具特色,2010年渝北区建立了劳动人事争议调解网络,其机构设置为在渝北区设立劳动人事争议调解中心,总体协调劳动人事争议的调解工作及指导下级调解中心工作等。在劳动争议多发的出租车、餐饮服务、建筑业等行业建立行业劳动争议调解中心。在园区、街镇建立劳动人事争议调解中心,已成立工会的企业建立企业劳动争议调解委员会,通过这些调解组织的建立,发挥人民调解在化解劳动争议的基础性作用。(1)渝北区人民法院成立两个劳动争议合议庭,确定劳动争议调解专职联络员,加强一对一联系指导工作,强化对劳动争议调解员的业务指导。(2)建立劳动争议调解员名册,立案前引导当事人在劳动争议调解员名册中协商选择调解员进行诉前调解。诉前调解成功的经当事人申请,法院予以司法确认。调解不成的,法院快速立案。(3)对已立案受理的劳动争议案件经当事人同意,委托劳动争议调解组织进行调解。调解成功的,法院出具调解书,调解不成的,法院劳动争议合议庭进行快速审理。(4)法院劳动争议合议庭加强与劳动争议调解中心等机构的工作对接,定期召开联系工作会议,完善信息通报制度,研讨预防、控制群体性劳动争议问题,提升矛盾纠纷化解效果。2010年渝北区法院劳动争议案件委托调解329件,委托调解成功56件;2011年委托调解254件,委托调解成功78件。

目前,渝北区人民法院正在与消费者权益保护协会积极筹建消费者消费纠纷调解委员会。村、社的便民诉讼联络员、街道和乡镇的便民诉讼站也发挥了部分人民调解功能。

(三)其他地区的相关做法

事实上,"诉调对接"并非一两个法院的先行创举,而是在全国遍地开花,"诉调对接"的工作方式也并非就是指导调解、委托调解、联合调解、协助调解,有的地方还出现人民调解前置①以及在人民法院内部设立专门的调解工作室②。"诉调对接"的范围也是极广。我国大力推进行业性、专业性人民调解委员会建设,调解道路交通事故、物业纠纷、环境保护纠纷、医疗纠纷数量呈不断上升趋势,2011年分别达到39.1万件、11.1万件、6.2万件和5.6万件。自去年5月司法部下发《关于加强行业性、专业性人民调解委员会建设的意见》以来,截至目前,全国已建医疗纠纷人民调解组织2645个,物业管理人民调解组织2314个,道路交通人民调解组织2552个,劳动争议人民调解组织2495个。③

近年来,劳动人事、医疗卫生、道路交通、食品安全、城乡建设、环境保护等行业和专业领域的矛盾纠纷明显增多。各级司法行政机关主动适应新时期矛盾纠纷发展变化的趋势,积极探索建立行业性、专业性人民调解组织,如北京市组建了北京市医疗纠纷人民调解委员会,开展医疗纠纷调解工作,缓和化解医患矛盾,社会反响良好。浙江省宁波市司法局在市和所属各县(市、区)全部成立了医疗纠纷人民调解组织,3年来共受理医疗纠纷2034起,调解成功1812起,成功率达89.1%,没有一起出现反悔。④

截至2012年8月3日,福建省建立覆盖县、乡、村三级人民调解网络,成立69个县级人民调解中心、1103个乡镇(街道)调委会、1.7万个村(居)调委会,配备专职调解员993人。上半年共调解纠纷6.14万件,成功化解纠纷5.98万件,调解成功率为97.5%,基本实现60%乡镇(街道)、90%村居(社区)"无民转刑、无非正常死亡、无群众性械斗、无集体上访"目标。⑤ 目前,省司法厅已在全省范围内建立79个医患纠纷人民调解中心和218个驻医院工作室,实现医疗机构100%覆盖,共有工作人员366名,建立包含881名法学类和

---

① 参见江苏省高级人民法院民一庭课题组:《江苏法院推行"诉调对接"的调研报告》,载齐树洁:《东南司法评论(2009年卷)》,厦门大学出版2009年版。

② 参见《东莞法院构建多元纠纷解决机制的调研报告》,齐树洁主编:《纠纷解决与和谐社会》,厦门大学出版社2010年版,第382~383页。

③ 西安政法网 http://www.xazfw.org/xinwenzonglan/201202/t20120228_31114.htm,下载日期:2012年10月8日。

④ 法制网 http://www.legaldaily.com.cn/index_article/content/2011-07/19/content_2799938.htm? 下载日期:2012年10月8日。

⑤ 福建省人民调解信息网 http://www.fjrmtj.gov.cn/mip/home.jsf/,下载日期:2012年10月8日。

2170名医学类的专家库。2011年共立案1318起,调解成功1096起,成功率达83%,有效推动231家医疗机构实现"平安医院"创建工作。①

我国正处在社会转型时期,矛盾纠纷不断增加,特别是在医疗卫生、劳动争议、道路交通、物业管理等行业和专业领域的矛盾纠纷大量上升。为有效地化解矛盾纠纷,促进社会和谐稳定,各地按照司法部的决策部署,积极推动行业性、专业性人民调解委员会蓬勃发展,及时有效化解了大量行业性、专业性矛盾纠纷,为促进经济社会又好又快发展作出了贡献。

二、"诉调对接"相关实践评析

人民调解和人民法院的对接是对调解协议效力的有力保证,也是人民法院对人民调解组织工作的支持。人民调解作为一项自治性的纠纷解决方式,具有灵活性和容易操作性的特点,人民法院解决当事人的纠纷是属于国家公权力对私人事务的干预。将两者对接起来,可以结合两者的优势,使得当事人之间的纠纷得到合理有效的解决。

(一)"诉调对接"机制取得的成就。

1.通过"诉调对接"机制,人民调解的调解范围扩大,也能够在一定程度上缓解法院的压力。诉调对接机制实行了以后,人民调解才真正发挥了作用,通过将诉讼调解和人民调解的优势加以整合,能够让人民调解制度的优势得到最大限度的发挥,及时将矛盾纠纷化解在第一线,法院的受案压力也会得到相应的缓解。

2.通过与法院之间的交流和合作,人民调解工作水平得到不断的提高。法院通过指导与培训人民调解,人民调解员的素质会得到一定的提升,调解组织的活力和使命感被激发;与此同时,人民调解的社会公信力也会得到加强。通过对人民调解制度自治性、自愿性、灵活性的强调,纠纷当事人之间的对立情绪会及时消解,能够让事态不会进一步发展,群体性事件会得到一定的遏制。

3."诉调对接"机制在一定程度上有助于解决"执行难"问题。通过"诉调对接",很多的矛盾纠纷能够在人民调解组织的主持下得到解决,这种灵活的处理方式,自愿达成的协议,让调解参与人更加愿意去履行自己的义务,这种义务的履行带有自愿和及时的性质。及时清偿率和自动履行率在一定程度上

---

① 福建省人民调解信息网 http://www.fjrmtj.gov.cn/,下载日期:2012年10月8日。

缓解了法院执行工作的"执行难"问题带来的压力。①

(二)"诉调对接"机制呈现的不足

1. 各地"诉调对接"的做法不一,程序规制缺乏规范。对怎么实现对接,各地方大致上的做法相同,但在具体的"诉调对接"的制度运作过程中却是有些差别的。在现阶段,对该制度如何实施,《最高人民法院关于建立健全诉讼与非诉讼相衔接的矛盾纠纷解决机制的若干意见》对立案前行政机关、社会组织调解与诉讼的衔接、仲裁与诉讼的衔接两种衔接进行了规范,还扩大了可以赋予合同效力的调解协议的范围。由于该衔接意见是一个整体性的框架,地方上大多依靠实践经验,导致这种机制的具体形式存在不确定性。

2. "诉调对接"制度本身定位不高。"诉调对接"包括规范性的程序措施和非非规范性的措施,非规范性的措施包括法院对人民调解员的培训、法院与其他机构共建调解组织等。很多时候,这种衔接是通过各个机关之间的联动来完成的,而这种联动靠的是各部门领导的热情和关系,这种措施很难长久地持续下去,缺乏一定的稳定性。法院和调解组织对此没有相应的独立经费预算、缺乏充分的人员支持,"诉调对接"机制的成功运行需要长效的物质投入和资金保障,也需要高素质的和充分数量的调解人员。但是缺乏独立的财政预算,许多的办公场所也是很艰苦;对调解队伍专门的法律知识和调解经验的培训也相对欠缺,调解人员主要还是运用社会经验、道德伦理、亲情感化等来进行调解,法院法官也因为案件的压力无暇顾及对接工作的指导。此外,对接中的调解人员因为没有编制,也缺乏相应的积极性。

三、完善"诉讼调解与人民调解"机制的若干思考

(一)规范该机制的启动程序

建立部分案件调解前置机制。反对在我国建立诉前强制调解制度的主要理由在于其可能牺牲和剥夺当事人的诉权。② 诉权在程序方面的含义是诉权的主体可以向法院提出请求,要求开始审判程序解决民事纠纷,实体方面的含义是指通过向法院行使诉权来揭示要求法院行使审判权所要保护的民事利益或要解决的民事纠纷。③ 我们认为只要是涉及当事人私人利益,法律就应该

---

① 厦门大学法学院课题组:《东莞法院构建多元化纠纷解决机制的调研报告》,载齐树洁:《东南司法评论(2008年卷)》,厦门大学出版社2009年版。

② 闫庆霞:《人民调解前置制度之反思——以民事程序选择权为讨论的出发点》,载《法学家》2007年第3期。

③ 李祖军、蔡维力:《民事诉讼法学》,重庆大学出版社2003年版,第42~43页。

容许调解,当事人的诉权可以在调解不服时起诉得到保障。

"诉调对接"所关注的案件多数为相对简单的案件,目的就是要通过"诉调对接"机制快速、高效地处理这些相对简单的矛盾纠纷,从而减少法院的审判压力。这就需要实行案件繁简分流。目前,我们实行的繁简分流还只停留在立案审查阶段,只解决了立案时的分流问题。对审判法官而言,他同样要关注每一件民事案件,其工作任务仍然较为繁重,法院的司法资源还没有彻底得到释放。因此,必须对审判方式和审判管理方式进行认真的研究,进一步探索案件繁简分流的模式,以实现节约司法资源,促进司法产品精品化目标的要求。

(二)构建程序完整的规则体系,对处理机制进行优化

"诉调对接"机制需要规定详细的程序,程序规范具有保障当事人权益和防止司法权力滥用的功能,在强调当事人合意的调解程序中,一定的程序规制是不可或缺的。在实践中,很多的规范都是以"暂行办法"来表现的,比如重庆市北碚区《关于加强诉讼调解与人民调解对接工作的暂行办法》,这些"暂行办法"起到了规范"诉调对接"实践的作用,要想"诉调对接"工作顺利地完成与实施,必须要对程序进行一定意义上的规定,"工作办法"、"暂行办法"需要承担这一任务,需要将受理范围、对接流程、对接方法、救济方式等等问题进行严格的规定。

(三)建立健全的工作组织,调整法院内部工作机制

人民调解协议的确认是实行对接机制的重要环节,"诉调对接"要想有好的效果,必须有一个完善的确认程序。法院需要做的一是要明确办理司法确认案件的业务部门,人民法庭受理的司法确认案件,则可由人民法庭办理;二是要法院根据平均工作量和制度价值,对司法确认案件作合理的评价,设定一定的考核分值,纳入考核范围;三是要加强宣传,提高社会对司法确认程序的认知度和认同感。

(四)建立完善的法院指导和监督程序

当今的民间纠纷更多是经济利益之争且易激化,具有许多传统的人民调解所不具有的特点。一旦当事人的权利受到侵犯,就应该得到救济。现代法治的内涵之一是,有权利必须要有救济,有救济的权利才是权利,没有救济的权利不成其为权利。当公民权利写在宪法和其他法律上的时候,权利,只是纸上的权利只有通过看得见摸得着的实现途径,权利才能从纸上走进现实生活,否则权利只能永远停留在纸上。诉调对接牵涉到当事人的重要的权利,在当事人实体权利之余,还有当事人的诉权。这就不仅需要对权利被侵犯时进行救济,还有必要对行为进行指导和监督,防止更多的侵犯。而指导和监督主体

应该以法院为宜。

第五节 人民调解制度规范的目标

一、人民调解在城市与农村的不同发展路径

国家出台了《人民调解法》、《最高人民法院关于建立健全诉讼与非诉讼相衔接的矛盾纠纷解决机制的若干意见》等法律文件,但是各个不同地方的具体做法却千差万别。光是"诉调对接"的做法就出现各种不同的版本,江苏南通、上海浦东、湖北武汉、重庆北碚等等不同做法遥相呼应。人民调解到底应不应该形成一个统一的模式?如果适用,该适用哪种具体的发展模式。实际上,更为合理的模式或方案是根据人民调解的实际情况和发展需求,将其设计为多元化系统,分别对村居委、社区、乡镇和行业组织等调解委员会作出不同的规定,包括人员构成、组织形式、程序和法律效力等,但这一方案在立法技术上存在着较大的难度,容易引起调解组织层级化(即各级调解组织之间存在隶属关系)的误解。①

我国传统社会是一个以地缘、血缘为主导的乡土社会。生活在同一个地方的人之间都是相当的熟悉,没有什么大的隐私而言,联系密切。生活在这种社会中,有大致的相同价值观、相同的风俗习惯、相同的权威人物。这种社会状态在农村得到延续,这也使得在农村主要是依靠调解员的个人威望、魅力、关系来解决相应的矛盾或者纠纷。但是,在城市就不一样了,因为社会流动性较大,人们之间的联系靠契约来维系,社会就是一个相互陌生的世界,人们更加信赖有契约形成的法律条文。因而在城市,人民调解也应该更注重调解依据的法律形式。

人民调解组织的多元化和网络化是人民调解的总体发展趋势之一。这在理论上和实践中都是需要解决的问题。由于历史原因,中国城乡二元化体制由来已久。所谓二元结构,就是指"把一个社会和经济分成两个部分,这两个部分依据不同的原则运转,没有办法按照一个更高一层的原则整合到一起,甚至缺少这种整合的基础"②。虽然,随着社会的进步和发展,农村以血缘及地

---

① 范愉:《〈中华人民共和国人民调解法〉评析》,载《法学家》2011年第2期。
② 孙立平:《对社会二元结构的新认识》,载《学习月刊》2007年第1期。

域为纽带的社会关系在现代社会已经变淡,农村社会也变得多元化和理性化,但是由于城市与农村两者的发展基础和速度的差异,导致这种二元化的结构愈发明显区别开来。农村社会相对于城市社会来讲,仍然是一个"熟人社会"。

从以下几个方面可以看出城市与农村有着比较明显的差异。(1)从调解人员的素质角度来看。因为经济环境和人文环境的不同,农村和城市中的人民调解员的具体素质有着很大的区别。在农村,担当人民调解的人员更多的是担任自治性组织的管理人员,他们更多的是本地人员,采用的大多是本人在当地的威望、个人魅力。而在城市中,由于有经济上的优势,吸引到了更多的有识之士来担当社会管理人员。这种教育、见识上的优势使得人民调解在城市中的发展更为顺畅。(2)从纠纷的内容角度来看。人民调解虽然解决的都是民间纠纷,但是由于社会内容的不同,自然地,矛盾纠纷也就不一样了。在农村更多的是传统的人民调解类型,新类型也会出现,如一些土地流转、宅基地的争执。但是在城市,除了传统的纠纷类型外,物业、交通事故、医疗、消费者利益、保险争议、劳动争议等等问题层出不穷。(3)从规范的适用角度来看。在农村人民调解的程序、方式、地点都更为随意,而在城市社区的调解则更趋于规范。相比之下,城市社区的大多数居民缺乏血缘和单位关系的连接,相互之间的关系更为疏远,也缺乏共同认可的权威。在农村,人民调解的过程中更多使用的是情和理,而在城市社区的调解中最主要的依据则是法律。

上述这些因素决定了人民调解在农村和城市的发展应该采用不同的路径。

二、由国家主导调解转变为社会主导调解

传统意义上的人民调解制度是我国全能国家体制的一个组成部分,在组织体系上由公权力指导,在调解的功能上更多地强调人民调解的政治功能,这就成了人民调解的政府主导局面。值得肯定的是,在具体的历史环境下利用经济、政治资源预防社会纠纷、维护社会的稳定、宣传党和国家的政策发挥了重要的作用。"中国的调解还承担另外三种有时超越纠纷解决的可识别的功能:第一,它有助于传达和适用意识形态原则、价值观和共产党的规划,有助于使中国人民更加信奉党的政策和目标;第二,它更倾向于压制而不是解决个人间的纷争;第三,它是国家和党实施其他控制手段的补充。"①可以看出,人民

---

① 陆思礼:《毛泽东与调解:共产主义中国的政治和纠纷解决》,转引自丁乐利:《对完善我国人民调解制度的法律思考》,2011年中国政法大学硕士学位论文。

调解的重要功能是政治职能。人民调解制度的功能总的来说可以分为两个方面,解纷功能和政治功能。① 现行的人民调解是作为解决社会矛盾的手段之一,其实际的运行仍然还具有很强烈的政治功能,这容易忽视当事人真正权利的实现,随着人们纠纷解决的理性意识增强,权利意识已逐渐增强。而达到这一目的的重要标志就是人民调解由政府来主导。在政治主导下的人民调解就会导致人民调解的民间性、社会性削弱甚至丧失。随着社会的发展,现代社会在要求矛盾化解的同时也会要求成本的控制,以往以巨大的行政权力资源的投入作为解决纠纷的前提条件不再现实。社会结构的转型也使得政府在人民调解中的权威逐渐减弱,如何建立社会公信力也成为政府主导下的人民调解的一大问题。其实,政府作为行政机关,应该履行管理职能、维护社会稳定、为经济建设提供有力的支持,但是具体解决社会的矛盾不应该成为政府的主要职能,政府不应该处在解决矛盾纠纷的第一线。人民调解应该找到它的准确定位,它不是为政治而生,而是为社会矛盾纠纷的解决而生。所谓社会主导,就是强化人民调解的社会纠纷解决功能,利用人民调解的自治性,让社会组织、机构的力量发挥其应有的本色,处理矛盾纠纷。

虽然随着时代的变迁,人民调解的范围会不断地变化,但是它解决的都是社会中具有民间性质的纠纷,调解参与人之间的矛盾并非是强烈到必须运用公权力来压制的程度,又加上熟悉以及经常往来的生活环境,参与人就更应该将矛盾纠纷化解在基层社区。人民调解组织的设立原本就是很基层、很靠近普通大众的,人民调解委员也大都与基层群众生活关系密切,熟悉社情民意。人民调解拥有这种组织上的优势和人员上的优势,一定能够完成纠纷解决的重任。

三、由非专业性调解到专业调解

传统的人民调解都是由村民委员会、居民委员会来完成的。人民调解员大都由处理管理事物的工作人员兼任,并没有经过什么特殊的培训或者法律教育。现代社会新类型的纠纷不断涌现,人民调解组织的不断演化,从形式上的不断变迁就是对专业性的人民调解的回应。现实生活中许许多多矛盾纠纷的产生都是有其独特情形的,我们不能够用一些普适的方法贯彻到每一种纠纷类型,针对不同的纠纷,应该采用不同的手段,不同主体的纠纷诉求也是不一样的,况且很多领域都是具有专业特点的,非专业人士进入其中,只会将事

---

① 曾旻:《当代人民调解制度的科学定位》,载《法治论坛》2009年第14辑。

情越弄越糟。在处理医疗、交通事故赔偿、治安等专业性调解的过程中,一些新型调解组织会不断出现。而一些原有的民间调解组织如何和消协、劳动争议处理机构、医疗纠纷处理机构等专业性调解组织实现有效的整合,也是一个复杂的问题。这些民间调解机构与人民调解组织既存在共性和统一、整合的可能,又具有与其不尽相同的特殊性。消协、工会本身作为利益群体代表,不具有完全中立性;医疗、交通事故调解需要特殊的专业知识和经验;律师调解则具有法律评价性特点。人民调解在专业性方面应该是还有一条比较长远的路要走的。所谓专业性,主要指:(1)有健全的专业组织或自治团体;(2)能选择组成的成员;(3)成员具有特殊的知识技能;(4)受过长期的专业训练;(5)能遵守专业伦理;(6)为公益提供重要服务。专业性人民调解要求在专门的调解机构中,通过公开选拔的方式选择具有法律背景、具有法律工作经历或者拥有长期人民调解工作经验的人员,专业地处理调解组织受理的纠纷,给社会提供高水平的法律服务工作。

今后的人民调解理论研究者和实务工作者应该意识到这一问题。在这一方面,可以借鉴国外专业 ADR 的做法,社区调解、商业调解、公司、协会和专业团体资助设立的组织调解等等都是值得我们思考和借鉴的。

四、规范化制度下人民调解的去政治化

长期以来,由于认识上的错误和实践中的混乱,各地大量出现人民调解名义下的行政调解,这其中包括司法助理员和司法所的调解,还有一些乡镇、街道或区县级的调解中心,这些调解能够起到一定的定分止争的作用,但是对整个的纠纷解决来讲是伤害巨大的。《人民调解法》并未直接涉及行政问题,以后这些行政或准行政调解如何与民间调解组织相分离,人民调解如何保障其中立性和社会性,就成为一个急需解决的课题。政府对民间纠纷的解决有着不可推卸的责任,但是人民调解组织并不是政府部门,不应该让人民调解组织的作用全部或者大部分为政府管理服务。从调解主体上区分行政调解和民间调解至关重要,首先必须解决的就是司法所与人民调解的关系。政治化的危险在于行政权力的无限扩张必然导致政府部门应接不暇,也会埋下社会隐患。人民调解制度应该是更少地与政治产生关系,一旦披上政治的外衣,其内容和过程就会让人民调解本身的群众性和自愿性削弱甚至丧失殆尽。理想的环境是:政治是政治,人民调解是人民调解,二者不会互相干扰,共同成为解决各自领域纠纷的合理手段,不会相互影响,尤其是政治因素尽量少的渗透到人民调解制度当中。让人民调解制度真正得到它应该有的成长环境。

第六节 结语：让人民调解制度飞起来

　　结合当今社会出现的新型纠纷类型，人民调解程序的建立必须要能够适应社会的发展形势，实现其"化解矛盾第一道防线"的功能定位，要想达到这一目的，人民调解制度必须规范化。在继承优秀传统文化的同时需要不断地随着时代的进步进行改良，还应该吸收其他国家的好的做法。现代社会的民间纠纷的类型多元化的态势，其中传统的类型不断地得到补充和扩大，出现了农村土地承包流转、城市房屋拆迁、建筑工地扰民、企业改制重组、交通事故赔偿、物业管理纠纷等很多方面。在面对这些不断出现的新局面的时候，人民调解是迎难而上还是逐渐枯萎、凋零？新时代的法律工作者没有对人民调解失去信心，而是提出一些有建设性的意见，不断提高人民调解适应新情况、新局面的能力，充分发挥其积极的社会作用，为构筑合理的纠纷解决机制共同构筑蓝图。

　　针对人民调解现有的局限性和不完善性。我们希望人民调解制度能够得到规范的治理。通过对该制度本身的规范可以达到从人民调解制度内部的改良。现有的人民调解制度的人民调解员、人民调解组织、人民调解协议、人民调解程序等都需要得到规制。通过这些规范可以让人民调解的功能特性和本身属性发挥到完美的状态，从依赖行政转变为脱离行政。让人民调解的自治性、群众性和自愿性原则得到真正的贯彻，这样才会实现去行政化。制度内的完善可以确保该制度的生命张力。同时，人民调解也是一种在实践中生存和发展的纠纷解决制度，对其具体的实践操作进行改进是对人民调解完善的应有之意，从相对宏观和微观的角度对人民调解的一些基本实践的不断创新和改良也是必不可少的。针对人民调解协议的效力不强问题可以建立合适的人民调解与诉讼的对接机制；面对城乡二元结构的社会现实可以尝试设计人民调解在城市与农村的不同发展路径以契合人们的解纷需求；为了解决国家意志在人民调解中的非功能化导向应该建立由国家主导转向社会主导机制；为解决人民调解的专业性程度问题可以尝试由非正式的调解到精英调解、职业调解的转变。通过对这些制度内和制度外的规范，让人民调解的具体制度得到改良，从而也会让人民调解的生命力不断延续。

　　通过对人民调解制度的规范，只要人民调解规范化运行，我们有理由相信，在理论界和实务界的共同配合下能够完成改良的任务，人民调解制度也会在解决社会纠纷方面得到发展和壮大。

第四章

法院调解规范化研究

第一节 法院调解规范化的基础理论

一、调解与诉权保障

在依法治国、构建和谐社会的时代背景下,在建设社会主义法治国家的进程中,中国正在进行着一次声势浩大的司法改革。在众多的改革措施中,最引人注目的是法院调解制度的兴起和发展。

1. 新形势下我国调解制度的新发展

近年来,在党和政府提出的构建和谐社会的新形势下,法院调解的作用得到党和政府前所未有的重视。有关法院调解的立法和司法解释层出不穷,法院调解的适用范围越来越广泛,民间调解协议的效力已得到立法和司法的确认。最高人民法院2002年9月16日颁布的《关于审理涉及人民调解协议的民事案件的若干规定》,首次确认了人民调解协议的"民事合同"的效力。2004年9月,最高人民法院制定了《关于人民法院民事调解工作若干问题的规定》。2006年10月,最高人民法院规定了新时期司法调解工作的三个目标:案结事了、胜败皆服、定分止争。2006年11月,全国政法工作会议提出,必须要构建人民调解、行政调解和司法调解的大调解工作体系。2007年1月,最高人民法院《关于为构建社会主义和谐社会提供司法保障的若干意见》指出:"强化诉讼调解,完善多元化纠纷解决机制",提出了"能调则调,当判则判,调判结合,案结事了"的十六字原则。2007年3月,最高人民法院《关于进一步发挥诉讼调解在构建社会主义和谐社会中积极作用的若干意见》总结各地经验,提出了

"充分发挥各级人民法院诉讼调解工作的主动性和积极性……创造性地开展诉讼调解工作"的要求。2009年3月9日,最高人民法院公布了《人民法院第三个五年改革纲要(2009—2013)》,提出要"建立健全多元纠纷解决机制。按照党委领导、政府支持、多方参与、司法推动的多元纠纷解决机制的要求……加强诉前调解与诉讼调解之间的有效衔接,完善多元纠纷解决方式之间的协调机制,健全诉讼与非诉讼相衔接的矛盾纠纷调处机制。"2009年7月召开的全国法院调解工作经验交流会要求全面理解"调解优先、调判结合"的原则,推动人民法院调解工作的新发展。2009年8月,最高人民法院经过中央批准,公布了《关于建立健全诉讼与非诉讼相衔接的矛盾纠纷解决机制的若干意见》,鼓励行政机关、社会组织、企事业单位以及其他各方面的力量积极参与纠纷解决,完善诉讼活动中多方参与的调解机制。2010年6月,最高人民法院印发《关于进一步贯彻"调解优先、调判结合"原则的若干意见》,提出将调解、和解及协调案件的范围进一步扩展,从民事案件逐步扩展到行政案件、刑事自诉案件、轻微刑事案件、刑事附带民事案件、国家赔偿案件和执行案件。2010年8月,全国人大常委会通过了《中华人民共和国人民调解法》,这样,人民调解工作进入了一个崭新的时代,走上了有法可依的时代。新的《人民调解法》坚持人民调解的群众性、民间性和自治性,完善了人民调解的组织形式,规定了人民调解协议的效力的司法确认制度,有利于及时妥善解决民间纠纷,促进社会的和谐稳定。2011年5月,中央社会治安综合治理委员会、最高人民法院、最高人民检察院、国务院法制办公室、公安部等16个中央部门联合印发了《关于深入推进矛盾纠纷大调解工作的指导意见》(以下简称《意见》)。《意见》指出,坚持"调解优先,依法调解"的原则,充分发挥人民调解、行政调解、司法调解的作用。将人民调解工作置于首位,位于行政调解、司法调解、仲裁、诉讼之前,立足预防、疏导,对矛盾纠纷做到及时发现、及时调解。经人民调解组织、行政调解组织或者其他具有调解职能的组织调解达成的调解协议,双方当事人认为有必要的,均可依法向人民法院申请司法确认。建立由各级政府负总责、政府法制机构牵头、各职能部门为主体的行政调解工作体制,并纳入同级大调解工作平台。《意见》强调,人民法院应当重点推动一般民事案件、轻微刑事案件通过调解等方式实现案结事了,拓展司法调解工作范围,建立完善法院与职能部门在调解、仲裁、执行等工作环节中的联动机制。推动人民调解、行政调解等各类工作机制的发展与完善。加强调解员队伍建设,吸纳行政职能部门、人民调解组织及其他具有调解职能的组织和人员、人大代表、政协委员等参与司法调解工作,采取驻法院(庭)人民调解室调解涉诉纠纷措施解决民事纠纷。

综上所述,在新形势下,包括人民调解、行政调解、法院调解在内的调解制度得到了党和政府的高度重视,立法、司法工作取得了长足的发展,调解制度在化解社会矛盾,解决纠纷,维护社会稳定和促进社会和谐的过程中发挥了重要作用。

2. 诉权保障:民事诉讼的最高目标

任何一种非此即彼的纠纷解决方式仅仅具有形式逻辑的自洽性,而现实生活的发展往往遵守的是辩证法或实践理性。① 作为一种非诉讼纠纷解决方式,调解程序固然具有简易、高效、灵活等特点,但调解相较于诉讼制度的功能优势绝不能成为其弱化或吞噬公民诉权的托词。② 目前,民事诉讼法的全面修改正在紧锣密鼓地进行着。笔者建议,此次民事诉讼法的修改应摒弃先前的局部改革方式,应将"诉权保障"作为民事诉讼的最高目标,使"调解优先"原则与民事诉讼以审判为中心的程序构造兼容并蓄,相互衔接、协调发展,那种只注重化解社会矛盾,牺牲法制,不顾民事诉讼基本原理,违背民事诉讼基本规律的做法是不可取的。

诉权是指当事人在民事纠纷的发生(即民事权益受到侵害或与他人发生争议)以后,请求人民法院行使审判权以解决民事纠纷或保护民事权益的权利。这是宪法和法律赋予每一个公民自由的权利,法律赋予公民这项权利,目的是相应地保障国民在这些权利受到侵害或发生争议时,拥有一种平等而充分地寻求诉讼救济的途径。正如法谚所云:"救济先于权利"(Remedy precedes rights.);"没有救济的权利不是真正的权利"(A right without remedy is not right.)。如果某一权利在受到侵犯之后,受害者无法诉诸任何机构,无法获得任何有效的救济和保护,那么,这项权利等于不存在。所以说,国家有义务为公民提供司法保护,那就是建立一个国家机构,以国家的审判权保护国民的合法权益。换言之,要实现民事诉讼的目的,必须对公民开放诉讼制度,使每一个公民在权利受到侵害时,能够享有向国家请求利用这一制度的权能,即诉权。诉权的享有是当事人获得司法救济、实现权利的前提和基础,也是当今世界各国法律规定的一项基本人权。所以说,民事诉讼制度应当以诉权保障作为最高目标。

---

① 汤维建:《中国调解制度的现代化转型》,载《检察日报》2009年7月20日。
② 李喜莲:《法院调解优先的冷思考》,载《法律科学》2010年第2期。

为保障当事人在民事权利受到侵害时能诉诸司法的权利,即保障每一个诉权笔者认为,我国应当通过民事司法改革努力做到以下几点:

第一,扩大民事诉讼的受案范围。纠纷的可诉性范围不应局限于民事法律关系的争议,只要是平等主体之间的争议,当事人都可以诉诸法院。民事诉讼的受案范围应当包括:(1)民事法律所调整的民事法律关系发生的纠纷;(2)受民事法律保护的权利受到侵害引发的纠纷;(3)公民的宪法权利受到私法主体的侵害所引发的纠纷。

第二,改革起诉受理制度。裁判请求权要从应然状态走向实然状态,其前提是当事人的起诉,由此而引起诉讼系属。为保障当事人的诉权,我国应当改革现行的起诉受理制度:(1)将民事案件的"立案机构"改为"登记机构";(2)将"起诉条件"改为"起诉的法定程式";(3)将"起诉条件"改造成为"诉讼要件",由法官进行审查。

第三,完善我国司法救助制度和法律援助制度。现代国家应当保障民众能够平等地享有诉权,接近司法,人人都能够获得司法救济。使得当事人不会因经济困难而被法院拒之门外,如果这样的话,司法公正就是一句空话。应当进一步完善法律援助和司法救助制度,以保障每一个当事人都能平等地诉诸法院,平等地使用诉讼制度,真正做到法律面前人人平等。近年来,国务院已经先后颁布了《法律援助条例》、《诉讼费用交纳办法》等行政法规,但要建立起完善的司法救助和法律援助制度还有很长的路要走。

第四,重视并构建包括调解制度在内的多元化纠纷解决机制。在社会矛盾急剧增加的转型时期,多元化的社会主体具有多元的价值观念,同时也赋予"正义"和"权利"以丰富的内涵,当事人基于不同的价值取向往往追求不同的程序利益。设置不同的民事纠纷解决程序,并赋予当事人程序选择权,已成为各国民事纠纷解决的一种潮流。旨在缓解诉讼的压力,促进纠纷解决的合理化、多元化发展的替代性纠纷解决机制(ADR)(包括和解、调解、仲裁等制度)的兴起反映了程序法领域的这一变化。ADR的发展反映了一种时代理念和精神的变化,那就是从对抗走向对话,从单一价值走向多元化价值,从非黑即白走向争取双赢。通过非诉讼解决方式,当事人双方可以使纠纷在协商和解的基础上和平解决纠纷。

我国正进行着一场声势浩大的司法改革,其理论支持和实践需求是多方面的。其中一个重要的理由是,随着经济的飞速发展,存在着诉讼案件增长和司法资源的有限之间的矛盾,纠纷解决的形势更加严峻。在建立和谐社会的新形势下,应当进一步发展我国的ADR制度,尤其是法院调解制度。其发展途径大致如下：首先，充分运用我国现有的各种社会资源(如法院与律师协会、基层组织、行业协会、民间组织、专业人士协会等)，发掘不同领域中化解纠纷的潜力；其次，借鉴域外先进的经验(如法院附设仲裁、简易陪审团审理、早期中立评估等)，创设新的纠纷解决途径；再次，处理好法院调解与诉讼程序的衔接；最后，正确处理好法院调解与审判的关系。我们必须清醒地意识到，纯粹的"调解优先"模式并不等于"和谐司法"，盲目的改革也必然偏离法制发展的科学定位和正常轨道。以诉权保障作为民事诉讼法的最高目标，不仅是完善诉讼制度的必要条件，也是构建和谐社会的必由之路。

二、调判关系的合理定位

1. 调判关系的历史变迁及成因分析

我国法院调解制度的发展历程，从新民主主义革命时期开始至今，分为"调解为主、判决为辅"阶段、"着重调解，判决补充"阶段和"调判并重"阶段三个阶段。

"调解为主、判决为辅"阶段主要是从新民主主义革命时期到1982年颁布《中华人民共和国民事诉讼法(试行)》之前，这一阶段的典型代表就是"马锡五审判方式"，其特点在于高度强调调解，并将调解作为解决民事纠纷的主要方式，新中国成立后，我国的民事审判工作继承和发扬了这种优良传统，依然把调解作为审理民事案件的基本方法。从1956年最高人民法院提出的"调查研究、就地解决、调解为主"的十二字方针，到后来的"依靠群众、调查研究、调解为主、就地解决"的十六字方针。可以说，在司法系统内，形成了以法院调解为主的民事审判模式。在这一阶段，法院全面贯彻调解精神，尽量调解。在这一时期，调解为主、判决为辅的调判关系的形成，主要基于如下两个原因：其一，立法的缺乏和滞后。其二，受国际大环境的影响。自新民主主义革命时期到1982年民事诉讼法颁布之前，我国民事审判法律制度基本上受社会主义国家苏联的影响，基本照搬苏联民事诉讼模式，即以党的政策为主导、以调解为主、推行群众司法。因此，在这样的历史文化背景下，调解与判决的关系自然是以调解为主，判决为辅。

"着重调解，判决补充"阶段主要是指从1982年颁布《中华人民共和国民事诉讼法(试行)》到1991年正式颁布《中华人民共和国民事诉讼法》。确立"着重调解"原则的理由是"调解为主"的政策使得一些法院将调解率作为考核审判人员的重要指标，导致实践中出现不够尊重当事人意愿，强制调解，久调不决的现象。确立着重调解的目的是力图克服原有强调"调解为主"提法的不足，确立了"着重调解"，即应当着重调解，调解无效的，应当及时判决。"调解为主"改为"着重调解",但是并没有影响调解在民事审判工作中的地位。其核心是要求法院立足调解处理民事案件,将调解贯穿于审理的始终,在万不得已时才以判决的方式结案。① 实际上,"着重调解"和"调解为主"并无实质性区别,由于强调调解为主,实践中一些法院片面追求调解率,把调解结案作为考核审判人员的主要指标,于是部分审判人员在实践中过度强调调解,甚至强迫当事人调解。② 可见,"着重调解"原则的确立,对调解与判决的关系没有产生任何实质性影响,依旧是调解为主,判决为辅。

"调判并重"阶段,即 1991 年正式颁布《中华人民共和国民事诉讼法》到目前为止的一段时期,1991 年《民事诉讼法》第 9 条规定:"人民法院审理民事案件,应当依据自愿和合法的原则进行调解;调解不成的,应当及时判决。"这一规定在一定程度上解决了强迫调解、片面追求调解、违法调解以及久调不决等弊端,这样明确了调解与判决之间的关系。调解和判决均是人民法院的结案方式,当事人能够达成调解协议的应调解结案,否则应当及时以判决的方式结案,调解与判决的关系乃是并列的,没有孰轻孰重之分。1982 年的《民事诉讼法》将"调解为主"改为"着重调解",原因在于,当时正处于改革开放初期,民事纠纷比较简单(婚姻家庭、借贷等纠纷),调解还没有失去社会基础,同时,人们的法制观念淡薄,法治建设还没有向纵深发展,法官的专业素质低下,民事审判不适合强调以判决为主。20 世纪 80 年代末至 90 年代初,我国社会生活的各个方面都发生了急剧而深刻的变化。一方面,人们的法制意识、维权意识加强,人们开始对以"权利让步"为标志的调解产生抵制心理;另一方面,由于市场经济体制的建立,人与人之间的交往范围扩大而且逐渐频繁,熟人社会向陌生人社会变迁,适合熟人社会的调解制度逐渐失去市场。

2. 对我国现行民事审判中调判关系的反思

第一,对调判关系的认识缺乏理性。重调轻判或者重判轻调均存在有失偏颇之处。从法院调解和审判的关系来看,两者各有优势,互相补充,缺一不可。首先,两者在功能上具有统一性,其直接目的是定分止争。其互补性体现在:一方面,调解具有自愿性、协商性、开放性、灵活性、保密性等,如西谚云:

---

① 江伟:《论市场经济与法院调解制度的完善》,http://www.cnki.com.cn/-Article/CJFDTotal-ZRDX503.016.htm,下载日期:2010 年 9 月 8 日。

② 马原、唐德华:《民事诉讼法的修改与适用》,人民法院出版社 1991 年版,第 56 页。

"瘦的和解胜于胖的诉讼。"①但调解不如判决更具有权威性、正统性和程序公正性等优势。另一方面,虽然判决具有独特的优势,但程序复杂且过于刚性,存在效率不足、甚至违背实质正义、不够尊重当事人意思自治等弊端,这就需要调解进行弥补。因此,在调判关系上,应当调判并重。

第二,调判关系缺乏制度保障。我国对调解极为重视,缺乏相应的制度保障,导致司法实践中调解成功率较低,调解在功能上无法有效弥补判决的不足。具体来说,主要是我国民事诉答程序和审前程序不完善,导致当事人无法在诉讼早期获得完善的诉争事实信息,也难以使情绪化的对抗转化为理性的对抗。另外由于当事人证据和案件信息收集能力低下,导致难以使当事人在诉讼早期对案件结果形成较为准确的预期,无法为调解的顺利进行奠定良好的基础。②

第三,调解的不断扩张冲击着法院的判决。无法协调调解与判决的关系,我国一直把调解纳入民事诉讼中,但是因为调解太过强势和不断扩张,从而使得判决被弱化,难以协调调判关系,特别是判决的规则形成功能在较大程度上受到了调解的冲击。③

第四,调解的适合环境有变得狭窄的趋势。我国现行"调解优先"的政策,忽略了熟人社会已向陌生人社会变迁的社会背景,适用调解的空间较小,另外,虽然我国仍处于社会转型时期,聚积的各种纠纷严重影响着社会的和谐稳定,但我国民众当前更强调权利保护,随着法治的完善,社会也更需要规则之治。④ 这些原因导致当前的调解政策不合时宜。

3. 现阶段重新定位调判关系的考量因素

通过上述分析,如何确定判决与调解的关系,笔者认为在界定时应当考量如下因素:

第一,社会的政治、经济以及法治背景。调判关系在不同历史阶段均有着特殊的历史背景,在定位调判关系时,同样不能忽略这些因素。一般而言,纠

---

① 杨润时:《最高人民法院民事调解工作司法解释的理解与适用》,人民法院出版社2004年版,第22页。

② 杨润时:《最高人民法院民事调解工作司法解释的理解与适用》,人民法院出版社2004年版,第22页。

③ 李浩:《完善调解制度的几点思考》,http://www.civillaw.com.cn/Article/default.asp? id=14498,下载日期:2010年9月7日。

④ Benjamin VanRooij, Regulating Land and Pollution in China: Lawmaking, Compliance, and En-forcement; *Theory and Cases*, Vol. 2, 2006.

纷的数量影响到社会的和谐稳定,进而影响着政策上对调解的适度倾斜,同样,法律本身的社会调控能力也影响着调判关系的变化。

第二,调解的可行性。调解就是当事人让渡自己的部分利益,与对方当事人妥协,这就要求一定的条件即熟人社会。在这种熟人社会里,人们之间相互了解,彼此之间也很注重自己的声誉,重视亲情、乡情,因此一旦发生纠纷,人们根据世代相传、潜移默化的习俗、习惯等交往规则,便自行和解,无须惊动正式的国家机构。

第三,法治环境的影响。调解在一定程度上会弱化法治效果,因为调解的本质是当事人妥协变更既有规则,从某种意义上说,是对规则的破坏,不利于当事人权利的保护。法官如果过分强调适用调解审理民事案件,势必造成刚性的法律规则难以实现,法律失去权威,有法不依,最终导致法治难以实现。为了有效地控制调解对于法治的破坏作用,应当在法律明确的前提下尽量依法解决,只有在没有法律规定,或者法律规定不够明确的情况下,才能适用其他规则解决纠纷,调解在这个时候才会更加体现其价值。

4. 我国民事审判中调判关系的重新定位

调解和判决在功能上并没有优劣之分,二者相辅相成,互为补充,缺一不可。处理民事纠纷,应当适用调解结案还是判决结案,一定要从实际出发,实事求是,既要考虑可行性,又要考虑社会效果,不能盲目调解,①更不应久调不决,而应当根据案件的具体情况作出选择。应当坚持调判并重,充分发挥调解与判决的作用、扬长避短、发挥合力。但需要注意的是,法官作为法律的适用者和实施者,担负着规则形成的重任,即通过作出公正的判决,塑造普适性的规则,为民众的日常法律生活起到指引、评价和预测的作用。因此,法院在处理调判关系时,应当以判决为主,调解为辅,尽管能调则调,但常态仍是判决。

三、调判结合原则的深层次解读

1. "调判结合"的含义

要正确理解调判结合的含义,必须从以下几个方面去理解:

首先,正确理解调解与判决各自的特点。调解,注重从根本上解决纠纷,体现程序的自治性和纠纷解决的协商性,可以最大限度地优化纠纷解决程序的效益,快捷、经济地解决问题,同时避免上诉和再审,实现矛盾消除的彻底

---

① 张卫平、陈刚:《法国民事诉讼法导论》,中国政法大学出版社1997年版,第153页。

性。而判决,则在承担着解决纠纷职能的同时,更注重确定规则与程序的维护,通过司法对纠纷是非分明的判断,来维护司法的公平、正义与权威,从而强调程序的正当性、规范性和技术性。简言之,调解柔性有余,而判决则刚性十足。①

其次,正确理解调解与判决之间的关系。调解和判决同属于人民法院法定的办案方法,强调"调解优先",并非排除或忽视判决,而强调判决作为案件的最终处理方式,并不意味着调解可有可无。当我们将判决作为案件最终解决方法这一"底线"时,必须全力发挥调解的"前线"作用,将它体现人性化、降低对抗性、突出效益性、彰显协商性等特点尽量地展示与发挥,只有在调解无法继续下去之时才使用判决的方法终结案件。因此,在调判关系的定位上,决不能使二者对立起来,而应当相辅相成,和谐共存地发挥作用。②

再次、"判调结合"首先必须要注意"调解优先"的适用。尽管调解和判决同为人民法院办理案件的法定的方式,但由于调解这一办案方法具有自身所特有的优势,诸如对待当事人的人性化、办案的柔性化、充分的说理性、具体的协商性和纠纷矛盾化解的彻底性等,决定了调解的方式较之判决易于被当事人接受,调解达成的协议易于被理解。在营造诉讼环境上,调解能够最大化地发挥其功效,从而使亲情重合,友情重聚,破镜重圆。

最后,调解必须以彻底解决纠纷为宗旨。无论贯彻"调解优先,"还是坚持"调判结合",其最终目的是"案结事了",即彻底地解决纠纷。因此,强调"调解优先",就要求法官必须把调解作为一种办案理念、办案程序或办案方法,而不仅仅是一种结案方式,始终将调解手段放在案件审理、纠纷解决的首要位置,努力实现"案结事了"的目的;强调"调判结合"就要求法官科学把握实用调解或判决方式处理案件的基础和条件,根据各类案件的不同性质、具体情况、当事人利益诉求,灵活运用调解或判决的司法方式。③ 即使判决,也要让当事人口服心服,尽量避免或减少对抗性,为实现"案结事了"打下基础。法官要以实现"案结事了"和维护当事人合法权益为基点,正确选用两种方法结案,而不能仅仅从方便自己、减少工作量出发去选择结案方式。④ 笔者最近从有关媒体

---

① 李方民:《调判关系的司法定位与完善》,载《人民司法》2008年第7期。
② 李方民:《调判关系的司法定位与完善》,载《人民司法》2008年第7期。
③ 江苏省高级人民法院司法改革办公室:《能动司法的实践进程与制度构建》,载《法律适用》2010年第10期。
④ 李方民:《调判关系的司法定位与完善》,载《人民司法》2008年第7期。

获息,某基层法院2009年度的民商案件调解结案率达民商总案的64.8%,而调解未自动履行进入强制执行的占调解结案总数的67.5%,也就是说,调解结案的大多数案件尚需强制执行。这叫"案结事未了",其调解质量之低下就可想而知了。

2."调判结合"的据理分析

"调判结合"是新时期指导我国调解工作的一项原则,该原则的提出,不是一个偶然现象,具有其文化基础自身的价值和现实的需要。

(1)"判调结合"的文化基础

中华文明具有五千年的悠久历史,法律文化一样悠久,因为"和合文化"的哲学传统、"礼制"的盛行而造成的"无讼"、"息讼"的观念成为我国古代法律文化中最具代表性的诉讼观念。首先,"和合"是中国传统哲学中一个很重要的概念,"和合"二字从春秋时期就开始连用,其内涵十分丰富,包含了和谐、和睦、和平、中和、融合、合作等含义①。"和合"并不是消除事物之间的差别,它不回避矛盾、不忽视矛盾,是在承认事物的差别性和矛盾的普遍性的基础上,使各种有差异的事物达到一种平衡、合作、和谐的状态。所谓"和而不同",指有差别的因素之间的和谐共处。"和合文化"影响到社会生活的诸多方面,在处理人与自然、人与社会、人与人之间的关系的过程中都发挥着重要的作用。一方面由于"和合文化"的影响,在司法实践中出现了"耻讼"、"厌讼",重"人情"、轻"法律"等现象,《论语》中就有:"听讼,吾犹人也,必也使无讼乎"。因此,无论是司法官还是当事人,一般都倾向于通过调解来解决纠纷,以维持"和"的社会氛围,于是使调判结合的司法模式受到追捧。另一方面,中国古代的"礼制"也使得调判结合司法模式得以存在和发展。"礼"本来是一种祭祀仪式,后来发展成为一种人们遵守的行为规范。在阶级社会里,"礼"被用来维护阶级统治。"礼"按照人身关系,形成了一种按照不同的社会地位组织起来的等级森严的封建礼制,而"法"则只是作为"礼"的补充。这就是我国古代的"礼法合一",它是"和合思想",它使"无讼"、"息讼"观念得以形成,也是我国传统的"调判结合"形成和发展的根本原因。②

(2)"调判结合"的价值目标

---

① 李莉华、刘立强:《和合思想·无讼·诉讼调解》,载《中共南宁市委党校学报》2005年第4期。

② 李莉华、刘立强:《和合思想·无讼·诉讼调解》,载《中共南宁市委党校学报》2005年第4期。

在对"调判结合"的价值进行分析之前,我们有必要先就调解的价值进行分析。李浩先生总结调解的七个比较优势,包括"调解利用的自愿性"、"调解目的的和解性"、"调解过程的协商性"、"调解内容的开放性"、"调解中信息的保密性"、"调解程序的简易性和处理的高效性"、"调解结果的灵活性和多样性"等。① 范愉教授则认为:"调解是人类社会的共同财富"②、"调解的本质和价值在于自愿和自治"③。徐昕教授也曾对此作过论述:"调解的优势显而易见,诸如,有利于和平、彻底、一次性地解决纠纷,降低纠纷解决的私人成本和社会成本,缓和和消除社会矛盾,维系当事人之间的和谐关系,体现了'以人为本'的纠纷解决理念以及自愿性、自治性、群众性、民主性、简易性、灵活性、实用性等特征,有助于保障社会秩序的稳定与社会和谐。"④

从上述学术观点可以看出,各位学者都对调解的作用作出了充分的肯定,这也是我国采取"调判结合"的一个重要原因,而关于"调判结合"的价值分析,笔者认为应该包括如下几个方面:

第一,公正价值。调判结合的公正价值主要是通过判决来实现的,一方面,司法是解决纠纷的最后一道防线,司法判决本身具有其自身的公正价值;另一方面,在调解解决纠纷的过程中,也会因为有判决的存在能有效地保障调解的公正进行,可以说判决为调解书内容的公正性提供了保障,"调判结合"能够充分实现法律的正义价值。

第二,效益价值。调判结合办案方式灵活简便,适应性强。调解具有自身特有的优势,如形式灵活、保密性强、费用低廉、结果妥善性等优点,⑤侧重于解决纠纷的效率,而判决不具有这些价值,判决更加注重法律程序的价值、注重法律权威的树立和法律公正的实现,"能调则调,当判则判"不仅有助于提高法院的办案效率,也有助于取得良好的社会效果,还有助于合理利用有限的法院资源。

第三,秩序价值。调判结合的秩序价值主要是通过调判结合,可以彻底地解决纠纷,调判结合融合了调解和审判二者的特点,可以充分发挥判决和调解

---

① 李浩:《调解的比较优势与诉讼调解制度的改革》,载《南京师范大学学报(社会科学版)》2002年第4期。
② 范愉:《客观、全面地认识和对待调解》,载《河北学刊》2006年第6期。
③ 范愉:《客观、全面地认识和对待调解》,载《河北学刊》2006年第6期。
④ 徐昕:《迈向社会和谐的纠纷解决》,中国检察出版社2008年版,第102页。
⑤ 钟翠莉:《诉讼调解的四大优势》,载《中山大学学报论丛》2007年第6期。

两者的优势,使调解和审判两种办案方式在纠纷处理过程中各自发挥自身优势。既能使得当事人在相对缓和的氛围中通过协商的方式来解决纠纷,也使在矛盾不可调和、无法通过调解解决纠纷时能够及时地判决审判,通过判决对案件事实进行定性,来达到解决纠纷、维护法律的权威的目的,有益于彻底的解决纠纷,化解社会矛盾,维护社会和谐稳定,维护社会的正常秩序。

(3)"调判结合"存在的现实必要性

首先,"调判结合"原则符合我国国情。我国是一个地域广阔、人口众多、经济发展不平衡的国家,有56个民族,各民族的文化背景也各不相同,风俗习惯差别很大,民事纠纷的主体、种类非常复杂。这就导致我国的法治建设和发展状况也存在很大差异,有些地区法治较为健全,而有些贫穷落后的地区法治建设则较为落后,很多少数民族地区依旧维持着较为原始的民族习惯和风俗。① 因此,在处理纠纷的过程中也要因地制宜、具体问题具体分析,不能全部采用一个方式解决。在法治相对健全、人们法律意识较强的沿海发达城市,司法审判能够发挥其应有的作用。而在偏远农村和一些少数民族聚居区,就要发挥"调判结合"的优势,才能达到较好的法律效果。

其次,"调判结合"可以缓解法治资源不足和日益增长的纠纷数量的矛盾。我国目前仍处于社会主义初级阶段,法制建设当然也是如此,新中国法治建设的历程并不长,法律制度与西方发达国家相比也不是很完善,司法资源还相当匮乏,法官的素质也参差不齐。而近年来我国国民经济快速发展,纠纷数量急剧上升,人民群众对司法资源的需求却不断增长,如何利用有限的司法资源处理日益增长的司法需求成为亟待解决的问题。这样,在审判资源严重短缺的情况下,诉讼调解作为一种更加灵活高效的纠纷解决方式也就得到了人们的高度重视。② 而实践也表明,在处理与群众切身利益密切相关的民事纠纷中,特别是针对一些社会影响大、涉及面广的民事纠纷,诉讼调解有助于平息纠纷、促进司法和谐。③ 最高人民法院院长王胜俊也指出:"我国国民经济的发展需要以社会的和谐稳定作为基础,社会的和谐稳定又需要用司法的公平正义作为价值尺度去裁量,要达到社会和谐稳定和司法公平正义的统一,'调判

---

① 白芳:《试析诉讼调解复兴的原因》,载《科研交流》2009年第3期。
② 徐昕:《迈向社会和谐的纠纷解决》,中国检察出版社2008年版,第112页。
③ 石蓉:《谈践行"调解优先,调判结合"办案方式的意义、方法及语言艺术》,http://www.kuufo.com,下载日期:2010年3月9日。

结合'办案方式是实现这一目标的最好选择和最佳途径。"①

再次,健全的纠纷解决机制尚未建立起来。目前,我国尚未建立起科学合理的纠纷解决机制,非讼解决机制很不健全,人民调解急需转型,民间调解机制不发达,无权威,不能充分发挥民间调解在解决纠纷中应有的作用,行政调解和仲裁制度解决纠纷的范围非常有限,多元化的纠纷解决尚未形成。非讼纠纷解决机制的不健全,诉讼调解的作用日益凸显出来,因为诉讼调解可以解决非讼诉解决方式的诸多不足之处,这也是"调判结合"得以发展的重要原因。

最后,"调判结合"是实践经验的总结,也有利于促进社会的和谐。我国正在向建设"和谐社会"的方向发展,如何化解社会矛盾,妥善解决社会纠纷便是一个重要的问题。20世纪90年代的司法改革以及司法实践中的一系列问题表明,实践中一味地重视判决、重视树立法律的权威,并不能妥善地解决社会纠纷,但却增加了当事人的诉讼负担。结果导致了上诉率和上访率不断提高,社会矛盾激化、判决得不到执行等等问题,这不仅无助于法律权威的树立,反而导致了人们对法院和法律的不信任。由此,人们会对司法中存在的程序复杂化、程序规则化和法院消极裁判产生不满,并怀念那些程序简单的纠纷解决方式②。这样,"调判结合",并且"调解优先"的办案方式也就受到了人们的青睐。"调判结合"的办案方式之所以在我国现阶段有其存在的土壤,是因为解决方式的平和、解决纠纷的彻底和解决方案的便于执行,符合目前我国的政治氛围,即与建设和谐社会的政治目标密切相关。

第二节　我国法院调解的现状考察

一、法院调解实行"调审合一"的调解模式

目前,我国法院调解的运行模式采用的是"调审合一"的运行模式。所谓"调审合一"的调解模式就是审理民事案件的主体与调解的主体合二为一,在我国,法官既是审理民事案件的主体,又是诉讼调解的主持人。而且我国民事诉讼法中设计的审判方式与一种称为"调解型"的程序构造模式十分接近。③

---

① 王胜俊:《构建符合国情的调判结合工作机制》,http://www.news.qq.com,下载日期:2010年3月11日。
② 张卫平:《回归"马锡五"的思考》,载《现代法学》2009年第5期。
③ 王亚新:《论民事、经济审判方式的改革》,载《中国社会科学》1994年第1期。

法官具有调解员和审判员的双重身份,既是运动员又是裁判员。因为身份的合二为一,法官把调解看作是处理纠纷的主要方式,绞尽脑汁促成当事人和解,他们将促成和解结束案件作为诉讼的首要目标,调解不成的才进行判决。因此,对于身兼两种不同身份的法官来说,调解既是任务又是职权,积极主动地进行调解是法官的责任。调解和审判身份的竞合,成为调解不规范的重要症结之一。保障当事人调解的自愿性与发挥调解人员调解的积极作用始终是调解制度的内在矛盾之一,只要有第三者意志的介入,就存在该第三者以其个人意志压服当事人的可能性,就存在着调解强制性的可能性,而调解人员与审判人员身份重合就会导致法官的超强权力变为现实。"调审合一"的消极作用主要表现在以下几个方面:

（一）调解的"自愿性"难以得到保证

在"调审合一"的司法模式下,法官既是调解的工作主持者,又是审判中的诉讼指挥者、裁判者。作为诉讼指挥者,法官可以尽量选择调解的方式处理案件,即使当事人不愿意调解,在法官的劝说和要求下（变形的强制）,也不得不转变态度迎合法官。法官作为裁判者,他可以认定或否认当事人主张的事实,支持或反对当事人的诉讼主张,并在调解无效时作出判决。裁判者的身份使得法官具有事实上的强制力,当法官集调解权和裁判权于一身时,调解中的强制也在所难免。①

（二）调解的保密性得不到保障

调解的保密性不仅意味着调解不必公开进行,更重要的是如果调解不成转入诉讼的话,调解当中当事人的自认、认诺、让步不能被审判者用作对其不利判决的资料。然而,在"调审合一"的司法模式中,由于法官参与调解的全过程,如果调解不成再由同一个审判人员或者组织去进行裁判,法官很难做到不将调解中获得的信息带到裁判中来,从而作出对当事人不利的判决。即使法律明文规定了不能将调解中获得的信息作为裁判的依据,法官在裁判过程中也会无意识地受其影响。这样至少会在调解或判决时带来三个方面的问题:一是调解时当事人因为害怕不愿透露相关信息。二是当事人对作出让步顾虑重重,很难促成调解协议的达成。三是法官因为不能自觉排除相关信息的影响而先入为主,作出损害一方当事人利益的裁判。

---

① 廖中洪:《民事诉讼改革热点问题研究综述(1991—2005)》,中国检察出版社2006年版,第408页。

(三)不利于当事人合法权益的保护

在"调判合一"的司法模式下,为便于内部的管理,法院往往将调解结案率作为考核法官的重要依据,法官为了自身的利益往往牺牲当事人的合法权益强制性进行调解。法官的依法解决纠纷与调解中灵活适用法律存在矛盾,合法性原则很可能得不到有效的贯彻执行,当事人为了结束诉讼,有时候可能不得不放弃自身部分合法权利,可能产生无法切实保护当事人合法权益的情况。可见,"调判合一"的模式在民事诉讼制度中必然会引起程序的不和谐,法官的双重身份及其调解偏好又有可能使民事诉讼实践在一定程度上偏离了其基本价值目标。①

域外的和解制度,与我国法院调解不同,法官与审判法官是彼此独立的。如美国审前会议中的和解,审判的法官通常不是主持和解的法官;在德国、日本和我国的台湾地区,都有主审法官将案件交由受托法官试行和解的规定。这种身份的分离对调解者和审判者都形成一种制约,由于和解法官手中没有审判权以供利用来作为压服当事人接受和解方案的条件,所以和解法官要想获得和解的成功,只能通过劝说以获得当事人自愿和议的途径来寻求解决,即便其有强制的意愿,也会因为没有实现的途径而罢休。② 所以说,调审分离的制度结构将在很大程度上克服诉讼调解制度的一些问题,以达到彻底解决纠纷的目的。

二、我国委托调解的运行现状

(一)委托调解的制度变迁

法院委托调解即委托调解,是指人民法院将诉至本院的民事纠纷,在当事人同意的基础上,委托给相关组织、单位或个人进行调解,以解决纠纷、化解矛盾的制度。③ 委托调解制度可以说在我国古代就存在,从古至今经历了如下三个不同的发展时期:

1.委托调解建立存在时期

这一时期从西周委托调解建立到1949年新中国成立时期,这一时期属于我国委托调解的建立存在时期。委托调解在我国有比较悠久的历史,从西周时期就已经建立起来,我国古代调处制度的对象主要包括户婚、田土、钱役、斗

---

① 王红岩:《试论民事诉讼中的调审分立》,载《法学评论》1999年第3期。
② 闫庆霞:《法院调解制度研究》,中国人民公安大学出版社2008年版,第226页。
③ 唐东楚、何文燕:《论法院委托调解》,载《重庆大学学报(社会科学版)》2010年第6期。

殴等细故,以及一些轻微刑事案件,中国古代的调解制度按照调解的主体分类,可以分为民间调处、官府诉讼调处和官批民调三种主要形式。官批民调在形式上具有调处的一般特征,又有不同之处。中国古代的官批民调与委托调解类似。官批民调,是指官府在接到案件之后,通过初步堂审认为案件属"细微",没有必要在堂上审理,则"批令"乡里进行调处,或派差役协同乡保进行处理,由民间组织先行调处,调处不成时,再由官府予以判决。现存档案中经常会见到"饬差确查妥处"、"着乡保传谕安分"等批令都是官批民调的具体指令。在清朝,尽管禁止官府将已经受理的案件交由民间解决的正式立法到晚清法律改革运动兴起时才得以废止,但官府还是经常把已经受理的案件交由社会有威望的人士或当事人的邻居调解。① 革命根据地时期,在"大家动手问案子"②的思想指导下,委托调解在相关的规范性文件有相应的规定。如《陕甘宁边区民刑事件调解条例》第 11 条明确规定:"系属法庭之案,得由法庭以职权依据本条例之规定进行调解,或指定双方当事人之邻居、亲友或民众团体在外从事调解。"

2. 委托调解的停滞时期

这一时期从 1949 年新中国成立以后至 2004 年。新中国成立后,委托调解处于停滞的状态,从当时的立法就可以看出,1951 年制定和颁布的《人民法院暂行组织条例》、1954 年的《人民法院组织法》、1956 年的《各级人民法院民事案件审判程序总结》、1979 年的《人民法院审判民事案件程序制度的规定(试行)》,甚至到了 1982 年的《民事诉讼法(试行)》、1991 年的《民事诉讼法》均没有就委托调解作出明确的规定。

3. 委托调解的恢复发展时期

这一阶段从 2004 年至今,委托调解处于一个恢复发展时期。2004 年的《最高人民法院关于人民法院民事调解工作若干问题的规定》(以下简称《民事调解规定》)第 3 条第 2 款首次规定:"经各方当事人同意,人民法院可以委托有关单位或者个人对案件进行调解,达成调解协议后,人民法院应当依法予以确认。"《民事调解规定》对委托调解制度的明文规定,标志着我国古代就存在

---

① Jerome Alan Cohen,Chinese Mediation on the Eve of Modernization,*California Law Review*,1966,Vol. 54.

② 毛泽东曾指出:"司法也该大家动手,不要只靠问案子的推事、裁判员"。转引自张希坡:《马锡五审判方式》,法律出版社 1983 年版;杨润时:《最高人民法院民事调解工作司法解释的理解与适用》,人民法院出版社 2004 年版,第 46 页。

的委托调解制度进入了一个恢复发展时期,从此,一种最具制度建设价值的不经判决而迅速解决纠纷方式的出现,一种足以代表中国司法 ADR 的崭新的制度由此正式走进我国的民事司法实践。2009 年的《最高人民法院关于建立健全诉讼与非诉讼相衔接的矛盾纠纷解决机制的若干意见》(以下简称《健全纠纷解决机制意见》)第 14 条、第 15 条关于委托调解的相关规定,以委托的时间为标准对委托调解进行了分类。《健全纠纷解决机制意见》首次明确规定法院可以依职权委托调解,并强调法院确定委托调解人时应以组织为主。

(二)委托调解的三种基本模式

目前,委托调解在我国正处于摸索阶段,根据我国的司法实践,委托调解主要存在以下三种运行模式:

1. 人民调解窗口模式。即在法院内设立人民调解窗口或者工作室,人民法院对应委托调解的案件,经当事人的同意或者当事人的申请,将案件委托给人民调解窗口或工作室进行调解,这样实现司法调解与人民调解在基层法院内的零距离衔接。上海市长宁区法院是一个典型。2006 年 9 月上海市的基层法院均设立了人民调解窗口,仅 2006 年及 2007 年一季度全市法院共指导和委托人民调解组织成功化解各类民事纠纷 10591 件。① 这种委托调解模式能有效地利用人民调解组织,并发挥法院对人民调解组织的指导作用,但在由立案庭对案件进行委托前进行审查,加大了立案庭的工作负担,也避免不了立案法官出于对便利的考虑,动辄建议当事人选择人民调解窗口调解的问题。

2. 特邀调解员模式。即法院对相关部门推荐的调解员进行审查后,聘请其为特邀调解员。法院认为纠纷性质适宜委托调解的,在经当事人同意后,办案法官根据案件的性质、案件发生地、专业性等因素来委托特邀调解员对案件进行调解。主要代表有江苏省特邀调解员制度和北京市朝阳区法院特邀调解员制度。江苏省全省各级法院从工会中,选聘了 483 名特邀调解员。目前已由工会特邀调解员参与调解劳动争议纠纷案 324 件,调解结案 193 件,调解结案率达 59.60%。② 这种调解模式能充分发挥特邀调解员的优势,但只注重个人作用,而且个人一旦被法院聘请,难以保证客观中立的立场。

---

① 《上海市高级人民法院和上海市司法局联合召开新闻发布会专题通报上海法院委托人民调解工作情况》,http://www.hshfy.sh.en/fyitw/gwenr—viewjsP? Pa＝aaWQgc5MDAmeGggMQpdessPdcssz,下载日期:2010 年 6 月 3 日。

② 娄银生、沈明磊:《江苏法院"诉调对接"助力和谐》,载《人民日报》2006 年 10 月 11 日。

3. 院外委托模式。即立案庭在诉前征得当事人同意后,采取诉前委托调解或者在审前、审中,当事人申请委托调解的,法官联络人民调解委员会、司法所、律师等机构或个人,将案件移送给这些调解机构或个人,委托他们进行调解。这种委托调解的模式运用广泛。例如,深圳市龙岗法院的商会调解模式、上海市浦东新区法院针对专业技术性强的、复杂的医疗纠纷、劳动纠纷与知识产权纠纷委托给医疗纠纷办公室、工会组织或知识产权调解委员会调解,最大限度地调动社会调解资源,发挥各种社会力量在委托调解中的作用。但这种院外委托模式会让当事人往返奔波,卷宗院外流转,无法打破部门间的界限,在一定程度上限制了委托调解的发展。

(三)我国委托调解制度存在的不足之处

委托调解是谋求诉调对接而产生的新事物,作为纠纷解决与司法资源利用上的一个平衡点,委托调解实现了诉讼与非诉讼方式的优势互补,实现了资源整合。其解决纠纷、化解社会矛盾、促进社会和谐的作用主要体现在:第一,满足了纠纷解决方式多样化的需求。与诉讼程序相比较,委托调解有更大的灵活性,提供了更大的程序选择空间,从时间与投入的角度减少了纠纷解决的成本。如上海市松江区法院委托调解的平均办案时间仅为4天,道路交通损害赔偿纠纷的平均办案时间只有3天。① 第二,是我国社会主义法律制度的一项创新。委托调解是法院借助社会力量解决纠纷的一项制度创新。"严格的法律程序,庭审的复杂性,总是制约法院迅速而又合法地解决,从而不可避免地导致诉讼延迟和案件积压。"② 委托调解减轻了法院的诉讼压力,提高了司法效率,维护了司法的公信力,在一定程度上解决了"执行难"问题。2007年上海市法院委托调解案件50479件,占全市基层法院一审民事案件的25%,调解成功38783件,成功率为76%。③ 第三,委托调解缓解了矛盾,修复了已经破坏的人际关系,实现了社会的和谐稳定。"一个社会是否和谐、是否健康,关键就看它所具有的解决纠纷的各种机制是否健全、完善。"④ 委托调解的出现利用了现有的调解资源,推动了多元化纠纷解决机制的进程,实现了纠纷解决机制系统功能的优化配置。虽然委托调解在实践中发挥着非常重要的

---

① 刘岚:《委托调解:期待一个明确"说法"》,载《人民法院报》2008年7月14日。
② 沈恒斌:《多元化纠纷解决机制原理与实务》,厦门大学出版社2005年版。
③ 范愉:《非诉讼纠纷解决机制研究》,中国人民大学出版社2000年版,第369页。
④ 汤维建:《论中国调解制度的现代化转型》,载汤黎明:《委托调解的理论与实践——替代性纠纷解决机制模式研究》,法律出版社2009年版。

作用,但是作为新生事物,通过对现状研究发现我国的委托调解主要存在以下三个方面的问题:

第一,立法的严重滞后。委托调解正是一种将社会力量引入调解的司法ADR类型。2004年的《最高人民法院关于人民法院民事调解工作若干问题的规定》首次明确规定了委托调解制度,而对委托调解的主体进行细化以及进一步明确法院对委托调解达成协议进行确认的规定是在2007年3月最高人民法院发布的《关于进一步发挥诉讼调解在构建和谐社会中积极作用的若干意见》中。各地法院与其他机构联合制定了许多各具地方特色的规范性文件。① 上述立法都属于司法解释以及地方规范性文件的范畴,但民事诉讼法中并未规定委托调解,并且司法解释对委托调解的规定比较原则,不具有可操作性,以致该制度在实践中做法不一,缺乏相应的规范指导,我国关于委托调解的立法严重滞后,急需要对委托调解进行相应的立法,以使委托调解法制化、规范化。笔者认为,调解制度是一项司法制度,因此,调解制度也只能由法律予以明确规定。目前,仅有司法解释对委托调解制度进行了规定,在立法形式上没有达到《立法法》的标准,委托调解在缺乏长期推进的立法保障时,实践探索出现了无序化、反复化的局面。

第二,人们对于委托调解的认识存在误区。一项制度能否被社会的大多数人认可和接受是该制度发挥多大作用的关键。目前,委托调解在社会上存在认识误区,广大群众对于委托调解还不能接受,认为其中的许多问题都不好解决,或者与法治的精神相违背。首先,是法官的认识的误区。相对于法官来说,作为案件的直接承担者,由于对于基于职业的谨慎,法官一般不愿意将自己承办的案件委托给其他机构或个人进行调解,比起委托调解,法官更愿意通过协助调解来提高调解工作的实效,进行法院诉讼内调解,再加上委托调解的实行在一定程度上影响到诉讼费用的收取,减少了法院的诉讼费用总额,这无形中就影响了法官适用委托调解的积极性。其次,是当事人认识的误区。受委托组织或者个人因与案件无必然联系,缺乏调解的积极性、主动性和责任心,甚至存在法院推脱责任的认识偏差。当事人对委托调解并不了解,认为法院委托调解是对自己权利的漠视,而且对调解协议的效力无信心,甚至担心审

---

① 例如,上海市高院与市司法局联合制定的《关于规范民事纠纷委托人民调解工作的若干意见》。福建省厦门市2005年《关于完善多元化纠纷解决机制的决定》,是第一个以地方立法的形式来规范纠纷解决机制,该决定第9条规定人民法院可以委托社会组织和人员,开展协商和解、委托调解、协助调解等工作。

中委托调解会出现诉讼调解的弊端"久调不判",在多种因素的干扰下,不轻易选择委托调解。①

第三,实践中缺乏统一性和可操作性。由于立法缺乏全国统一的法律对于委托调解进行规定,各地法院在实践中做法不一,这种不一致体现在各地适用调解的范围与阶段不同。调解协议的效力问题如何认定,委托调解协议是否能够等同于司法调解的协议,是否与人民调解的协议具有同等的法律效力,如何解决委托调解协议的效力问题确实关系到委托调解能否健康发展,这就需要实现调解与诉讼的衔接以及解决调解协议的效力确认问题。如何才能实现委托调解程序与诉讼程序的无缝衔接,以及调解协议的效力如何确认的问题都是委托调解在实践中必须要解决的问题?此外,对当事人恶意调解是否需要采取惩罚措施,若采取惩罚机制的话,应如何进行惩罚等等在立法中都应当加以规定。

(四)我国诉前强制调解的运行现状

我国法律、司法解释没有直接规定诉前强制调解制度。尽管《关于适用简易程序审理民事案件的若干规定》(以下简称《简易规定》)第 14 条第 1 款从正面规定了 6 种"先行调解"的案件类型,但是,该条所规定的强制性"先行调解"所适用的时间仅限于"开庭审理时"。虽然,我们可以将"开庭审理时"从"审中"扩大解释到"审前",②但是,无论如何,我们都不能将其解释到"诉前"。由于缺乏相应的法律依据,各地法院在依据《关于人民法院民事调解工作若干问题的规定》第 3 条的规定,委托与当事人有特定关系或者与案件有一定联系的企业事业单位、社会团体或者其他组织,和具有专门知识、特定社会经验、与当事人有特定关系并有利于促成调解的个人协助调解工作,对《简易规定》第 14 条第 1 款规定的案件进行诉前调解时,普遍要求当事人签字认可,这在恪守法治原则方面是正确的。在声势浩大的司法改革的浪潮中,一些地方法院积极探索诉前强制委托调解制度的建立,上海市长宁区人民法院在 2007 年以前采取在案件系属于法院之前,就"委托"其他组织或者人员对案件进行调解的模式推行委托调解。在法律、司法解释没有作出诉前强制调解的相关规定之前,案件没有进入法院审理阶段,根据"不告不理"的原则,法院在受理

---

① 娄银生、陈志明:《太阳照在秦淮河上——南京鼓楼法院协助调解和委托调解工作调查报告》,载《人民法院报》2005 年 12 月 13 日。

② 肖建国:《司法 ADR 建构中的委托调解制度研究》,载《法学评论》2009 年第 3 期。

案件之前,没有对该案件进行实质处理的任何权限,那么,授权者尚未有对纠纷进行实质处理的强制性权限,何以"委托"其他组织或者人员对纠纷进行强制性调解呢? 这一做法显然是不妥当的,当然,从理论上来分析,我们赞成法律或者司法解释将《简易规定》第 14 条第 1 款所规定的案件设置为诉前强制调解。① 所以说,在我国关于诉前强制调解的立法是严重滞后的,这造成了无法可依,司法更是一片混乱的状态,迅速就诉前强制调解进行立法,使诉前强制调解有法可依,显得格外重要。

第三节　法院调解规范化的几点建议

一、构建"调审分离"的法院调解模式

(一)构建"调审分离"司法模式的必要性

虽然"调审合一"有利于降低诉讼成本,提高调解成功率,因而具有一定的合理性和现实意义。通过上面的分析,可以看出这种审判形式的弊端更大,有必要实施调审分离,目前我国实行调审分离的必要性如下:

1. 司法公正的需要。"调审合一"在司法实践中对司法公正的影响较大。"调审合一"与法官中立基本理念背道而驰。审判权的核心价值是中立消极,"调审合一"使法官在调解的过程中形成对于案件的预断。因为,在调解中很少存在并非对抗性的证据交换和质证等,更多的是一种妥协。在这个过程中,法官需要更多地考虑道德和情感因素,为了达成调解协议,法官往往需要主动地说服一方或双方。法官容易形成调解协议的预断,而一旦调解协议不能达成,会对法官在以后的判决产生比较大的影响,而且在调解不成或法官关于调解协议的愿望没有满足的情况下,由于法官情绪化而进行报复性裁判。法官既是调解者,又是裁判者,使得法官调解更为权威,但这种权威并非来自其调解功能,更多的是直接来自法官的职权。"调审合一"的制度设计使法官角色定位出现偏差,调解协议的内容很难达到公正的程度,在"调审合一"司法模式下,司法的公正很难实现。"调审分离"后,法官职能分工进一步具体化。调解法官不是主持审判的法官,审判法官不再对案件进行调解,审判可以按照规范化的程序进行,这样就不会出现因为审理案件的法官参与过调解而影响程序

---

① 肖建国:《司法 ADR 建构中的委托调解制度研究》,载《法学评论》2009 年第 3 期。

的公正。一句话,"调审分离"至少可以保持法官的独立和中立,不先入为主,调解与审判互不干扰,司法公正才会有保障。

2. 保障当事人诉权的需要。当事人在民事诉讼中的诉讼权利尤其是诉权,在职权影响下,往往被弱化。"调审分离",有利于弱化职权主义色彩,强化当事人诉讼的保障。在"调审合一"司法模式中,当事人由于不敢违背法官的意愿,不敢充分行使自己的权利,诉权也实质性地被弱化了。甚至可能出现调解不是当事人双方的协商和妥协,而是法官的意志。因此,有必要通过"调审分离",使调解方案真正由当事人提出,并在完全自由的氛围中实现。当事人在诉讼中行使自己的权利,实现自己的诉权。

3. 诉讼调解制度健康发展的需要。调解的核心是自愿,在"调审合一"下,当事人自愿很难真正做到,这也许是调解制度之所以被一些人所否定的主要原因。在诉讼调解制度中,如果最起码的自愿原则不能得到贯彻实施,也就丧失了这一制度存在的价值和基础。因此,改革和完善民事调解制度,确立"调审分离"是非常必要的。目前一个令人深思的问题就是:调解结案率并不低,但自觉履行判决调解书率却很低,其中很重要的一个原因可能就是,在调解过程中,由于出现了强制调解违法调解的原因,当事人对调解协议并不满意,因此不愿意执行。由此形成恶性循环,导致诉讼调解制度在司法实践中的扭曲。解决这些问题,"调审分离"是一个可供选择的良方。

(二)"调审分离"司法模式构建的具体建议

"调审分离"司法模式的构建,应当充分发挥调解的积极作用,保障当事人的自愿,合法地解决纠纷,同时确保调解后能够顺利执行,实现调解目的。笔者认为,应构建如下制度:

1. 调解机构专门化制度

调解合一中,调解主持者与判决的具体法官是合一的。建立"调审分离"的司法模式,需要设置专门的立案调解机构,使主持调解的机构专门化。在美国的司法 ADR,又称法院附设调解,是以法院为主持机构、却与诉讼程序截然不同的程序,它既是一个独立的程序,又与法院的诉讼程序有一种制度上的联系。法院附设 ADR 与审判具有本质的区别,一般吸收社会人士或律师进行,即使是法官主持,也强调其不同于审判法官的身份,这样,程序上也更强调灵活性。为了减少成本,笔者认为,专门调解机构的建立,应当注重当地司法已有的人力资源,可吸纳退休法官、本地专业技术人员、原调解中心以及当前的调解人员作为机构的专门人员。其人员配置可以考虑以下几个方面:一是设立法官助理,为主审法官分担调解事务。庭前准备工作一般由法官助理完成。

一些事实比较清楚的案件,交由法官助理先行进行立案调解,若达成调解协议的,由立案调解法官进行审查调解结果,出具法律文书。二是建立退休法官参与调解的制度。三是聘请社会上的专业技术人员参与调解。

2.调解的效率机制

诉讼调解的效率机制直接关系到当事人的相关利益,也关系到诉讼调解制度和审判制度的发展。诉讼调解机制应当按照有利于节约诉讼成本,提高相关效率的要求建立起来,"调审分离"制度也应当这样。过去,我国一些基层法院进行了很多有益的探索,对很多案件事实清楚、争议不大的简易民事案件和小数额经济纠纷案件,确定自立案之日起若干天内为庭前调解的时间。一旦期限届满,都将被纳入审判流程。这里的效率机制主要涉及调解前工作的简化,如相关主持调解人员的确定、时间地点的确定等。具体调解的时限根据民事调解实践一般在一个星期左右为宜,最长不应超过两个星期。当然,与调解相关的工作,如法律咨询、调解、执行等配套制度建设非常重要,相应地可以改善工作机制,提高工作效率。

3.调解的责任追究制度

为了避免主持调解的法官违法调解,违背当事人双方或一方自愿意志,应当有相应的责任追究制度。在"调审合一"的司法模式下,责任追究机制往往很难落到实处。相对而言,"调审分离"更有利于明晰责任关系。首先,法院应强化对调解案件的事后监督,通过信访、审监、纪检等各种渠道,形成比较好的事后监督体系,最大限度地保障诉讼调解当事人的合法权益。其次,建立调解违法的救济机制。立法明确规定,符合下列情形的,诉讼调解归于无效:(1)一方当事人通过欺诈、胁迫等手段影响改变另一方当事人意思真实表达的;(2)法官违反诉讼程序进行调解的;(3)当事人恶意串通,损害国家、集体或第三人的合法利益的;(4)调解协议违反法律的禁止性规定的。主持调解的法官如果在调解过程中有违法行为,应当明确其责任,通过相关立法,明确其的责任承担方式,如果没有具体责任的承担方式,很可能使责任变成空头支票,在恶意的违法调解中甚至可以考虑经济惩罚措施。

二、规范委托调解制度

(一)域外委托调解制度及其启示

从世界范围来看,各国家和地区都不同程度地将替代性诉讼纠纷解决机制(ADR)纳入了司法改革中,并形成了各自独特的发展模式。"他山之石,可以攻玉",我国的司法改革也应当放眼世界,从比较分析中得出有益的启示。

1.域外委托调解制度的现状

(1)美国。美国为了减轻诉讼负担与提高程序效率,积极推动非诉讼纠纷解决机制发展。法院附设调解制度是美国法院20世纪70年代的产物。它在1990年被《民事司法改革法》以立法的形式确定下来,在1998年颁布的《替代性纠纷解决法》中制定了具体规则,明确规定联邦法院必须运用法院附设调解制度。① 法院附设调解是在法院的主持与指导下,与诉讼存在制度上联系但又有本质区别,在诉讼程序的前置阶段以及诉讼中交替使用的一种纠纷解决程序。② 法院附设调解分为强制调解与非强制调解,调解由附设在法院的调解机构或中立的调解员负责。调解员是双方当事人各选定一名调解员,而第三名调解员首先是由双方共同选任,若双方无法达成一致意见,则由选定的两名调解员确定,若仍无法确定则由法院指定。调解员组成调解委员会,听取双方的主张,制订调解方案。如果双方同意调解方案,由法院根据该方案作出判决,产生法律效力,若一方拒绝接受则转为诉讼程序,并将调解决定密封保存。

(2)澳大利亚。澳大利亚作为一个具有多元文化的移民国家,因为独特的文化特征,澳大利亚较早地利用各种非诉讼纠纷解决方式。早期并不重视调解,直至法院系统内部使用调解解决纠纷,调解之风才开始盛行。法院把案件委托给民间调解机构进行调解。法官具有程序启动权,法院有将案件交付调解的决定权,即委托调解权。调解员不能由法官兼任,这样有利于法官的中立。调解机构与法院相分离。调解员的选任既可以由当事人决定也可以由调解组织决定。双方当事人分别提出各自的调解方案,调解员主持进行协商已达成调解协议。调解员对协议的内容负有审查权,若不适当,当事人须重新进行协商。法院、当事人、调解员均有权根据调解情况决定终止调解。调解员对调解信息负有保密义务。双方当事人经过磋商达成调解协议,除了法院可以通过下命令的形式赋予其法律效力外,当事人也可以申请法院对该调解协议作出合意判决。③

(3)日本。日本民事调停制度是日本移植西方司法制度融入本土社会而创建的一种纠纷解决机制。它包括《家事审判法》中的家事调停以及《民事调停法》中的民事调停。家事调停采取调停前置主义。民事调停与家事调停除在制度设计上并无明显差别。民事调停的范围更广于家事调停,根据日本《民

---

① 范愉:《ADR原理与实务》,厦门大学出版社2002年版,第466页。
② 范愉:《非诉讼纠纷解决机制研究》,中国人民大学出版社2001年版,第401页。
③ Bernardeaims, *Australia—Procedure*, Edtion 7, Thomson Law Book, p.49.

事调停法》第 20 条的规定,对于当事人提起的诉讼,如果法院认为该案件有调停的必要时,法院可以依据职权将案件交付调停程序处理。① 可见,调停可以由当事人合意调停,也可以由法院依职权交付调停,由一审法院内附设的调停委员会负责,特殊情况下由法官进行调停。调停委员一般是从民间选出,具有严格的资格标准。只有年龄在 40 周岁以上 70 周岁以下具有律师资格、拥有丰富的社会经验以及解决纠纷的专门知识、人品较好、知识水平较高的人才具备选任资格。② 在调停中,有两种情况可以终结调停。一是达成调停协议,此时调停成立。二是调停协议违背了强制性规范不成立,或者到一定阶段后仍无法达成一致而被终结。这时,法院可以根据调停委员会的意见作出必要的决定。当事人对该决定拥有在两周内提出异议的权利,若在法定期限内未提出或逾期提出异议,则该决定将产生与审判上和解同等的效力;但若在有效期内提出有效异议的话,该决定就丧失了法律效力。③

(4)法国。因为面临着信任危机、诉讼爆炸危机、法官自我意识危机,1996 年以后法国进行了司法改革。在 1996 年 7 月 22 日第 96—652 号法令增加进去的《法国新民事诉讼法典》第六篇的新规定就是其重要的标志。根据《法国新民事诉讼法典》第六篇(二)第 131—1 条的规定,在诉讼的任何阶段,法官在当事人同意后,指定第三人为调解人,调解人听取当事人的意见,通过比较各自的观点寻求解决双方之间冲突的办法。④ 司法调解的主体是法官以外的人,可以是自然人也可以是协会。自然人作为调解人时须具备一定的条件,包括无犯罪记录以及具有处分的权利和能力、未受纪律或行政处罚、具有调解资格、受过调解培训或具有丰富的调解经验、调解所必需的独立性五个方面的条件。⑤ 在调解过程中,调解人的权力较小。法官有权在征求双方同意的情况下指定调解人、调解期限、启动程序,也可以依职权终止调解。但调解程序与诉讼程序是相互独立运行的,在调解人的主持下,双方达成了调解协议以后,法官可以赋予其执行的效力,如果没有达成一致的意见,则可以继续进行诉讼或转入诉讼程序。

(5)我国台湾地区。我国台湾地区的法院调解制度是在原有基础上借鉴

---

① 白禄铉编译:《日本新民事诉讼法》,中国法制出版社 2000 年版,第 98 页。
② 石川明、梶村太市:《注释民事调解法》,东京青林书院 1993 年版,第 597 页。
③ 白禄铉编译:《日本新民事诉讼法》,中国法制出版社 2000 年版,第 199 页。
④ 罗结珍译:《法国新民事诉讼法典》,中国法制出版社 1999 年版,第 30 页。
⑤ 罗结珍译:《法国新民事诉讼法典》,中国法制出版社 1999 年版,第 30 页。

日本的民事调停制度,最终在 2000 年修正的"民事诉讼法"中形成的制度。很早以前,台湾地区就认识到了诉讼的弊端。由台湾"司法院"1995 年修正的"民事诉讼须知"第 15 条的规定可知,诉讼荒时废业,耗费金钱,即使有幸胜诉,也常常得不偿失,若败诉的话,损失更为惨重。因此,该条倡导当事人对有调解可能的案件应先行调解,在诉讼中,若有协商的可能应尽力和解。① 法院调解制度包括诉前调解与诉中移付调解。诉前调解包括强制性的与任意的。简易诉讼程序事件和部分人事诉讼程序事件诉前强制调解,若未经调解而起诉,被视为拟制申请调解。调解协议,与判决的效力同等,具有无效或可撤销事由的,可以提起宣告无效或撤销之诉,如果调解不成立,当事人可另行起诉。第一审法院诉中也可以移付调解,它充分利用了乡镇市区公所设置的调解委员会。台湾地区"民事诉讼法"第 420 条第 1 项规定,在第一审中,经双方当事人同意将事件移付调解,诉讼程序停止。调解成立,则诉讼终结,调解不成立或者调解委员会在受理移付后两个月内不能调解成立,诉讼程序继续进行。②调解成立的,调解委员会制作调解书,调解书经法院核准则产生与判决相同的法律效力。但一经核准,当事人不能再行起诉、告诉或自诉。调解书的内容具有与法律相抵触、违背了公共秩序和善良风俗等事项不予以核准,如果存在无效或者可撤销事由的,法院告知乡镇市公所,终结调解程序,继续进行诉讼程序。

2. 域外委托调解制度的启示

通过对域外相关制度的比较考察,我们不难发现,在这些国家和地区的司法改革中,委托调解制度或多或少地以某种形式存在,并为本国家或地区在节约司法资源、提高司法效率、解决纠纷方面发挥了重要的作用。这些国家或地区的委托调解制度有许多共通之处,主要体现在如下几个方面:

(1) 尊重当事人的程序选择权。调解的本质在于自愿,当事人有权处分自己的实体权利与程序权利,严格限制压制当事人的程序选择权。尊重当事人的程序选择权首要的是尊重当事人的裁判请求权。上述国家和地区都赋予当事人选择纠纷解决方式的自由,充分保障了当事人的裁判请求权。

(2) 调审分离,调解程序独立于审判程序。不同于我国法院调解制度的是,不论大陆法系还是英美法系,不论法院内附设的调解机构还是委托民间调

---

① 齐树洁:《民事司法改革研究》,厦门大学出版社 2004 年版,第 213～214 页。
② 齐树洁:《民事司法改革研究》,厦门大学出版社 2004 年版,第 214 页。

解机构,调解制度设计上都力图保证调解程序与审判程序是相互独立的,这种独立体现在调解机构和调解人员的独立、调解法律调解规则的独立、调解内容与调解思想的独立。

(3)吸纳各种社会力量参与调解程序。吸纳的方式有两种:一是吸纳有丰富社会经验或者专门知识的人进入调解队伍中。二是法院将案件委托给民间调解机构处理,充分利用调解资源。

(4)注重调解程序与诉讼程序的衔接。通过对以上国家和地区的研究,调解与诉讼相互融合、相互补充,大体上是通过规定调解效力以及调解失败后的程序运行来衔接调解与诉讼的。当事人达成调解协议的,法院赋予调解协议法律效力,否则,由调解转为诉讼或者继续进行诉讼。

(5)明确调解的范围。上述国家和地区对调解所适用的案件根据不同的案件性质区分为强制调解与非强制调解。对涉及人事诉讼以及家庭的一般性案件采取调解前置原则,即强制调解,而其他的案件则适用任意调解。这样,有利于分流案件,发挥调解的最大功用。

总而言之,以上国家和地区的委托调解制度存在许多值得我们借鉴的地方,我国应当借鉴别国的经验,结合我国国情,建立起有中国特色的委托调解制度。

(二)我国委托调解存在的依据

1. 文化基础

我国独特的文化传统——儒家文化为委托调解制度的存在打下了良好的文化基础。儒家文化的主要思想表现在以下几个方面:"和为贵"、"中庸"、"厌讼",在中国古代社会"耻讼"、"厌讼"的法律观念在老百姓脑中根深蒂固,对统治者来说,为了统治秩序,追求的目标就是"无讼"与"息讼"。与此同时,我国传统的社会结构是根据宗法制形成的熟人社会,传统的社会关系是家族内部成员之间的关系,以情感和伦理道德关系为基础,一旦发生纠纷,在这种社会关系内部家长理所当然就会发挥裁判者的作用,只有家长无法解决时,才由官府通过道德教化予以解决。"和为贵"和"无讼"思想以及传统的社会关系与社会结构造就了我国古代的调解制度的存在。在我国,调解具有悠久的历史,在古代,我国就有民间调解与官府调解两种性质不同的调解方式,民间调解包含了民间自行调解、乡治调解和宗族调解等多种调解形式。传统文化以其强大的生命力深深地影响着中国的法制进程,现代的诉讼文化更是根基于传统的诉讼文化。"无论我们在主观上怎样企图彻底地摆脱传统文化的束缚,怎样企图与传统进行'彻底的决裂',但实际上可能仍然带有传统赋予我们的观念框架和'文化眼镜'。"①我们在进行司法现代化的过程中,应当注重本土文化的影响,因为时代的变迁并不能改变文化,文化对于一个国家的影响是相对持久的。现代非诉纠纷解决机制在全球的兴起显示传统调解的影响与作用。委托调解是中国古代调解制度的重要组成部分,因此,我国独特的文化传统使委托调解制度的存在与发展具有深厚的文化基础。

2. 现实需要

现实需要主要包括以下几个方面:第一,保证当事人程序选择权的需要。我国长期以来都采用超职权主义的民事诉讼模式,法院处于主导地位,当事人的处分权受到了极大的限制。法院调解也带有浓厚的职权主义色彩,当事人的意志经常被弱化甚至被压制。随着司法改革的深化,当事人主义的诉讼模式备受青睐,当事人程序选择权理应得到保障。当事人有权根据自己的意志选择解决纠纷的方式,委托调解赋予了当事人选择纠纷解决方式的自由,充分尊重当事人的意愿。在当事人主义诉讼模式的司法改革背景下,委托调解符合贯彻以当事人为主导的理念、保障当事人的程序选择权的需要。第二,降低诉讼成本,提高司法效率的需要。诉讼成本包括国家为维护司法系统正常运转所产生的司法成本和当事人为了实现其诉讼需求所投入的诉讼成本,包括金钱和时间成本等。我国新施行的《诉讼费用交纳办法》减少了当事人的费用,降低了诉讼成本,但诉讼费用与其他必要的经济支出仍是高昂的。此外是时间成本。如果将时间看作是一种稀缺资源,那么对时间的无效配置可视为是一种时间成本。②我国现有的诉讼程序规定的期间过长,机会成本是当事人选择某种方案而放弃其他最优方案所损失的利益。机会成本是一种可能的潜在收益,选择诉讼而损失的潜在。第三,合理配置司法资源的需要。当前,我国法院诉讼压力尤其是较发达地区的基层法院处于严重的超负荷状态。虽然通过司法改革提高了诉讼的效率,但是司法资源是有限的,改革并不能彻底地解决司法资源有限性与司法需求之间日益突出的矛盾。新一轮司法改革的首要目标是司法理念的转型即由追求判决的正确性和结果的正义转向分配正义理念。分配正义理念要求民事司法系统中有限的司法资源公正地分配给所有追求正义的人,法官要保证按纠纷的复杂和重要程度按比例分配解决个案

---

① 武斌:《解释、选择、转换:走向现代化的传统文化》,载《学习与探索》1993年第3期。

② 周晓唯:《ADR一个法经济学视角的探析》,载《南开大学学报(哲学社会科学版)》2007年第4期。

纠纷的资源。①但我国法院内部资源配置不合理,法院真正从事审判业务的法官并不多,综合部门人员与审判人员配备比例失调,业务能力相对较强的人员担任院长、庭长等职,少有时间办案,这使得本来司法资源不足的状况更是雪上加霜。委托调解通过分流案件,尽可能地发挥不同层次法院人才的潜能,从而实现各尽所能。同时,委托调解能借助社会力量,让法官拥有更多的时间与精力花在大案、要案、疑难案件上,使司法资源得到合理、高效的利用。第四,构建和谐社会的需要。"法律的主要功能在于建立和保持一种可以大致确定的预期,以便利人们的相互交往行为。"②冲突与纠纷会干预和破坏这种预期。然而,冲突与纠纷在任何社会都是不可避免的,如何有效地缓和乃至消弭社会矛盾才是关键所在。因此,近年来,和谐已成为人类社会的共同追求。③根据哈贝马斯的沟通理论,人们总希望过上一种美好而真诚的生活,要达到这种生活,就需要相互沟通。和谐社会需要当事人利用一个平和的空间,实现理性沟通,让矛盾在沟通中消弭于无形。委托调解中当事人以一种平和的方式,通过理性对话,宣泄双方的负面情绪,有效地缓解双方之间的紧张关系,防止矛盾激化,解决双方纠纷。可以说,委托调解制度,将"情、理、法"融入纠纷解决过程之中,修复已被破坏的人际关系,恢复人与人之间的和谐,从而促进了社会的和谐。

3. 人力保障

委托调解制度的发展需要调解队伍的规模化、专业化,目前,我国民间调解存在多种调解主体,主要有人民调解、专业组织调解及个人调解。人民调解"被誉为我国政法战线的'第一道防线',在国际上享有'东方之花'的美誉"④。它具有数十年的成功经验,各类组织日益成熟,逐步健全了全国大小三级调解网络,具有庞大的调解队伍。⑤ 在现代转型社会里,人民调解的功能虽相对萎缩,但队伍庞大、经验丰富以及组织体系成熟健全等方面的优势使其成为法院借助社会力量进行委托调解的一支重要力量。能借助进行委托调解的另一个重要社会力量就是专业的组织机构,它包括某些群众组织(如工会、妇联)和一

---

① 阿里德安·A.S.朱克曼主编:《危机中的民事司法——民事诉讼程序的比较视角》,傅郁林等译,中国政法大学出版社2005年版,第42页。
② 苏力:《法治及其本土资源》,中国政法大学出版社1996年版,第7页。
③ 范愉:《纠纷解决与社会和谐》,载徐昕:《纠纷解决与社会和谐》,法律出版社2006年版,第56页。
④ 尹力:《中国调解机制研究》,知识产权出版社2009年版,第61页。
⑤ 何兵:《和谐社会与纠纷解决机制》,北京大学出版社2007年版,第282~286页。

些具有专门知识的调解组织(如消协、行业协会等)。群众组织扎根在基层,维护的是群众的合法权益,因此深得群众的信赖,例如,工会在调解劳动争议纠纷、妇联在调解婚姻家庭纠纷时更容易被接受。交警部门、消协、行业协会等具有专门知识的机构在调解某类纠纷时因为具有专业知识,更能顺利调解。此外,委托调解的对象也可以是个人。目前,能被委托为调解员的人员相当广泛。这些人员有退休法官、人民陪审员、基层干部、律师和其他人员。所以说,委托调解能借助的调解力量相当雄厚,这为委托调解的存在提供了充分的人才保障,而委托调解的存在能为这些调解人才提供用武之地,实现人尽其用。

(三)规范我国委托调解制度的几点思考

1.委托调解性质的界定

依据中立第三方即调解主持者的性质的不同,将调解分为法院调解、行政调解、仲裁调解和民间调解等几种形式,依据调解与诉讼程序之间的关系,还可以将调解分为诉讼调解和诉讼外调解。在我国,法院调解属于诉讼调解,其他组织的调解均为诉讼外调解。法院调解是与行政调解、仲裁调解和民间调解相对应的,它反映的是调解在主体方面的特征,如果某一种活动既符合调解的特征,具备调解的要素,而同时又在法院的主持下进行,那么这种活动就可以被称为法院调解。① 目前,理论界对于委托调解的性质界定尚无定论。总的来看,主要存在以下三种观点:一是认为委托调解属于法院调解。理由是:因为委托调解通常发生在法院受理诉讼之后,而且只能由法院委托,由法院审核并赋予调解协议诉讼法上的效力。委托调解与法院自身主持的调解在纠纷解决主体上并无不同,差异仅仅体现在具体形式上(主持调解的主体不同),与法院调解没有本质上的不同。二是认为委托调解的性质并非法院调解,而是属于诉讼外调解的范畴。理由是:主体不同,委托调解主体是受人民法院委托的非审判人员的单位或个人;协议效力不同,虽然人民法院对调解协议可以进行司法确认,但需要以当事人的申请为前提。三是认为委托调解的性质界定应当根据具体情况而确定。主要是根据人民法院对调解过程的介入程度来确定。比如,有的地方法院针对委托调解制定了具体的操作流程,调解的主持人也一般是法院所聘请的调解员,调解的时间和地点也由法院来确定,调解结束后法院主动进行司法确认,人民法院对调解活动的介入程度很深,应当定性为法院调解。而有些法院一般在立案之前征得当事人的同意,受委托的调解人

---

① 闫庆霞:《法院调解制度研究》,中国人民公安大学出版社2008年版,第248页。

是法院之外的其他组织或个人,调解成功后所达成的调解协议是以人民调解委员会等调解组织的名义出具的,并非具备司法文书性质,这类委托调解应当属于人民调解等诉讼外调解形式。

笔者认为,如果人民法院在立案之前便将案件委托出去,案件没有进入诉讼程序,调解的主体不是人民法院,此种形式的委托调解明显不属于法院调解,而是诉讼外调解;反之,如果案件到了人民法院以后,人民法院是先立案再委托,则由人民法院受理,委托调解是在诉讼程序的范围内活动,这样的委托调解属于法院调解性质。所以说,委托调解性质的界定应当以人民法院是否立案为标准,未立案而委托的,视为诉讼外调解,先立案再委托的,即法院调解。

2.委托调解的适用范围

笔者认为,应通过纠纷类型以及纠纷性质来把握案件,采用"概括式"与"排除式"的体例来规定委托调解的受案范围。委托调解的适用范围应当从案件的性质、案件的金额、争议的复杂程度以及双方的经济状况等因素进行划分。具体而言,委托调解可以分为三类,即应当委托调解的案件、可以委托调解的案件以及不能委托调解的案件。对应当委托调解的案件应包括以下两类:属于诉讼标的额小、事实比较清楚、权利义务关系比较明确、争议不大的案件。二是涉及特殊社会关系的案件。如婚姻家庭纠纷、相邻关系纠纷等应强制进行委托调解。对不能适用委托调解的案件,包括对法律限制当事人行使自由处分权的案件,如婚姻关系、身份关系确认等案件;对于不存在调解可能性或者因客观条件无法进行调解的案件,如宣告失踪死亡案件等。除必须进行委托调解的民商事纠纷和不能进行委托调解的纠纷外,绝大部分的民事纠纷应当纳入委托调解的适用范围中,只要当事人自愿或法院征得当事人同意的纠纷,均可以进入委托调解程序。

3.委托调解协议的效力与诉讼的衔接

委托调解协议的效力问题,可以分为两种情况。一种情况是法院调解性质的委托调解,如前所述,如果是属于司法调解性质的委托调解,调解协议不需要司法确认,与法院调解书具有同等的法律效力,调解书送达时,只要双方当事人签字,就具有了法律效力,即使是一审法院的调解书也会立即具有法律效力,不能上诉。这里重点介绍诉讼外调解性质的委托调解制度的委托调解,2002年最高人民法院通过的《关于审理涉及人民调解协议的民事案件的若干规定》第1条明确规定了人民调解协议具有民事合同效力,但没有强制执行力。这一规定虽然在理论上还是实践中都存在不少的问题,但其对于促进人民调解协议的履行起到过重要作用,2011年1月1日起施行的《中华人民共和国人民调解法》确认了人民调解协议具有法律约束力。该法第33条规定:"经人民调解委员会调解达成调解协议后,双方当事人认为有必要的,可以自调解协议生效之日起三十日内共同向人民法院申请司法确认,人民法院应当及时对调解协议进行审查,依法确认调解协议的效力。人民法院依法确认调解协议有效,一方当事人拒绝履行或者未全部履行的,对方当事人可以向人民法院申请强制执行。人民法院依法确认调解协议无效的,当事人可以通过人民调解方式变更原调解协议或者达成新的调解协议,也可以向人民法院提起诉讼。"这一司法解释可以更好地保证委托调解协议的效力,该程序设置就是法院审查制度,法院审查的内容包括委托调解的程序和调解协议的内容。程序审查主要是审查调解过程中是否出现违背了当事人的意愿、强制调解或者调解程序不规范等情形,审查调解协议的内容从以下几个方面着手:一是是否损害国家利益、社会利益和第三人权益;二是是否与法律、行政法规的禁止性规定、强制性规定相抵触;三是是否违背了当事人的真实意思;四是调解员在调解中是否存在可能影响其公正立场的情形。法院在审查中发现委托调解过程中具有以上情形的,就应不予以确认。通过法院的合法性审查后,对符合的调解协议应确认其司法效力并出具民事调解书,一方当事人到期不履行调解协议的内容的,另一方当事人可以向人民法院申请强制执行。

三、构建诉前强制调解制度

(一)域外诉前强制调解制度及其启示

在国际上,普遍存在诉讼体制的刚性和司法资源稀缺以及诉讼的迟延和昂贵等问题,而给当事人带来了正义上的不足。在这种情况下,替代性纠纷解决机制得到了发展,调解作为其中重要的形式逐渐被人们重视,强制调解也于20世纪70年代后期出现,特别是在大陆法系国家和地区适用较多。"强制调解的战略支持接近法院的权利,因为在合适的情形下,强制地适用调解可以减轻法院系统的负担,法院就能够迅速地处理更多的案件。"①下面重点介绍大陆法系的几个国家和地区有关强制调解的规定。

1.域外主要国家和地区的诉前强制调解制度考察

(1)德国。在德国,比较重视调解,调解贯穿于审判程序的始终,德国的法院调解分为合意调解和强制调解两类,下面重点介绍德国的诉前强制调解制

---

① 李德恩:《强制调解之法理与实践》,载《江西财经大学学报》2009年第4期。

度。

德国关于强制调解的规定,在 1924 年的《德国民事诉讼法》第 495a 条、第 499a 条就有规定,"在地方法院提起的,标的额低于 500 马克的民事纠纷必须先行调解"。但是这项规定出台时受到了众多的指责,主要是因为实行调审合一的司法模式,经常出现违背当事人自愿的情况,违背了调解的自愿原则,最终影响了调解的质量。另外,法官主持调解工作也会加重司法的负担。但是,这项制度在实践中却取得了很好的效果,当年调解成功率为民事案件的 13%"[①]。然而,这项调解程序在二战期间被停止了,于 1950 年被取消了。我们也可以在德国的特别法中找到诉前强制调解的踪影,例如,《德国的劳动法》《德国雇员发明法》《德国著作权和发现法》《德国支付不能法》等法律都有关于诉前强制调解的规定。2000 年 1 月 1 日,《德国民事诉讼法施行法》颁布生效,这是德国第一部具有较广泛效力的关于诉前强制调解的法律,标志着德国正式确认了诉前强制调解制度。《德国民事诉讼法施行法》第 15a 条规定三类民事争议在法院受理之前必须经过调解,即:(1)地方法院受理的财产争议低于 1500 马克的案件;(2)邻地争议,但涉及经营活动的除外;(3)没有经过媒体、广播报道的个人名誉损害。这样扩大了法院内替代性纠纷解决机制的适用范围,改变了以前只依靠诉讼解决民事纠纷的习惯,减轻了法院的负担。该项法律得到了德国的 16 个州中有 8 个州的响应。

《德国民事诉讼法施行法》第 15a 条并没有明确规定强制调解的人选,只规定:"由州司法管理机关设立或者认可的调解机构规范本州的调解人人选。"在实践中,主要有律师、公证人员和退休法官等法律专业人士和调解委员作为调解人选。德国关于调解的组织形式一般有两种规定:一是调解组织自己接受调解申请,进行调解活动。二是成立独立的机构受理调解申请,向调解人分派案件进行调解以及进行和解。

调解应坚持的原则主要有三条。首先,自愿原则。自愿原则是调解的根本原则,在调解中调解人是没有决定权的,是否达成协议完全取决于当事人自己的意志,即使是强制调解,当事人仍然可以拒绝调解,然后进入诉讼程序。其次,保密性原则。调解的过程不对外公开,德国各州的法律对此都有规定。最后,调解人中立原则。这是由调解的自愿原则所决定的,只有这样调解人才能赢得双方当事人的信任,从而促使合意的达成。规定生效的调解书具有强

[①] 章武生、张大海:《论德国的起诉前强制调解制度》,载《法商研究》2004 年第 6 期。

制执行力,为了提供一定的保证,一般是由调解机构所在地的地方法院的文书官负责制作调解书。

(2)日本。日本的民事调停制度是一种强制因素较高而对合意的要求较低的制度。日本的民事调停是在调停委员会主持下进行的,有时候也由法官单独进行。如果当事人申请由调停委员会进行调停则只能由调停委员会进行。由一名主任和两名以上委员组成调停委员会,主任是由地方法院从法官中指定的。民事调停委员具有外聘法院职员和国家公务员的双重身份,由最高法院从具有律师资格或者具有专业知识和经验的人士中任命,任期一般为两年,可以连任。

调停程序依当事人的申请开始,但还存在着一种强制调停制度,适用该项制度的纠纷主要有:第一,纠纷的权利义务关系明确;第二,立法尚未作规定或国家不宜通过立法介入的领域;第三,更适合采取调停的方法来处理的案件。在依当事人申请开始的调停案件中,发生纠纷时,一方当事人可以向对方所在地的简易法院或者双方协商一致的地方法院或者简易法院提出申请,即使对方当事人不情愿调停,法院也可以启动调停程序。即使已经进入诉讼程序也可以提出,审理该案的法院可以中止诉讼程序直到调停结束,这体现出调停在启动程序上对被告的强制。再者,对于当事人没有申请调停的案件,不论案件进行到何种阶段,只要受诉法院认为适当,可以随时依职权将案件交付调停,由有管辖权的法院处理或者自己处理,原诉讼中止。但对案件的争论点和证据进行整理的,没有经过当事人同意的,不能强制调停。

日本民事诉讼法对当事人不到场参加调停也规定了强制措施,当事人没有正当理由拒不到场参加调停的处以 5 万日元以下的罚款。日本还非常重视法官在程序中对合意的促进作用,即强化法官调停职能。日本著名法学家棚濑孝雄指出:"调停并不是低廉、快速地实现审判式的解决纠纷,而应该只是为当事人自主解决纠纷提供一种侧面的促进作用的制度装置。在社会的各种场合中,在人们之间时时都在进行着无数个自主的纠纷解决过程,而调停的功能应该只是为那些一时陷入困难的自主解决者给予援助,并在当事人恢复自主解决的能力后使其重新回到社会中去。"①开始调停时,首先,各自陈述并提出自己的解决方案。调停委员会根据争议的焦点,依职权调查取证,或听取有关

---

① [日]棚濑孝雄著:《纠纷的解决与审判制度》,王亚新译,中国政法大学出版社1994年版,第 54 页。

专家的意见,然后,与当事人交替面谈或者在当事人同时在场的情况下进行斡旋。也可以先由调停委员会提出解决方案,促使合意的达成。

在调停程序终结的方式上有两种方式:一种方式,是在调停程序开始之前,由双方协商,承诺对调停委员会提出的解决方案无条件地接受,调停委员会的方案就发生同诉讼上和解相同的法律效力,调停程序也就结束。但这种结束方式只能适用于有关地租增额减额请求的纠纷、商事纠纷和采矿造成公害的纠纷这三类案件。另一种方式,是法院强制地作出"替代调停决定",这种方式适用于所有种类的民事调停案件。以这种方式终结调停程序的,如果双方当事人在该裁决宣告之日起两周内没有提出异议,该裁决就发生与诉讼上和解同样的效力,但是如果提出异议,该裁决就自动失去效力,以调停不成功而终结。

（3）我国台湾地区。台湾地区的诉前强制调解的启动程序是强制性的,在法律规定的案件范围内,对双方当事人都有约束力,即无论原告是否愿意,也不论被告是否愿意,其必须经过调解程序才能起诉,当事人也必须参加该调解程序。台湾的强制调解主要体现在以下几个方面:

第一,规定强制调解的受案范围。诉前强制调解的案件范围主要包括:(1)适用简易程序诉讼的案件。修订后的"民事诉讼法",根据事件性质及当事人关系,列明了强制调解的范围,共11项:①不动产所有人或地上权人或其他利用不动产之人相互间因相邻关系发生争执的;②因定不动产之界限或设置界标发生争执的;③因共有物管理、处分或分割发生争执的;④建筑物区分所有人或利用人相互间因建筑物或其他共同部分之管理发生争执的;⑤因增加或减免不动产租金或地租发生争执的;⑥因地上权之期间、范围、地租发生争执的;⑦因交通事故或医疗纠纷发生争执的;⑧雇佣人与受雇人因雇佣契约发生争执的;⑨合伙人间或隐名合伙人与出名营业人因合伙发生争执的;⑩配偶、直系亲属、四亲等内旁系血亲、三亲等内之旁系姻亲、家长或家属相互间因财产权发生争执的;⑪其他财产纠纷,标的金额或价额在新台币10万元以下的。(2)家事案件。台湾学者也称之为人事诉讼,包括离婚之诉、夫妻同居之诉和终止收养关系之诉。

第二,规定"合意"的强制性。台湾"民事诉讼法"的强制调解还体现在合意的强制性上,这里的"合意"并不指双方当事人合意调解而启动调解程序,而是指双方已经合意诉求法院调解解决的,一方起诉,另一方得以合意抗辩要求调解,法院将按照合意启动调解程序,强制进行调解,不论对方是否同意。

第三,规定调解协议内容的强制性。

台湾"民事诉讼法"第417条第1项规定:"对于财产权有争议的案件的调解,当事人不能达成合意,但调解成果离达成合意已经非常接近,调解者可以斟酌衡量当事人的情况和案件的情况,力求在当事人之间寻求平衡,在不违背当事人的主要意思的范围内,可以依据职权作出解决纠纷的裁决。"这样规定的原因是在司法实践中会存在这样的情况,即通过调解者的斡旋和双方当事人的共同努力,离达成合意只有一步之遥,但又无法达成最终的合意。为了不使努力白费,法律赋予法官决定调解协议的内容并形成具有效力的法律文书的权力。如果当事人没有异议,该法律文书就产生法律效力。

2. 域外诉前强制调解制度的启示

域外各国面临的司法问题也是我国在法治的过程中已经面临的或可能面临的问题,各国关于强制调解的运用都是以公正和效率为目标的,我国的司法改革也应如此,通过对域外强制调解制度的考察,可以从中得到以下启示。

首先,要进一步完善我国的诉前强制调解制度。目前,我国的强制调解制度还很不健全,应当进一步改革完善,应当进一步明确诉前强制调解的案件范围、调解机构、调解人员等程序的设计。可以借鉴域外关于诉前强制调解制度在立法上的相关规定,结合我国国情,制定具有广泛效力的关于诉前强制调解的法律制度,使我国诉前强制调解真正有法可依,建立有中国特色的诉前强制调解制度。

其次,要重视法官在调解中的合意促成作用。要强化法官在合意的达成过程中的主动权,以提高调解的成功率。可以借鉴日本民事调停制度中关于调解进行中的强制以及调解程序终结中的强制的规定,比如,规定可以先由调解委员会提出解决方案,说服当事人接受,最后促使合意的达成,还可以规定根据当事人在调解开始前达成的书面合意无条件接受调解委员会提出的解决方案以及关于"替代调解决定"的规定,还可以借鉴我国台湾地区关于调解内容的强制性规定,规定在一定条件下,法院可以依职权提出纠纷解决方案。

3. 我国建立诉前强制调解的正当性

当前,理论界关于法院调解是否应当强制进行存在着激烈的争论。主要存在否定论和限制论两种不同的观点,否定论者认为法治社会与发达的裁判相互依存,调解是法治不发达的结果。构建理想社会的纠纷解决机制必须以法院的裁判为核心,法院调解只能建立在当事人自愿的基础上,①因此,反对

---

① 周永坤:《警惕调解的滥用和强制趋势》,载《河北学刊》2006年第6期。

法院调解具有强制性因素。限制论则主张强制调解可以有条件地限制适用。① 加强法院调解强制性的理由主要体现在以下几个方面。

(1)符合世界各国司法改革的潮流

法院调解并非从一开始就受到各国的青睐,最初受到限制、抵制,到后来逐步认同其存在的意义和价值,当代世界各国大都经历了重要的政策转变过程,"允许—鼓励—有条件的强制"这一发展脉络,关于这一点,在各国ADR发展中都有迹可循。目前,一些国家和地区开始通过立法,建立强制调解制度。以德国为例,2000年1月1日,《德国民事诉讼法施行法》第15a条生效,揭开了德国民事调解的新篇章,强制性也成为此项法律的一个重要特点。《德国民事诉讼法施行法》把调解作为诉讼的必经阶段,只有经过调解的争议才会被受理;这一条款的生效,不仅标志着其ADR的发展进入了一个新阶段,而且由于其一步到位地将调解作为法定的前置程序,德国已经直跃进到世界ADR发展的最前沿。② 对于以维护权利为天然的存在于美国人观念中,法律代表着共同的价值,诉讼被视为"权利遭到侵害或发生冲突时借助国家强力保护的最有效和最终的手段"③。在这种思潮的主宰下,追求合作和妥协的调解与其相比之下显得格格不入,对抗制的确立极大地限制了调解制度的发展。调解制度处的根本性转变发生在二十世纪六七十年代,1976年庞德会议以后,以1990年通过《民事司法改革法》和1998年通过《ADR法》为标志性事件,调解在美国进入了高速发展时期,调解的强制性越来越明显,当事人有权决定调解,但大多数法官可以命令调解,无须征得当事人同意,强制调解一般发生在当事人起诉以后、法院激活诉讼程序前,案件种类有如离婚案件、儿童监护权案件等。此外,上诉程序中也渗入了强制调解,州上诉法院和联邦上诉

---

① 限制论者的主要代表有王亚新、范愉等。王亚新教授在分析日本法院调解制度时谈道:"典型的调解一般要求纠纷在提交给作为第三者的调解者处理以及达到最终解决时都以得到双方当事人的合意为前提,不过在具体的调解制度设计中,尽管必须以某种方式保持当事人合意或统一这个根本特征,但仍然存在着适当引入强制性契机并降低要求合意程度的余地。"范愉教授也认为:"为了使ADR的效益达到最大化,对当事人的参加进行一定的强制是ADR的必然趋势。"

② 章武生、张大海:《论德国的起诉前强制调解制度》,载《法商研究》2004年第6期。

③ 赵钢、占善刚:《论社会主义市场经济条件下我国公民应有的诉讼观念》,载《中国法学》1998年第1期。

法院都建立了要求特定案件安排强制调解的项目。① 调解之所以受到普遍重视,来源于人类社会对和谐与秩序的期盼,来源于当事人对经济、快捷、平和以及理性解决纠纷的需要,来源于对诉讼和判决的固有弊端及局限性的批判,也来源于社会和共同体自治力量的增强,同时也体现了法治社会经过现代性反思之后的理性升华。②

(2)促进案件分流,缓解法院诉讼压力

目前,尽管全国法院清理超审限案件的工作有所进展,但仍面临着严峻的形势,全国法院未结案数量依然高居不下。同时,据最高人民法院统计,全国民事案件的上诉增长率远高于同期受理该类一审案件数的增长率,公民对一审的民事判决不满程度增加,审理质量在下降。与此同时,大量的生效法律文书得不到执行,严重损害了当事人的合法权益,破坏了法制统一,损害了法律尊严,判决自动履行率大幅度下滑,法院的信任危机已经存在。当前我国正处于社会急剧转型时期,法院积案日趋恶化的事实归结于以下三个方面的原因:第一,公民个人占有欲、追求欲的强化。第二,人们道德水平的大幅下降。第三,人们法治意识的增强。

针对我国法院案件积压严重、大量案件无法及时判决的状况,有的学者提出了取消现有的两审终审制,逐步建立四级法院结构下的三审终审制度,对案件进行繁简分流,缓解积案带来的影响。然而,调整审级结构是一项成本极高的措施,既要考虑因此变动带来的成本收益,又要考虑到行政建制的划分,还要考虑财政支出的保障以及其他宏观配套措施的缜密筹划,并不是缓解诉讼案件激增的最佳途径。笔者认为,加强法院调解是法院系统缓解司法困境,减轻司法压力,改善司法环境的现实途径。近年来,通过司法改革的试点和实践,民事案件收案率有所回落,如上海市长宁区法院 2006 年 1—10 月份民事案件收案率比 2005 年下降 16.9%,减少案件 1040 件。运用扩大调解前置范围等强制手段成效显著。"迟来的正义非正义",为了充分发挥法院调解的功能,必须强制用调解的办法分流和消化积压案件,减轻法院的负担,保障当事人的诉求畅通以及法院系统的良性运转。

(3)利于维护当事人之间和睦的人际关系

司法的目的是接近正义、实现正义,从这个意义上说,调解与裁判的终极

---

① 肖建华、杨兵:《对抗制与调解制度的冲突与融合——美国调解制度对我国的启示》,载《比较法研究》2006 年第 4 期。

② 范愉:《客观、全面地认识和对待调解》,载《河北学刊》2006 年第 6 期。

目标就是实现正义,但其实现正义的路径是截然相反的。调解表现为"自下而上的正义",而裁判则表现为"自上而下的正义"。有学者对裁判的缺陷做了如下归纳:第一,是明显不正义的,因为其剥夺了人们享受自由生活的平等机会。第二,有些制定法表面上是正义的,实际上是不正义的。第三,规则统治下的过程即使避免了上述缺陷,仍存在着局限性,亦即"法律有其不入之地"。面对这些不便产生诉讼结果的尴尬局面,当事人会回避由裁判带来的不利益,而选择其他解决纠纷实现自己合法权益的方式。纠纷个体参与决策过程,践行当事人的权利,起草反映当事人自治的解决方案;这种程序的参加人可以不接受那些不当分配权利与义务的和解条款,以当事人的合意正义的测量标准,塑造了他们认为可以接受的结果,而不是坚持依独立的法律规范来提高调解结果与公正的法律判断相一致的概率。① 民事案件中,有些案件不宜作出判决:第一,亲属之间的民事纠纷、邻里纠纷。如离婚案件、收养案件、父母子女的赡养费用纠纷、邻里纠纷等,这些纠纷或许当事人之间存在亲情,或许低头不见抬头见,判决解决可能不会取得较好的社会效果。第二,发生在基层,特别是农村或少数民族地区的民事纠纷。由于我国很多法律规则与社会生活的脱节是很严重的,许多民事纠纷与法律确定的规则、原则和秩序往往大相径庭。调解避免了法律与社会规范的正面冲突,不仅可以相对圆满地解决纠纷,而且可以避免地方民众对法律的否定和排斥,保留了对法律的尊重。第三,一些涉及社会关注的新型纠纷或重大社会问题的案件,而法律又没有明确规定的情况。② 我国正处于急速变化的社会转型时期,法律滞后于新的社会生活难以避免。对于解决某些民事纠纷,如果依法裁判可能会出现法律效果与社会效果的冲突,调解解决纠纷使得法官从两难的选择中解脱出来,以合意求得当事人对司法的正确理解,确保了司法的社会效果,维护了社会稳定。

(二)构建诉前强制调解制度的几点思考

1.适用诉前强制调解的案件类型

关于诉前强制调解的案件类型,笔者认为,适用强制调解的案件可以分为以下几个类型:

(1)标的额较小的经济纠纷案件。对于经济纠纷的案件,根据其争议的标

---

① 史长青:《调解与法制:悖而不离的现象分析》,载《法学评论》2008 年第 2 期。
② 范愉:《调解的重构(下)——以法院调解的改革为重点》,载《法制与社会发展》2004 年第 3 期。

的额设置适用诉前强制调解几乎成为一种惯例,尽管有学者质疑以争议标的额来划定适用诉前强制调解的范围存在不妥之处,但笔者认为,根据争议标的额来划定适用诉前强制调解的范围,这是其中的一种方式,它可以从正面划定适用范围,此外,还应根据别的标准来划分,因为,以争议标的额来划定诉前强制调解的范围所可能带来的弊端是显而易见的,但也是可以通过其他方法予以弥补的,是不可克服的。

(2)根据案件的性质将婚姻家庭纠纷、邻里纠纷、劳动争议纠纷等等设置为诉前强制调解案件类型。婚姻家庭纠纷因为牵涉到家庭的稳定,家庭是社会的重要组成部分,家庭纠纷如果处理不当也会影响到社会的和谐稳定,邻里纠纷、劳动争议为什么要前置调解程序,因为其中的当事人在纠纷解决以后低头不见抬头见,诉前强制调解的目的就是解决纠纷以后仍然能够维持比较和睦的人际关系,能调解的就尽量采取调解的方式解决纠纷,实在不能调解的时候再考虑判决解决纠纷。

(3)法律规定的某些特定案件。《关于适用简易程序审理民事案件的若干规定》第14条第1款中规定下列民事案件,人民法院在开庭审理时应当先行调解:(1)婚姻家庭纠纷和继承纠纷;(2)劳务合同纠纷;(3)交通事故和工伤事故引起的权利义务关系较为明确的损害赔偿纠纷;(4)宅基地和相邻关系纠纷;(5)合伙协议纠纷;(6)诉讼标的额较小的纠纷。但是,根据案件的性质和当事人的实际情况不能调解或者显然没有调解必要的除外。

(4)纠纷发生前或者之后达成调解合意的案件。借鉴域外先进立法经验,在纠纷发生之前或者之后已经达成调解合意的案件,应当实行诉前强制调解,纠纷解决之前一方起诉到法院要求判决解决的,法院不予受理,是为调解申请,在诉前强制调解达不成协议时,法院应当及时转入诉讼阶段,并迅速进入开庭审理阶段,以防止法官不正当地妨碍纠纷当事人行使裁判请求权,违背调解的自愿性。

2. 诉前强制调解的主体

诉前强制调解制度得以合理生存的土壤就是因为其适用司法或者准司法程序,因而,主持诉前强制调解的主体必须具有司法或者准司法权能。因为人民调解的民间调解性质,人民调解委员会不宜独立承担诉前强制调解职能。这是因为,诉前强制调解强调程序的司法化或者准司法化所致,而人民调解强调的是程序的灵活化、民间化。如果要求人民调解能够实现司法正义的功能,那么必然伴随着人民调解的质变,从而否定人民调解的"人民性"。所以,笔者认为,诉前强制调解应当由享有司法权的法院或者享有准司法权的司法ADR

提供者承担，只有这样，诉前强制调解的司法功能才能得以实现。

审前强制调解的机构可以这样设置：一方面，在立案庭内部设置诉前调解室，隶属于法院，区别于一般的调解组织；另一方面，在法院内部使诉前调解与审判组织分离。在调解过程中，法院制作调解人员名册置于调解室供当事人选择。调解人员可以由法官、退休法官、律师、仲裁员、法学学者、人民调解员等组成。如果法官担任了调解员，则不能参与该案件的其他工作，尤其是之后的审判工作。

3. 诉前强制调解的程序

法院诉前调解的基本程序是：首先是当事人起诉，起诉后法院立案庭审查可否纳入诉前调解程序，然后再征询当事人调解意愿，允许当事人选择调解员，由调解员主持当事人调解，双方当事人达成协议以后，再由专职审核法官审核协议内容是否合法，最后由审核法官出具调解书确认调解协议的效力。这是诉前调解成功案件的基本流程，如果出现当事人不愿调解或者调解不成的情形，案件即立案进入诉讼程序。诉前调解作为独立于诉讼的程序是一个独立的程序设置，它应有一套独特的原则、原理和程序运行机制，体现纠纷解决的自主、灵活和简便性，更体现社会解纷机制向司法转换过程中的程序价值独立性，这一点与诉讼调解是不同的。

4. 诉前强制调解协议的效力

因为诉讼调解被视为法院结案的一种方式，调解书送达后具有与生效判决一样的效力。诉前调解协议是否具有诉讼调解同样的法律效力，一般而言，不具有执行力。诉前调解实施主体是诉前调解员或其他调解组织而不是法官，采取灵活简易的程序而不是严格的诉讼程序。一方面，调解员或其他调解组织其所遵循的更多倾向于情理与公序良俗，调解协议的达成难免有违法现象，违反"实体正义"；另一方面，调解没有严格的程序保障，弱化了当事人合法权益的全面保护。为避免实体与程序违法，法院必须设立严格但又简便的司法审查程序和规则，经该审查确认程序后才具有强制执行力。司法确认是非诉调解与诉讼程序相衔接的最关键环节，诉前调解本身具有司法性质，有别于其他形式的调解，当事人在诉前调解中达成协议的，由法院直接进行司法审查，并赋予其执行的效力。

第五章

行政调解规范化研究

第一节 行政调解制度概述及其现状分析

一、行政调解制度概述

作为三大调解制度中的一环,行政调解受到了不应有的冷遇。目前,在中国的法学界与法制实践中,对行政调解的探讨可以说是少之又少,并且在少数讨论行政调解的著作中,对行政调解的研究也是零散而未成体系的。在这些著作中,学者们给出了自己对行政调解的认识。

有的学者认为:"行政调解是介于人民调解和司法调解之间的一种调解制度,一般是指由国家行政机关出面主持的,以国家法律和政策为依据,以自愿为原则,通过说服教育等方法,促使双方当事人平等协商、互让互谅、达成协议,消除纠纷的诉讼外活动。"[①]有的学者认为:"行政调解是指行政机关对其主管范围内的民事争议和特定的行政纠纷,依照行政法律规范和有关政策的规定,在当事人自愿的基础上,通过说服和教育的方法,促使当事人友好协商,达成协议,从而解决争议的诉讼外调解活动。"[②]还有的学者认为应把行政调解的主体扩大,认为:"行政调解是指行政主体主持的,以国家法律、政策和公序良俗为依据,以自愿为原则,通过说服教育等方法调停、斡旋,促使当事人友

---

① 崔卓兰:《行政法学》,吉林大学出版社 1998 年版,第 21 页。
② 关保英:《行政法与行政诉讼法》,中国政法大学出版社 2004 年版,第 383 页。

好协商,达成协议,消除纠纷的一种调解制度。"①

以上三种对行政调解概念的表述,基本上可以代表诸多行政法学者对行政调解的界定。对以上三种概念进行分析,不难看出学者们在对行政调解的界定上较为趋同,在行政调解依据、行政调解目的、行政调解对象等要件上基本达成一致,但笔者认为,欲较为全面负责地为行政调解下定义,必须首先分析其基本特征及其内涵。具体来说,行政调解的特征包括以下几点:

1. 行政调解制度的法定性

行政调解制度作为一种诉讼外解决纠纷机制,特别是行政性的替代性纠纷解决机制,为避免有侵害司法权之嫌,必须有相应的法律依据,因此,行政调解不同于一般的和解,其行为方式、主体、对象、程序等均需要有法律的授权或相应的法规规范,这些法律法规提供了相关调解制度法律依据的同时,行政调解也受到相关法律法规的限制,即行政调解不能逾越相关法律法规的规定。

2. 行政调解性质的非处分性

行政机关为解决涉行政性民事纠纷并为达到分流诉讼案件的目的,会在行政机关内部设置一定的 ADR 机制,处理与其职权相符的争议,一般认为行政性 ADR 机制包括处分性行政 ADR 与非处分性行政 ADR,处分性行政 ADR 表现为该纠纷解决机制产生的决定,视为该行政机关的职权行为,最终产生行政强制力,并可以对之提起行政诉讼,行政裁决就是一个很好的例子。相反,非处分性行政 ADR 指不能产生行政强制力,如果当事人不服,不能提起行政诉讼,而仅能以民事标的向法院提起民事诉讼的一类机制。对于行政调解而言,其仅仅作为行政主体居间的处理,所有意思表示均尊重当事人的意愿,而且我国相关法律亦有规定,当事人不服行政调解,向人民法院起诉的,人民法院不作为行政案件处理,②由此可见,行政调解是一种非处分性行政 ADR。

3. 行政调解主体的行政性

顾名思义,行政调解必然是行政机关行使行政调解权,对纠纷双方进行居间斡旋、调停的过程,正如诸多行政法学者定义中所言,行政调解主体定位为行政机关是没有争议的,但是笔者之所以强调行政调解主体的行政性,是因为行政调解主体应当放宽,只要具有行政权即可,这种行政权可以是法律、法规

---

① 朱最新:《社会转型中的行政调解制度》,载《行政法学研究》2006 年第 2 期。
② 参见最高人民法院《关于贯彻执行〈中华人民共和国行政诉讼法〉若干问题的意见(试行)》第六条。

直接规定的,更可以是由法律、法规的授权,正如消费者协会的地位。因此,作为新时期的行政调解主体,其应当以主体的行政性为标准,包括国家行政机关与行政授权的社会组织。

4. 行政调解对象的涉行政管理性

一般认为,行政调解对象应当限于平等主体之间的民事争议,但是这种理解并没有突出行政调解对象的一个特质,从而在行政调解范围问题上有一定的歧义,行政调解所处理的民事争议,应当是在日常行政管理中出现的争议,换言之,该争议必须与日常的行政管理或行政事务相联系,否则难以突出行政调解的专业性,更有甚者会与人民调解、法院调解在案件范围上起冲突。

5. 行政调解程序的当事人自愿性

行政调解制度的本质在于当事人自愿处分自身的权益,而行政调解机关仅仅是起到居中协调、促进双方当事人达成合意的作用。基于此,行政调解中程序运作方面亦体现出当事人的自愿性,如程序的开启、程序的进行以及是否达成调解协议等重要方面均由当事人自由处分,并且,行政调解机关应当最大限度地保障当事人的程序自主权,除法律规定外,不得阻碍当事人对程序的选用。

综上所述,所谓行政调解制度,是指行政主体对其日常行政管理过程中涉及的民事争议,以国家法律、政策和公序良俗为依据,以当事人自愿平等为原则,通过行政主体居间斡旋与协调,促使双方当事人友好协商,达成协议,从而消除纠纷的一种非处分性诉讼外纠纷解决机制。

二、我国现行行政调解制度介绍

1. 我国行政调解制度类别化介绍

现阶段我国行政调解制度的范围基本涵盖了全部行政管理职能中可以遇到的纠纷类型,因此显得极为凌乱,根据行政主体的不同来划分,我国行政调解主要包括下列三类:

(1) 一般性行政调解

所谓一般性行政调解,是指基层人民政府所负责的行政调解,之所以称其为一般性行政调解,是因为此种行政调解具有调解主体非专业性、调解的对象广泛性等特点,一般来说,一般性行政调解由乡、镇两级政府负责,而涉及的对象都是非专业性的民商事纠纷及轻微刑事纠纷。

(2) 特殊性行政调解

特殊性行政调解,区别于一般性行政调解,其具有调解主体专业性、调解对象特定性、调解程序多样性等特点。具体来说,我国的特殊行政调解主要包括：治安行政调解、交通纠纷行政调解、知识产权领域的行政调解、工商行政管理领域的行政调解、环境资源领域的行政调解等。

(3)授权性行政调解

随着公共管理事务的需要，基于法律授权的公共组织日益增多，为解决公共管理事务中产生的纠纷，授权性行政调解也应运而生，目前，授权性行政调解较少，主要集中在消费者争议方面，《消费者权益保护法》第32条规定："消费者协会履行下列职能：……（四）受理消费者的投诉，并对投诉事项进行调查、调解。"①基于本条规定可见，消费者协会在授权范围内，可以对消费争议行使调解权。

2.我国行政调解制度的现状介绍

鉴于篇幅有限，对行政调解制度的现状的介绍重点集中在行政调解立法、行政调解主体、行政调解对象、行政调解程序及行政调解效力五个方面。

(1)行政调解的立法

可以用一句话概括行政调解在立法层面的现状，即"专门立法没有，相关法律一抓一大把"。具体来说，在我国行政调解立法中，并没有专门的行政调解法进行规定，所能依据的是大量相关的法律、法规、行政规章等，有学者统计我国涉及行政调解的法律有近40部，行政法规约60部，行政规章约18部，地方法规约70部，地方规章约45部，另有大量的一般规范性文件。② 另外，在这些法律、法规、地方规章中，相关行政调解的规定均较为抽象，以治安调解为例，《治安管理处罚法》第9条规定："对于因民间纠纷引起的打架斗殴或者损毁他人财物等违反治安管理行为，情节较轻的，公安机关可以调解处理。"在本条中，仅仅确立了治安调解，但是具体程序、制度等均未详细规定。

(2)行政调解的主体

如上述对行政调解类型化的讨论，我国目前的行政调解主体大致可以分成三类：基层人民政府、相关职能部门、法律法规授权部门。基层人民政府行政调解主体限于乡镇两级政府，这项工作主要由乡镇人民政府、街道办事处的基层司法助理员进行，司法助理员属于专职的行政调解人员；③相关职能部门行政调解主体较为庞杂，包括有公安部门、工商部门、知识产权管理机关、医疗

---

① 参见《消费者权益保护法》。
② 朱最新：《社会转型中的行政调解制度》，载《行政法学研究》2006年第2期。
③ 司法部关于印发《司法助理员工作暂行规定》第3条。

卫生行政管理机关、劳动行政管理机关等等不下 20 种行政机关，目前，我国部门调解主体均采用兼职制度，各职能部门并没有专职的调解人员；法律法规授权部门负责的行政调解较少，目前仅仅有消费者纠纷调解一项，依据《消费者权益保护法》的相关规定，消费者协会是该调解的主体，同部门调解一样，消费者纠纷调解亦属于兼职类型，并没有专门负责调解的人员。

(3) 行政调解的对象

我国目前行政调解的对象多以民事争议为主，少量涉及行政争议，甚至行政争议是否属于行政调解的范围，有学者都提出了否定观点，①目前，我国行政调解的对象主要包括基层人民政府负责的民商事纠纷及轻微刑事纠纷、职能部门负责的日常行政管理过程中涉及的民商事纠纷以及消费者权益纠纷。

(4) 行政调解的程序

我国现阶段的行政调解程序在法律层面并没有详细的规定，《治安管理处罚法》、《道路安全交通法》、《水污染防治法》等②相关法律均仅仅抽象地规定了行政调解制度，并没有对行政调解应有的程序进行规定，为此大量的地方性法规应运而生。现阶段我国关于行政调解运行程序的规定主要集中在部门规章与地方性法规上，如重庆市出台的《重庆市行政调解工作规则(试行)》、成都市出台的《成都市行政调解工作流程》等等，各地区均以地方法规的形式对行政调解的程序进行了规定，具体来说，我国目前的行政调解程序主要对申请与受理、调解进行、调解书签发、归档、调解原则等几大方面进行了规定。

(5) 行政调解协议的效力

目前我国行政调解协议的效力基本上是不被认同的，即行政调解协议不产生任何法律约束力，以治安调解为例，《治安管理处罚法》第 9 条规定："对于因民间纠纷引起的打架斗殴或者损毁他人财物等违反治安管理行为，情节较轻的，公安机关可以调解处理。经公安机关调解，当事人达成协议的，不予处罚。经调解未达成协议或者达成协议后不履行的，公安机关应当依照本法的规定对违反治安管理行为人给予处罚，并告知当事人可以就民事争议依法向人民法院提起民事诉讼。"③依据该规定，其中一方当事人达成协议后不予执行的，另一方当事人不能依据调解协议申请强制执行，只能向人民法院提起民

---

① 湛中乐：《行政调解、和解制度研究》，法律出版社 2009 年版，第 37 页。
② 详见《治安管理处罚法》第 9 条、《道路交通安全法》第 74 条、《大气污染防治法》第 62 条、《水污染防治法》第 55 条、《环境噪声污染防治法》第 61 条等。
③ 参见《中华人民共和国治安管理处罚法》。

事诉讼。交通纠纷行政调解、知识产权领域行政调解、工商行政管理领域行政调解、环境资源领域行政调解等均有类似的规定。

三、我国现行行政调解制度中的缺陷分析

行政调解作为调解的一种独特类型,有着服务型行政的鲜明特点,行政调解对解决行政管理中涉及的民事纠纷有着无法忽视的作用,但是,目前我国行政调解制度存在着诸多漏洞与不足,使得行政调解的作用难以发挥。

1.行政调解的制度设计不完备

(1)法律文件种类繁多,规定不统一

如前所述,涉及行政调解的法律有近40部,相关行政法规约60部,地方法规、地方规章、一般规范性文件也比比皆是。我国现阶段在行政调解制度上,没有形成一个统一的、能宏观指导全局的单一行政调解立法,所有规定均散见于浩如烟海的各项法律法规中,从而使人们难以全面了解行政调解的相关规定。更有甚者,由于规定太多,各法规规章等规范性文件中出现了相互冲突的情况,更加剧了行政调解难以适用这一情况。

(2)制度内容简陋,可操作性较弱

虽然涉及行政调解的法律、行政法规、地方法规等规范性文件较多,但是仔细翻阅其中内容,可以发现其间对行政调解的相关规定均十分简陋,大多数仅仅对行政调解主体、行政调解对象和行政调解应当遵循的原则进行了较为抽象的规定。正是由于缺少了相应的制度、程序方面的规定,当事人在利用行政调解制度时,出现了不必要的困难。而行政主体也由于规定不明确而盲目适用或不愿适用。

2.行政调解主体的构建不规范

(1)行政调解机构设置不合理

从目前行政调解的各项法律法规中我们可以看出,下到乡镇政府,上至国务院,包括职能部门在内均可以行使其在职能范围内的行政调解权,并且在规定中并没有关于主管与管辖的规定,这样导致了行政调解机构选择上的混乱;另外,行政调解是准司法性质的,进行行政调解的机关应当保证其独立性,而上下级行政机构属于领导与被领导的关系,这就产生了一个难以回避的价值上的冲突。

(2)行政调解人员素质不高,专业性不强

司法的中立性与行政的主动性是截然不同的,一个行政人员是难以成功的胜任司法的。行政调解具有准司法性,要求调解人员居中斡旋当事人的纠纷,这要求一名调解人员保持其中立性,然而,我国相关的法律法规中均规定

行政调解人员属于兼职类型,即行政调解人员一方面要进行行政工作,"业余"从事行政调解,导致了调解中立性难以保障。另一方面,行政调解主要解决的是行政管理中出现的民事纠纷,这类民事纠纷不同于一般性纠纷,其具有一定的专业性,如道路交通事故纠纷、环境资源纠纷、商标侵权纠纷等等,这些纠纷的处理均需要调解人员具有相应的知识背景,目前来说,我国行政调解人员还未达到这一水平。

3.行政调解运作的程序不完善

调解制度较之于诉讼来说,其更多的是要求解决纠纷的效率,但是也应当满足最低限度的程序公正,这种最低限度的程序公正反映在行政调解中即要求行政调解必须有一定的规范性程序。然而,对涉及行政调解的若干法律法规、地方性法规、规章进行梳理,我们很明显的能够看出这些对行政调解程序的规定均过于简单、粗鄙,很多必要的程序仅以原则来概括,这导致了行政调解制度在程序公正这一理念上的缺失。

4.行政调解书效力缺失

随着《人民调解法》、《最高人民法院关于人民调解协议司法确认程序的若干规定》的相继出台,人民调解的效力从之前的契约效力上升到经过司法确认后可以强制执行的效力,而反观同样作为调解制度中重要一员的行政调解,其还没有明确的法律效力,如果有一方当事人拒绝履行的话,不能采取强制手段,只能任由当事人提起民事诉讼。在法律、法规没有赋予行政调解协议任何效力的情况下,一方面行政主体调解的积极性严重受挫,另一方面也导致了行政资源的浪费,行政调解有被边缘化的危险。

第二节 我国行政调解乱象成因的理论深层次分析与反思

一、行政调解乱象成因

作为三大调解制度中的重要一环,行政调解在解决政府管理中涉及的民事纠纷上有着不可替代的作用。但我国目前行政调解中存在着诸多问题深深影响着行政调解纠纷解决作用的发挥。如何解决这些问题,对行政调解进行规范,使行政调解重获活力,是目前研究的当务之急。行政调解乱象的彻底解决,仅从表面的制度构建是不够的,而应当从理论层面对行政调解出现的问题进行梳理与反思,在理论层面对行政调解规范进行宏观指导。只有这样,才能釜底抽薪地解决我国行政调解中出现的诸多问题。具体来说,我国行政调解乱象的成因有以下几个方面的理论因素。

(一)行政调解有无对司法权侵害的问题

孟德斯鸠为确保权利自由与权力制衡,提出了政府权力分权制衡的学说,将政府权力划分为行政、立法、司法三权。① 虽然我国并没有完全采用这一学说,但是行政权、立法权、司法权三种不同权力间相互制约合作的思想还是贯彻于我国机构设置与法律制度的各个角落中的。依据日本著名法学家卢部信喜教授的观点,所谓司法权是指:"在当事人之间存在具体案件之纠纷的情形下,以当事人提起诉讼为前提,由独立的法院基于其统辖权,通过一定的诉讼程序,为解决纠纷,形成何者为法的判断,保障法的正确适用之作用。"② 具体来说,司法权主要体现在人民法院对各类民事案件进行审理并形成最终的法律判断的权利。其重点在于强调人民法院对纠纷事实的认定及司法的最终解决。反观行政权,学界对行政权的定义莫衷一是,但基本都认为行政权具有执行法律、管理国家行政事务等性质,行政权的重点应当在于执行与管理。

回到行政调解问题上,行政调解要求行政主体出面主持的,以国家法律和政策为依据,促使民事纠纷的两造当事人自愿、合法的达成解决纠纷的协议。从调解主体与纠纷解决两个角度来说,行政调解兼具有行政权与司法权的双重性质。正是由于行政调解带有事实认定与纠纷解决这样的司法权特征,行政机关唯恐自己的行为会侵害到专属人民法院享有的司法权,因此,在对待行政调解制度上基本上都是避而不谈,加之长年来在行使行政权中养成的"强制与命令"思想,使得行政机关在处理行政调解这类准司法性质的行政行为上显得不那么得心应手。基于以上几点,我国行政调解使用情况不佳,纠纷解决效率低下。

那么,行政调解是否会侵害到司法权呢?如果侵害到司法权当然这一制度是不能合理合法的运行下去了。但是,我们认为,行政调解不会侵害司法权,理由论述如下:

1.行政调解并未突破司法最终解决原则

---

① 关于三权分立详细内容可以参见孟德斯鸠《论法的精神》。
② 芦部信喜著:《宪法(第三版)》,高桥和之增订,林来梵等译,北京大学出版社2006年版,第294页。

有的学者认为,行政调解同行政复议、行政裁决一样,有直接解决纠纷的功能,因而具有准司法性。其依据是我国《行政复议法》第30条规定的行政复议决定为最终裁决,进而将行政调解推导为行政机关代为行使司法权的行为。

从现代国家的分权理论来看,司法权的功能之一,正是制约行政权的过分扩张,对行政权起到牵制作用,使国家权力分工达到均衡状态。我国宪法也在国家机关的职能部分明文规定了司法机关的职权,这也是对上述理念的规范化。《行政复议法》关于行政机关最终裁决权的规定,突破了司法最终解决原则,这种例外规定往往需要法律法规加以明文确定来获得合法权源。而行政调解则零散地规定于不同的程序中,例如《行政诉讼法》第67条规定:"公民、法人或者其他组织单独就损害赔偿提出请求,应当先由行政机关解决";《国家赔偿法》第13条规定:"赔偿义务机关作出赔偿决定,应当充分听取赔偿请求人的意见,并可以与赔偿请求人就赔偿方式、赔偿项目和赔偿数额依照本法第四章的规定进行协商"等。其共性是都规定了行政调解的居间人是行政机关,但并没有关于行政调解结果的效力规定。在法无明文规定的情况下,应当认为,行政调解并没有如同行政复议一样,具有最终解决纠纷的效力。换言之,从规范意义上看,因为法律没有规定行政机关可以通过行政调解代为行使司法权,因而行政调解并不能成为突破司法最终解决原则的例外。所以,行政机关的行政调解依然要受到司法机关的审查和监督,行政调解协议的效力不具有终局性,行政调解的当事人依然可以启动诉讼程序或申请司法确认。

2.行政调解的产生是基于行政领域民事纠纷解决的需要

司法权回归到当事人层面应当体现在人民有向司法机关提起诉讼,获得公平裁判的权利上,对于当事人私权的保护是司法权应当实现的功能。但是,随着社会的迅速发展,人与人之间关系的日益复杂,纠纷也显现出多样性与复杂性,在行政管理领域,大量专业性的民事纠纷的出现,如环境纠纷、交通事故纠纷、土地争议、知识产权类纠纷等。这些纠纷普遍具有专业性、行政性,这些新型纠纷让法院无所适从。另外,诉讼制度虽然能保障当事人得到最为公正的结果,但是其存在诉讼费用高、程序冗长、专业性不强等缺点,这些均影响了司法机关在解决行政领域民事纠纷的能力。一方面,大量专业化的行政领域民事纠纷有待解决;另一方面,司法资源难以满足当事人的需要,这种矛盾随着社会的发展将日益凸显。在这种情况下,行政机关负起解决行政领域民事纠纷的责任是理所应当的,而且当今替代性纠纷解决机制的兴起,也为行政机关解决民事纠纷提供了重要的依据与借鉴。

3.行政调解在提起时间、提起方式和结果上均不会侵害司法权普遍认为,行政调解提起的时间应当是当事人发生民事纠纷后至提起诉讼之前,即当事人还未寻求司法救济这段时间内。行政调解的提起必须满足这一条件。如果当事人已经提起了诉讼或进入了其他司法程序,则不能再提起行政调解;对于行政调解的提起方式来说,基于私权自治原则,当事人拥有充分的程序选择权,可以自愿选择是否提起行政调解,另外,在程序选择权的延伸上,当事人有任意终止调解,随时进入诉讼的权利,而行政机关不得以任何理由干涉当事人的选择;最后,在行政调解的结果上,行政调解所达成的调解协议书属于当事人对自身私权的自愿处分,其效力仅仅局限于双方当事人之间。对于行政调解中涉及的事实认定与法律意见,均不会对法院产生任何的约束力。

总而言之,行政调解的提起时间、提起方式均是以尊重当事人自愿为原则,以不干涉当事人诉权为目的的,这从当事人的视角保障了司法权。对于行政调解产生的法律效果,其不会对司法权产生任何影响,相反,行政调解的结果必须接受司法的审查,司法机关拥有对象行政调解涉及事项的最终认定权。

(二)行政调解中程序价值与实体价值的衡量

程序价值与实体价值的衡量主要反映在对程序与实体间关系的把握。对两者关系的把握形成了程序工具主义与程序本位主义两种划分方法,所谓程序工具主义是指"把程序视为实现实体法的工具,并把这种'工具性价值'视为程序唯一价值的程序价值理论"①。而程序本位主义是"主张程序至上、认为程序本身的公正性直接决定结果公正性的程序价值理论"②。在我国,长期以来,由于"重实体,轻程序"的思想深入人心,程序工具主义占据通说地位。对于纠纷的解决,仅强调其结果公正,而对产生结果的程序并不重视,甚至很多情况下会违反程序。回到行政调解中,一方面基于程序工具主义的思想,另一方面受到长期以来官本位思想的影响,行政机关在行政调解过程中很少甚至几乎不强调行政调解程序的构建,而仅仅强调行政调解的纠纷解决效果,这种情况在当今行政调解立法、行政调解实践过程中均有明显的体现。而正是由于行政调解程序的缺失,使得行政调解结果的公正性在程序层面受到了人们的质疑,从而大大影响了行政调解解决纠纷能力的发挥。

诚然,较之于诉讼程序,行政调解程序具有灵活、当事人自由处分度高,纠

---

① 裴苍龄:《程序价值论》,载《河北法学》2011年第12期。
② 裴苍龄:《程序价值论》,载《河北法学》2011年第12期。

纷解决效率高等特点，但是我们不能为了追求纠纷解决效率而大幅度的牺牲一些必要的程序环节，这些程序环节往往可能会伤害到当事人的程序利益，更加伤害到程序公正的实现。行政调解不但具有行政属性，从一定程度来说其司法属性更为重要，而司法属性这一点就要求行政调解必须满足程序公正这一条，具体来说，行政调解实现程序公正必须满足以下几点：

1. 保障当事人程序主体地位

保障当事人主体地位，"意味着当事人能够有机会通过自己的努力形成令自己满意的诉讼结果，也意味着诉讼程序对作为自主、理性主体的当事人尊严和价值的充分肯定"①。对于行政调解而言，保障当事人程序主体地位，首先，应当保障当事人对行政调解程序的主导权，即对行政调解程序的启动、进行、结束及中间特殊程序均有决定权；其次，保障当事人程序主体地位还要求行政调解机关在形成调解协议过程中必须让当事人充分参与，并且行政调解机关应当积极地促使当事人之间的交流沟通，这样才能使得行政调解协议被当事人双方接受。

2. 行政调解主体必须保证中立与独立

从行政调解的本质出发，强调纠纷双方当事人将纠纷事项提交给第三方行政调解机关进行居中裁决。之所以选择第三方进行调解，是因为当事人对一个中立第三方的信任与期待。这种信任是以中立为基础的，而且，中立性必然要求独立性，因为只有行政调解主体具有独立性，才能在纠纷调解过程中不受其他机关的影响，严守中立。由此可见，行政调解主体的中立性是行政调解制度本质的要求，而独立性是中立性的必然要求。行政调解主体的中立性，要求行政调解主体必须对双方当事人保持同等的态度，不能受到某些利益的影响而丧失中立立场。而独立性要求行政调解主体不受其他行政机关的影响，独立地调查调解事项、独立地作出调解协议书。

(三) 结 论

基于上述针对我国现行行政调解制度中存在问题的全面分析，结合行政调解制度本身应具有的特征，我们可以得出一些行政调解规范中应当遵守的标准，依据这些标准，重新规范行政调解制度，使行政调解制度在高效解决纠纷、程序公正及当事人权利保障三者上达到一定的契合。具体来说，行政调解规范应遵守以下几点原则：

---

① 李祖军：《契合与超越》，厦门大学出版社2007年版，第5页。

1. 行政调解制度的构建必须尊重司法最终解决原则

司法最终解决原则是司法权的本质体现,"司法的终极性使得诉讼成为解决社会纠纷的最后手段,法院成为民众保护自身权益的最有效地方"①。司法最终解决原则应当有三个方面的内涵:第一,法院的生效裁判具有权威性,其他机关、社会团体和个人必须遵守。第二,法院对其他机关解决纠纷作出的裁决有最终审查权,如果存在法定事由,法院可以依法撤销、变更。第三,除法律规定外,当事人对涉及自身利益的纠纷要求人民法院裁判的权利,任何机关、社会团体、个人不得干涉。前两条属于司法最终解决原则的积极作用,而最后一条则属于司法最终解决原则的消极作用。

司法最终解决原则落实到行政调解制度的构建上应当体现为以下几个方面。

(1)行政调解的制度构建不能侵害当事人接近司法的权利。具体来说,行政调解在制度构建、程序设计上应当体现调解与诉讼的合理对接,不能强制调解或久调不决。另外,行政调解制度不能排斥司法途径解决纠纷的可能,对放弃调解转向司法的当事人应当予以支持。

(2)行政调解过程应当受到司法的监督与审查。具体表现在行政调解协议书的审查上,如果行政调解主体在调解过程中存在违反法律、违反程序公正的情况,人民法院有权撤销行政调解协议。

2. 行政调解程序设计应力求灵活性与程序公正的契合

调解制度最大的魅力在于其高效解决纠纷的能力,更在于它程序设计的灵活性。正因为如此,在行政调解程序设计中,应当避免出现诉讼程序那样僵硬、复杂及诉讼周期过长等问题,以达到及时高效地解决纠纷的目的。另外,正如前文对程序公正理念的介绍,我们在设计行政调解程序中必须将程序公正纳入考虑范畴,使程序的灵活性与程序公正有机地联系在一起,达到一种契合。

灵活性与程序公正的契合点在于重要原则、制度与程序的把握。简化、略化程序是必要且可行的,但是行政调解在某些涉及当事人权利、行政主体中立性等紧密关系到程序公正的事项上是必须保留的。如当事人辩论、参与权,行政调解主体的回避机制等等都是行政调解规范中必须遵守的原则与程序。

3. 行政调解主体配置应力求法制化、专业化与独立化

---

① 郭小冬:《我国司法终极性的缺失与确立》,载《河北法学》2004年第1期。

行政调解主体的配置是行政调解合理有效运作的基础,为达此目的,首先,必须使得行政调解主体法制化,明确行政调解机构的设置、行政调解机构的权限及行政调解人员的职责,避免肆意调解之嫌。其次,行政调解要面对的是行政管理中涉及的特殊民事纠纷,这类民事纠纷存在专业性较强的特点。为有效地解决这类纠纷,一般行政人员难以胜任,必须由专业化的人员进行调解,这就要求行政调解主体配置上应当突出其专业性。最后,行政调解主体的设置必须独立化,只有这样才能避免其他行政权的干扰,并且在行政调解人员的选任、任期、免职等方面均应考量独立性要件,以行政调解主体的独立性来保障行政调解的中立性。

4. 行政调解理念应贯彻尊重当事人自由处分权原则

双方当事人是行政调解中最为重要的主体,并且行政调解的内容又是以解决私法上的争议为其客观范围的,行政调解机关并非当事人,仅仅是处于居间协助之地位,行政调解程序的开启、运行及终止,行政调解协议书的达成均必须以双方当事人的意思表达为限,因此,行政调解最为根本的理念,就是尊重当事人的自由处分权。贯彻尊重当事人自由处分权这一理念,要求行政调解制度在构建时重视两个方面的因素:第一,严格保障当事人的主体地位,防止当事人沦为行政调解机关的调解客体,被动接受行政调解;第二,确保当事人意思能充分表达并且行政调解机关受到这些意思表示的约束。

二、行政调解在制度设计上的规范化

行政调解的制度规范是行政调解规范的基础,只有在一个设计合理完善的制度下,程序才能运行通畅,主体才能发挥其应有的能力。一般来说,一个制度的设计,基本上应该包括主体、对象、期间、管辖、费用、证据、强制措施、制度任务、适用范围原则等若干方面,但鉴于篇幅原因,我们仅对设计行政调解中较为重要的部分——法律依据、当事人、受案范围、期间、管辖这五个方面进行重点梳理,其他几个方面从略。

(一)行政调解法律依据规范化

目前,我国行政调解立法层面存在缺乏统一规定、规范性法律文件繁多且规定不统一等问题,针对这些情况,结合我国行政调解自身的特点,以及考虑我国行政调解类别较多、行政机关职权范围等因素,我国应当形成三位一体的行政调解法律规范,应当以专门的行政调解法为核心,以行政法中对行政调解的具体规定为补充,辅以各省、部委制定的地方法规与部委规章,从而对行政调解制度进行全面细致的规定。具体来说,我国行政调解法律依据方面的规范应当体现为以下几个方面。

1. 制定专门的行政调解法

制定专门的行政调解法是解决目前行政调解立法混乱情况的最佳选择。当然,制定专门的行政调解法必须考虑中国目前行政调解的情况,不能盲目立法。行政调解不同于人民调解、法院调解,其具有调解主体多、调解类型繁杂等情况。如果将所有的行政调解类型均规定在一部行政调解法中,而不考虑不同类型的行政调解之间的特质性,必然会导致行政调解的僵化从而大大影响行政调解的适用。

具体来说,专门的行政调解法应当在目的上起到宏观指导行政调解工作、协调各种行政调解类型、保障行政调解与其他纠纷解决机制特别是诉讼机制的对接。应就行政调解的适用范围、适用原则及机构设置、必要程序等普遍适用的方面进行规定,而将不同行政调解类型中特质性内容留由其他行政法来规定。

2. 根据行政调解类别的不同,在相应的行政法中增加行政调解规定

根据上述对行政调解类型的介绍可以看出,行政调解具有主体多、类型广的特点,不同的行政调解类型有着其特殊的解决办法以及相应的制度规定,主体的多元性与纠纷的多样性必然要求区别立法。以治安民事纠纷调解、环境保护纠纷调解为例,两者在调查程序、期间等方面均有其特殊方面,治安调解应当着重效率,期间应当较短,而环境保护纠纷调解应当着重其专业调查程序,期间应当较长,两者存在一定的差异性。因此,将这些差异留在《治安管理处罚法》、《环境保护法》中规定较为合适。

3. 各省、部委根据自身情况,制定相应的地方法规及部委规章

行政调解属于诉讼外解决机制,不但要充分尊重当事人的意思自治,而且应当创造较好的平台以方便当事人表达,我国幅员辽阔,每个省市、地区均有其独特的行为方式。因此,各省、市出台相应的地方法规以凸显地方特色,对于行政调解高效解决纠纷也是很有必要的。另外,由于行政调解涉及的民事纠纷具有较强的行政性,在长期的行政执法过程中,行政机关必然会总结出一套行政执法的经验,因此,交由行政机关制定补充性质的部门规章对行政调解的完善也是有极大好处的。

(二)行政调解在当事人方面规范化

行政调解的核心在于双方当事人在行政机关主持下,基于自愿原则,达成对民事纠纷解决的合意。在整个制度设计中当事人是最为重要的一环,整个行政调解制度均是围绕着当事人进行的,然而,目前我国行政调解立法及相关规范性文件中,均未对行政调解当事人进行细致具体的规定,仅规定行政调解

当事人是政府管理职责中涉及纠纷的纠纷主体。这样的规定过于抽象,使得在实践中难以对行政调解的当事人进行明确的认定,从而影响了纠纷解决的效率。对当事人的讨论,一般涉及当事人民事权利能力、民事行为能力、当事人适格三个方面。在行政调解中,前两个方面的问题均可参照民法通则的规定,而重点在于当事人适格问题。

所谓当事人适格,亦即正当当事人,"是指对于作为诉讼标的之特定权利或法律关系,可以作为当事人来进行诉讼、要求本案判决之资格",在行政调解中的当事人适格就体现在具体的行政调解案件中,对行政调解涉及纠纷存在利益,以自己身份请求行政调解,并受行政调解协议约束的当事人。总而言之,行政调解中的当事人适格所要解决的问题是在行政调解中如何确定当事人,并且保障此当事人是真正的当事人。

行政调解具有案件类型复杂,纠纷涉及主体多、涉及民事纠纷具有专业性、行政调解协议书必须由双方当事人自愿遵守等特点,这使得行政调解中当事人适格既有难度又显得极为重要,目前我国行政调解相关立法并没有对行政调解中当事人适格问题进行规定,借鉴民事诉讼法中相关法律规定与学术观点,结合行政调解本身的特点,可以采取表示说作为行政调解正当当事人确定的依据。所谓表示说,是指以行政调解申请时,当事人在行政调解申请书上表示的当事人作为认定标准,认定行政调解书所表示申请人与被申请人作为行政调解的双方当事人。采取该方式,一方面可以尊重当事人自愿原则,另一方面也可以达到对行政调解效率的追求。

(三)行政调解在受案范围方面规范化

目前,行政调解在受案范围方面存在着诸多问题:第一,行政调解受案范围过小,许多可以交由行政调解的案件并没有规定可以适用行政调解程序;第二,行政调解受案范围重合,这表现在基层人民政府负责的行政调解可能会与其他类型的调解特别是人民调解重合,另外,基层人民政府负责的行政调解还可能会与部门调解重合,在一定程度上导致受案范围混乱。基于以上两点原因,部分民事纠纷无法利用行政调解制度,从而严重影响了行政调解纠纷解决效果的发挥。

行政调解的受案范围,体现在行政调解机关对行政调解纠纷的受理范围上,即哪类纠纷可以进入行政调解程序。而对于这个问题的回答,应当有一定的标准,这些标准作为行政调解范围的一个判断依据,民事纠纷只要符合这些标准,均可以进入行政调解程序。这些标准主要有:

1.行政调解事项不得侵犯司法权

对于行政调解是否侵犯司法权，本章第二节已经进行了探讨，纠纷一旦进入了司法程序，行政机关就应当尊重这种决定，并且不能加以侵害；经过法院判决后的纠纷，如果有任何不服，也只能通过司法途径重新处理，行政机关也不能处理。否则，这些情况均会损害到司法权威与公信力，具体来说，行政调解事项为防止侵害司法权，不应当受理已经进入诉讼的事项与产生生效判决的事项。

2.行政调解事项必须是当事人可自由处分的事项

行政调解的实质是调解，而调解的前提是双方当事人对调解涉及的对象有自由处分的权利。因此，在理论上只有私人可以自由处分的纠纷，才允许双方当事人通过合意的方式解决。而对于其他涉及公权力的纠纷，必须有法律的明确规定，方可进行调解。简而言之，行政调解应当以民事纠纷为主，少量法律规定的刑事自诉案件、行政契约类纠纷等可以进入行政调解事项中。

3.行政调解事项必须具有调解的必要性、可行性

与其他制度相同，行政调解制度也会对政府的人力、设备、资源、经费等进行耗损，因此，为了避免行政调解制度的无效耗损，对行政调解事项，必须有一定的限制。除坚持一事不再理、诉讼事项禁止等原则外，还应当保证行政调解事项满足一定的利益，即行政调解事项必须有一定的必要性与可行性。行政调解事项的必要性是指该事项是有必要通过调解来解决的当事人之间纠纷。而调解事项的可行性是指该事项具有可以达成调解的可能。具体来说，经法院判决确定之事项、经过仲裁之事项、其他非行政机关处理之事项等均不具有调解的必要性，另外，重复申请的行政调解事项也应排除其调解必要性。而情况复杂的民事纠纷、涉外民事纠纷等民事纠纷因情况复杂，涉及利益较大，而不适合由行政调解解决，因此，这些纠纷不具有调解的可行性。

（四）行政调解在期间方面规范化

所谓期间，是指"人民法院、当事人和其他诉讼参与人进行或完成诉讼行为所应遵守的期限和期日"，期间有狭义、广义之分，广义的期间包括期限与期日，而狭义的期间仅指期限，下文讨论均指狭义的期间。行政调解中的期间是指行政调解主体在受理民事纠纷后，在一定期限内，作出行政调解协议。期间这个概念在行政调解制度构建中看似不起眼，但其作用却是不可忽视的：期间通过限制行政调解机关调解期限，使得调解及时进行、纠纷迅速解决，从而保障当事人的合法权益。

纵观我国对行政调解期间的立法，仅在地方法规层面有一定的规定，但是这些规定均较为简陋，且没有考虑行政调解类型的多样化，而是僵硬地统一规

定期间。以《重庆市行政调解工作规则（试行）》为例，本规则第 15 条规定："行政机关收到调解申请后，对符合调解条件的争议应当及时受理。事实清楚、情形简单的争议，可以由一名调解人员现场组织调解；其他情形的争议，应当由 3 名以上行政调解人员组成行政调解组在 5 个工作日内组织调解。"① 其中规定了行政调解期间为 5 个工作日，当然这对一般的争议较小、案件情况不复杂的案件是没有问题的，但对于专业性较强，如环境保护类纠纷、知识产权类纠纷，5 个工作日的时间，可能就略显不足了。再以《四川省眉山市行政调解工作暂行规定》为例，该法第 27 条规定："行政调解应当自启动之日起二个月内终结。遇有特殊情况需延长的，可以适当延长，但延长期不得超过一个月。法律法规有明确规定的从其规定。"② 其中规定调解期限最长有 3 个月之久，这完全无视了行政调解对纠纷解决效率的要求。

行政调解期间必须在草率与拖拉中寻找到一个折中点，既保障纠纷的有效解决又体现调解高效解决纠纷的优势。具体而言，在规范行政调解期间时，应当充分考虑到行政调解种类间的特殊性，对行政调解的期间进行统一与区分的立法，即在今后的《行政调解法》中规定一个统一的短期间，再考虑各行政调解领域的具体情况，在相应的行政法中规定较长的期间。

（五）行政调解在管辖方面规范化

行政调解中的管辖，是指确定各行政调解主体之间受理行政调解案件的分工与权限。行政调解权是法律赋予各行政调解机关调解民事纠纷的权利，而管辖是特定的行政调解机关依法对某具体纠纷进行调解的权限，调解权是确定管辖的前提，而管辖是对调解权的落实。行政调解中对管辖作出明确的规定，对整个行政调解制度的有效运作将具有重大意义：明确的管辖有利于行政调解机关明确自身职责，避免出现案件重复管辖与没有管辖的情况。另外，还方便了当事人申请调解，避免当事人难以得到行政调解的救济。

目前，我国行政调解制度中关于管辖的规定基本处于空白，无论是行政调解法律层面的规定还是地方法规等，仅规定了政府机关等有权进行行政调解，而未对诸多行政调解机关进行调解权的划分。这种情况很容易导致当事人无法利用行政调解制度，从而影响其纠纷解决作用的发挥。因此，对行政调解管辖进行规范是亟须进行的。

---

① 参见《重庆市行政调解工作规则（试行）》。
② 参见《四川省眉山市行政调解工作暂行规定》。

鉴于篇幅原因,对行政调解管辖规范将集中于以下几个方面:

1.行政调解中的地域管辖规范

管辖一般分为级别管辖与地域管辖,级别管辖主要讨论上下级间受理纠纷的分工与权限;而地域管辖要讨论的是不同辖区间同级机关受理纠纷的分工与权限。普遍认为,纠纷采用一调终局,不存在上诉等情况,另外,单一类型行政调解纠纷的数量较少,并没有必要设置多级行政调解机关,仅需专门一级政府机关及职能部门对民事纠纷进行调解足以。因此,对管辖的讨论主要放在地域管辖问题上。

对行政调解管辖问题的规范,重点在于对确定地域管辖的联结点标准的把握:行政调解涉及的纠纷可以分为两大类;第一类行政调解纠纷案情简单,争议不大,适合当场调解,对于这一类纠纷,事故发生地管辖应该是最为有利的选择。第二类行政调解纠纷由于涉及专业性,案件情况较为复杂,需要较多的人力、物力、时间等等,此时可以借鉴民事诉讼法的相关规定,以被告住所地管辖为原则。因此,行政调解的地域管辖应当是以纠纷发生地管辖为主,辅以被告居住地管辖原则。如此规定可以很好地兼顾两类行政调解纠纷,同时保障行政调解的高效与正确。

2.行政调解中的协议管辖

从某种意义来说,行政调解制度是当事人自愿的结合的产物,行政调解的整个过程均贯穿着当事人自愿原则。行政调解的启动、过程、结果均是当事人意志的体现,由此可见当事人自愿原则有何等重要。因此,对行政调解管辖的规范也应当充分考虑这个因素,具体来说,行政调解管辖规范结合自愿原则就体现在对协议管辖的重视上。

所谓协议管辖,又指合意管辖,它是指当事人在纠纷发生前或发生后,以协议方式约定案件的管辖机关。协议管辖体现对当事人处分权的尊重,并且由于所选的管辖机关是基于当事人的自愿,所以对调解的效果、调解的过程等等均有促进作用。基于以上原因,在对行政调解管辖的规范中,应当大力支持协议管辖,对各类民事纠纷,只要不违反法律禁止性规定,均可由当事人协议管辖。

三、行政调解在机构架设上的规范化

徒法不能以自行,即使制度设计再优良,没有一个协调统一的机构进行法律适用也是不行的。只有在充分考虑中国行政机构现状与行政调解特点后,构建各类行政调解机构,方可将行政调解"纸面制度"变成真正有利于纠纷解决的"活制度"。

行政调解机构的成立目的，旨在以第三者的立场对双方当事人间的争议，进行调处、斡旋，以期促进双方当事人达成调解协议，从而解决纠纷。对行政调解机构的规范，应当定位在如何更好地促使双方当事人达成调解协议，并且高效快捷的解决纠纷。而欲达到以上两个目的，行政调解机构规范应当突出法制性、独立性、专业性，只有保障行政调解机构的法制性与独立性，才能使得行政调解协议更具有公信力；保障行政调解机构的专业性，才能使得行政调解协议具有合理性。行政调解协议具有公信力与合理性，才能使得行政调解协议得到双方当事人的切实履行。

一般来说，行政调解机构包括三个层次的内容，宏观方面的行政调解机构指负责行政调解工作的行政机关；中观上的行政调解机构指具体负责某一纠纷调解工作的组织，如合议庭或独任庭；而微观层面的行政调解机构则指行政调解人员。三个层次内容三位一体，构成了行政调解机构的规范化。故此，欲达到法制、专业、独立的目的，对行政调解机构的规范应当包括以下三个方面：

（一）行政调解机关规范化

作为整体负责行政调解事项的机构，行政调解机关作用不可忽视。目前，我国行政调解相关立法对行政调解机关的规定较少，且在职权范围、行政调解机关性质、行政调解机关构成等方面均较为粗略，以《治安管理处罚法》第9条为例，其规定："对于因民间纠纷引起的打架斗殴或者损毁他人财物等违反治安管理行为，情节较轻的，公安机关可以调解处理。"其中仅仅对行政调解机关进行了抽象的规定，赋予了公安机关调解的权利，但是具体到公安调解机关的职权、经费、监督等方面均没有规定。为了保障行政调解制度的有效适用，行政调解机关的规范应当从以下几个方面进行：

1. 行政调解机关法制化规范

目前，我国行政调解相关立法中对行政调解机关的规定模糊是影响行政调解效力发挥的一大原因。行政调解机关职权不明、人员不明、组织方式、运行方式不明等均造成了实践中各地随意设置行政调解机关，这不但影响了行政调解现阶段的运作，从长远来看，更加影响了行政调解的发展与完善。因此，对行政调解机关法制化规范势在必行。

行政调解机关法制化规范的重点在于制定相应的法律法规对行政调解机关的构成、职权范围、费用、监管等各方面进行规定，使得行政调解机关有法可依。具体来说，行政调解机关法制化规范需要做到以下几点：(1)明确各行政调解机关的职权范围。(2)明确各行政调解机关的组织办法及人员编制办法。(3)明确各行政调解机关的定位与目标。(4)明确各行政调解机关在处理具体民事纠纷时调解员的委任办法。(5)明确各行政调解机关中行政调解工作人员的选任、辞退、任职期限等具体人事方面规定。

总而言之,对行政调解机关的立法应当包括但不限于以上五个方面的内容,只有对以上几个方面进行详细规定后,才能避免行政调解机构设置混乱、人员不专业、独立性不能保障等问题。

2.行政调解机关独立化规范

如前文对行政调解理论的分析,行政调解的准司法性要求行政调解机关必须满足中立性要求,否则行政调解协议的公正性将会受到质疑,从而影响行政调解协议的效力。而行政调解机关中立性的保障除了回避制度等相应制度保障外,最为关键的因素还是行政调解机关的独立性。只有在行政调解机关具有相当的独立性下、行政调解机关的预算、人员编制等均有独立决定权的情况下,行政调解机关才能不受其他行政机关的影响,独立作出行政调解协议,从而保障行政调解协议的公正性。

纵观目前我国各类型的行政调解机关,基本上没有例外,均属于行政调解机关下属的内部机构,其在经费划拨、人员编制、身份及对外文书等方面均依附于相应的行政机关。基于这样的情况,行政调解机关很可能受到政府机关的干涉最终影响当事人对行政调解协议的信任度。对比其他国家行政调解制度,除少数国家地区外,大部分国家行政调解机构均采取独立的委员会或行政调解专员制度,其组织架构目的也是为了保障行政调解机构的中立性。

但是改革并非一蹴而就,循序渐进才是务实的办法。结合我国目前行政调解制情况及考虑到我国行政体制问题,行政调解机关的独立性规范应当分步走,不能一下子将行政调解机关彻底与行政机关脱离,这样反而不利于目前行政调解机关的成长与壮大。具体来说,现阶段可以在现有行政机关中设立专门的行政调解科室,专门从事行政调解工作,行政机关在经费、人员编制等方面对行政调解机关进行保障。后一阶段,行政调解机关有一定的发展,可以脱离行政机关独立的运行,但是行政机关在经费、人员、技术等方面对行政调解机关还是要进行一定的指导与支持①。最终阶段,行政调解机关完全独立,经费、人员等方面均独立运作,这一阶段行政调解制度也将发挥最大的纠纷解决优势。

---

① 目前,我国人民调解制度就处于这一阶段,其具有一定的独立性,但是还是需要基层人民政府的指导与支持。

(二)行政调解组织规范化

行政调解机关对行政调解权的行使必须依托一定的组织形式来进行,这种组织形式就是调解组织。具体来说,行政调解组织是根据一定标准设立的旨在解决具体民事纠纷而临时形成的一个小型组织。行政调解组织在行政调解中的作用不言而喻,不同于行政调解机关,行政调解组织直接面对民事纠纷,接受双方当事人的意见,并要从中调解当事人纠纷,所以行政调解组织的构建在行政调解制度中是极为关键的。

现阶段我国行政调解制度中对行政调解组织的规定存在一定的问题,大部分有关行政调解的立法将行政调解组织的委任交由行政调解机关自由裁量,而只有极少数对行政调解组织的委任进行了直接规定,以《重庆市行政调解工作规则(试行)》第15条为例,其规定:"事实清楚、情形简单的争议,可以由一名调解人员现场组织调解;其他情形的争议,应当由三名以上行政调解人员组成行政调解组在五个工作日内组织调解。"虽然该规则对行政调解组织进行了规定,但略显简陋,并没有对各种类型的行政调解纠纷进行区分,而且,没有对行政调解组织人员的委任进行详细的规定。在这种规定不明确的情况下,很容易导致行政调解机关侵犯当事人的自由意志,随意委任行政调解组织。

行政调解组织的规范,应当充分考虑到行政调解的特点及行政调解涉及的民事案件的性质,尊重当事人的自由选择并对行政调解的民事纠纷进行区别对待。另外,对行政调解组织的规范还可以借鉴民事诉讼中关于审判组织及审判人员委任的规定。具体来说,行政调解组织规范包括以下几个方面:

1. 行政调解组织形式

如前文所述,行政调解涉及的民事纠纷主要分为两大类:第一类是案件情况较为简单、当事人争议不大的一般性民事纠纷;第二类是案件情况较为复杂、案件具有较高专业性的民事纠纷,如知识产权纠纷、商标纠纷等。针对这两类不同特点的民事纠纷,行政调解组织形式设计应当有的放矢。参考民事诉讼中对审判组织的规定,行政调解组织形式可以包括以下两类:

(1)独任制行政调解组织

所谓独任制行政调解组织,是指由一名调解人员对案件进行调解的调解组织形式。这种调解组织形式主要面向简易民事纠纷的调解,其具有高效、快捷的特点。并且由于纠纷较为简单,由单一调解人员调解也不至于产生事实认定错误,因此,这类行政调解组织形式在基层人民政府行政调解及其他较为简易的民事纠纷调解中能起到关键作用。

(2)合议行政调解组织

所谓合议行政调解组织,是指由三名以上的调解人员组成调解组,对较为复杂、专业的案件进行调解的调解组织。合议行政调解组织解决复杂、专业的民事纠纷调解。这类民事纠纷大多情况复杂,并且案件可能涉及大量专业性的知识,单一的调解人员恐难胜任,因此采取多名行政调解人员分工负责的方式,以发挥行政调解组织应有之作用。

2.行政调解组织的人员委任

何人担任行政调解组织中的调解人员?其应当具备哪些条件?这些问题在行政调解组织构建中显得尤为关键。目前,在我国行政调解制度中,对行政调解组织人员委任方面的规定基本上是完全空白的;而实践中行政调解人员均是由行政机关人员兼任,任职并没有任何硬性条件或标准,这些兼职人员普遍不重视调解工作,且自身也不具备调解需要的相关能力及素质。因此,行政调解组织人员存在的问题也是我国行政调解制度无法发挥其应有作用的原因之一。对于行政调解组织人员委任方面的规范包括以下几个方面:

(1)人数

对于合议行政调解组织而言,人数多少的问题是必须思考的问题:人数太少的话,唯恐调解组织难以胜任纠纷调解的任务,并且人数过少易导致委员会被少数人把持,从而影响对其公正性;但是人数也不宜过多,过多的行政调解人员首先会浪费有限的行政调解资源,并且过多的行政调解人员同样会使纠纷拖沓冗长,从而影响当事人权益的保障。行政调解组织人数应当在公正性与效率性之间找到一个契合点,我们认为分层次的人数设置是较为合理的:第一层次中,案件情况较为简单,争议不大的民事纠纷可以采取独任制即一名行政调解人员负责调解的模式;在第二层次中,案件情况较为复杂,有一定争议的民事纠纷可以采取合议制,合议制行政调解组织人数在三到五名调解人员为宜;第三层次中,案件情况复杂,争议较大,且纠纷具有专业性,在这种情况下,可以适当地增加行政调解组织人数,可以增加到五到七名调解人员。这三个层次的行政调解组织人员配置,可以由行政调解机关在遇到具体的行政调解案件中针对案件情况选择适用,从而选择最为有利于纠纷解决的行政调解组织人数。

(2)资格

为有效促进双方当事人达成行政调解协议并切实遵守,行政调解人员应当具备一定的能力,其应当能熟练运用法律法规,且对行政调解理念与程序有相当程度的知悉。另外,行政调解人员本身必须符合一定的标准,不应当具有法律禁止或可能影响双方当事人信赖的事由。对行政调解人员资格的要求，是为了使行政调解制度的运作更为顺畅快捷，行政调解协议获得遵守的几率更大。假使行政调解人员本身素质不高，加之又有可能使当事人不予信任的情况，在这种情况下，行政调解起到的作用将大打折扣。具体言之，行政调解人员资格应当包括两个方面的内容：第一，法律知识的资格，行政调解人员应当具备一定的法律知识，这包括对一般性部门法的了解及对行政调解相关程序的了解，如果行政调解人员缺少了相应的法律知识，可能难以正确认定案件事实及寻找相应的法律依据，从而也不能给双方当事人正确的调解意见。第二，其他公正需要的资格，除了法律知识的资格外，行政调解人员还应当具备一定的公正外表的资格，使得行政调解中双方当事人能信任行政调解人员作出的裁决，这些公正的资格应当包括年龄、社会阅历、法律禁止事项、与双方当事人关系等方面的规定。

（3）类别

行政调解所涉及的民事纠纷有时会出现案件情况复杂，存在一定的专业性等情况，例如知识产权纠纷、环境保护纠纷等，单一的行政人员主持调解恐难胜任，在行政调解中引进一些专业人士主持调解对纠纷解决会产生较好的效果。因此，行政调解人员规范化应当凸显行政调解人员的专业性。

所谓行政调解人员的类别，是指行政调解人员以工作内容、知识范围、社会分工等为标准而进行区分的一种分类。不同类别的行政调解人员会对行政调解产生不同的效果，这些效果的合力将会促进行政调解更好地发挥其纠纷解决的优势。

对行政调解人员类型的规范应当体现在行政调解人员类型的增加，应当改革现阶段仅由行政机关人员主持调解的现状，一般来说，行政调解人员可以增加以下几类：

第一，社会一般人士。指热心于解决纠纷，且平常大量接触纠纷解决工作的社区居委会工作人员等，其对案件深入了解及日常生活中对当事人的了解均有助于纠纷的解决。

第二，专业性人士。指具备专业知识的专家人员，某些行政调解案件，例如环境保护纠纷、知识产权纠纷等，需要调解人员具备环境保护、知识产权方面的专业知识，因此，专业人士以其专业性对这类纠纷解决有着极大的助力。

第三，法律专业人士。是指具备法律知识，对案件法律适用等能给出正确建议的专业人士，虽然行政调解在于双方合意解决纠纷，但是合意也是离不开法律的指导，这就需要专业的法律人士给予当事人法律方面的建议。

四、行政调解在程序运作上的规范化

行政调解的目的在于公正、快捷地解决双方当事人之间的争议,公正与快捷不可偏废,二者同等重要。而程序是公正的保障,因此,行政调解程序的规范是行政调解制度完善的重要一环,甚至可以说是核心一环。

如前所述,我国目前的行政调解相关法律法规对行政调解程序的规定并不详细,相关的程序规定与其说是程序不如说是行政调解的工作流程,其将行政调解具体细节程序的确定交由了行政调解机关自由选择,在这种情况下,不仅损害了当事人自愿原则更破坏了行政调解的公正性。因此,对行政调解程序进行规范刻不容缓。

行政调解程序的规范,应当充分考虑程序公正与效率之间的关系,在程序的灵活性与规范性中找到一条折中的道路,再次,行政调解程序的规范应当坚持当事人自由处分权原则,避免出现行政调解程序对当事人自由处分不当限制的情况。最后,行政调解程序的规范应当尊重司法权,必须坚持司法最终审查原则。一般来说,程序包括程序的启动,程序的进行与程序的结束三大环节,同样,对行政调解程序的规范也应当围绕着这三个阶段进行。

(一)行政调解在调解进行前程序的规范化

所谓调解进行前程序,是指行政调解在正式进入调解前的,为保障调解正常运行的一系列活动的综合。其包括调解的启动程序与启动后的准备程序。目前,我国行政调解相关法律法规对行政调解的启动程序均有一定的规定,但是对程序启动后的准备程序应当如何进行并未有系统的规定,因此,对于行政调解启动程序的规范将略谈,而重点放在对其后的准备程序的规范上。

1.行政调解的启动程序规范化

行政调解的启动程序,包括行政调解申请与受理两大环节,作为启动行政调解程序的开端,行政调解的启动程序显得尤为重要。一方面,假若行政调解启动程序设计过严,很可能会影响当事人对行政调解程序的利用,从而影响行政调解制度作用的发挥;另一方面,行政调解启动程序设置也不应当过于简略,因为行政调解启动程序还肩负着对民事纠纷进行初步审查,为后续程序打好基础的职责。具体来说,行政调解启动程序规范化应当包括以下三个方面:

(1)行政调解启动方式的规范化

通说认为,行政调解的启动应当由当事人申请方可启动。诚然,民事纠纷,其本质在于一种私权的争议,原则上应当尊重当事人的意愿,公权力不应当主动介入。但是,这种情况也应当有所例外,有时,行政机关在行政管理中遇到一些民事纠纷,而双方当事人并不知晓行政调解的作用,这时行政调解机关完全可以主动介入,在取得双方当事人同意的情况下,进行行政调解,这样的启动方式兼顾了纠纷解决与当事人自愿性,应当予以考虑。

总而言之,行政调解启动方式以当事人申请启动作为原则,行政调解机关主动介入、取得双方当事人同意后启动为例外,这样的选择可很好的兼顾纠纷快速解决与当事人自由处分权。

(2)行政调解申请要件的规范化

当事人申请行政调解,哪怕再考虑灵活性与便民性,也必须满足一定的条件。假若没有这些条件,当事人随意进入行政调解制度,必然会浪费有限的行政司法资源,从而影响其他真正需要利用行政调解制度的人群。一般来说,行政调解申请要件应当包括以下两类:

①申请调解的方式

目前我国行政调解相关法律法规并没有对行政调解申请方式进行规定,当事人采取书面或口头形式申请均可。这对于较为简易的行政调解纠纷,是没有问题的,但是在专业性较强,案件复杂的民事纠纷中,口头申请难以全面表述清楚案件事实与申请理由等方面的问题,因此,对于此类纠纷,应当采取书面形式申请。概言之,行政调解的申请方式应当因纠纷类型的不同而区别选择:较为简易的民事纠纷,可以允许口头形式申请,这样可以方便当事人利用行政调解制度;对于较为复杂的专业性民事纠纷,采取书面申请方式更为有利于调解人员了解纠纷争议焦点与当事人的请求,从而更为有利于纠纷的解决。

②申请条件的要件

所谓申请要件,当事人申请行政调解应当具备的要件,如不具备这些要件,行政调解机关将不予受理该纠纷。对行政调解申请要件进行法律规定是极为必要的,一方面,其制约了行政调解机关的自由裁量,使得行政调解准入机制更为公正。另一方面,其明确了行政调解准入的条件,避免了一些明显不具备调解资格的案件进入调解程序。一般来说,行政调解申请要件包括调解申请人、调解相对人、调解事由、调解理由与请求。

(3)行政调解受理的规范化

行政调解机关,在收到当事人申请后,应当进行审查,并作出受理或不予受理的决定,行政调解机关应当如何进行审查,并对哪些内容进行审查,而审查后作出怎样的决定,均是行政调解受理中应当考虑的问题,遗憾的是,目前我国行政调解相关法律法规中并没有给出答案。具体来说,行政调解受理的规范化应当面对以下几点内容:

①行政调解机关的审查方式

一般来说,审查方式主要包括形式审查与实质审查两类,所谓形式审查,指审查调解申请的必要条件是否在形式上已然具备,只要形式上具备则直接进入调解程序。而实质审查除了对以上必要条件进行形式审查外,还要对纠纷是否有进行调解的必要性等进行审查。这两种审查方式各有优点,但对于行政调解来说,应当坚持形式审查,这样,才不会侵害当事人利用调解制度的权利,并且也有利于减轻诉讼案件的压力。

②行政调解机关的审查内容

如前所述,行政调解机关的审查方式应当坚持形式审查,主要内容应当包括调解申请人是否具有当事人能力、纠纷内容是否符合主管且不具有法律禁止之情况、管辖是否正确、是否超过调解时效等内容进行审查,即行政调解审查应当紧紧围绕当事人、主管与管辖、案件类型、时效等四个方面。

③行政调解机关的审查决定

行政调解机关对以上四个方面进行审查后,按照四个要件是否具备的不同,应当作出三种不同类型的决定:首先,如果申请符合四个要件,行政调解机关应当作出同意受理的决定;其次,如果申请不符合四个要件,并且无法补正时,行政调解机关应当作出不予受理的决定;最后,如果申请不符合四个要件,但是可以由当事人进行补正时,行政调解机关应当指定某一期间让当事人补正,根据补正后的情况再决定是否受理。

2. 行政调解的准备程序规范化

所谓行政调解准备程序,是指行政调解机关受理后,在正式开始调解前,为了使后续的调解活动顺利进行而采取的一系列措施。行政调解准备程序是调解进行前最为重要的一环,也是不能省略的重要程序之一,其内容包括相对人告知、调解人员选任、回避制度等,其对后续程序的进行有着极为关键的作用,并且对保障程序公正也有着重要的意义。总而言之,行政调解准备程序规范化应当包括以下几个方面:

(1)调解相对人告知

只有双方当事人均同意将纠纷交予行政调解机关调解,行政调解方能开启,因此,行政调解机关受理申请人申请后,应当尽快取得相对人的同意,如果没有相对人的同意,行政调解机关只能驳回受理,劝说申请人另行提起诉讼。行政调解机关征求相对人同意,可以采取口头征求与书面征求两种形式,具体适用应以案件类型为区分。另外,在某些专业性较强、案件情况复杂的民事纠纷中,行政调解机关可以要求相对人提出答辩书。

(2)决定调解形式以及调解人员的选任

行政调解经过双方当事人同意后宣告开始,行政调解机关应在充分考量案件类型、纠纷复杂程度等基础上,尽快委任相应的调解组织对具体案件进行调解。待调解形式确定后,行政调解机关应当与当事人双方一起确定调解人员,为体现当事人意思自治原则,调解人员的选任应当以当事人选定为原则,由行政调解机关指定为例外。但是,在需要进行事先调查的行政调解案件中,可以由行政调解机关先行指派一名或多名调查人员对纠纷情况进行了解。

(3)调解人员回避

行政调解制度的规范应当力求公正与权威,而对于行政调解程序来说,回避制度是最好体现程序公正的制度。所谓回避制度,是指在行政调解过程中,调解人员可能存在影响案件公正调解的情况,因而退出行政调解程序的制度。调解人员的回避事由应当包括以下三类:第一,是本案当事人或者与当事人、代理人有近亲属关系的;第二,与本案有利害关系的;第三,与本案当事人、代理人有其他关系,可能影响纠纷处理的。回避形式可以包括申请回避、自行回避与指令回避三类,一旦经行政调解机关作出回避决定后,行政调解人员应当停止调解工作。

(二)行政调解在调解进行时一般程序的规范化

待双方当事人同意,并确定行政调解组织及其人员后,行政调解程序正式开始,一般来说,行政调解程序的规范应当兼顾灵活性与程序公正,我们认为灵活性与程序公正的最好契合就是遵守必要的程序,对其他的次要程序可以按照具体案件的不同而选择适用。必要程序的判断标准在于是否涉及当事人根本利益的处分,换言之,如果不适用该程序,会对当事人的实体权利与程序权利造成侵害,从而影响行政调解结果的公信力与权威性。以此作为标准,行政调解程序在进行中应当具备以下必要的三项具体程序。

1.行政调解公开程序

为保障程序的每一个阶段、每一个步骤均能在当事人与公众监督的视野下进行,从而使得程序公正透明,程序一般均以公开为原则,但是调解程序与诉讼程序不一样,其要求在不损害程序公正的前提下尽量追求调解的成立、纠纷的解决。因此,在关于行政调解程序是否公开的问题上,应当兼顾当事人的意愿。其原则应当规范如下:

(1)调解程序以公开为原则,不公开为例外

在不涉及当事人意愿的情况下,行政调解程序为保障程序进行的公正与公平,并为了社会监督等需要,行政调解程序应当公开,从某种程度来说,行政

调解的公开也是有利于行政调解当事人权益保障的,因此,只要当事人没有明确反对程序公开,则行政调解均应当以公开为原则。当然,这一原则也应当让为与某些涉及他人隐私的案件,在某些家庭纠纷、商标纠纷等涉及重大利益的纠纷中,行政调解程序也可以不予公开。概言之,行政调解程序在除涉及他人隐私、商业利益等情况外,均应当公开程序。

（2）双方当事人协商一致,应当不公开

行政调解公开原则,是以当事人未有意见为前提,正如前述,调解是纯粹的私下解决私人纠纷的方法,应当注重调解是否能够成立。因此,当事人意见是最为关键的。如果双方当事人均同意调解程序不予公开,行政调解机关应当尊重当事人的意思。另外,无论程序是否公开,行政调解相关人员均应当对当事人纠纷或纠纷涉及的内容予以保密,严守保密义务。

2.行政调解告知程序

所谓行政告知程序,"是指当纠纷当事人向行政机关诉请行政调解时,该行政机关必须向纠纷主体说明行政调解必须注意的事项和正确途径,不得置之不理和随意拒绝"。行政调解告知程序之所以是行政调解程序中必须遵守的重要程序,是因为行政告知程序能使当事人充分了解其权利与义务,并且知晓相关程序、实体事项,这对保障当事人权益有着极为重要的作用,避免当事人被行政调解机关"牵着鼻子走",保障了其程序主体的地位。具体来说,行政调解机关在行政调解程序进行前,应当就以下几类事项告知当事人:第一,当事人的权利义务;第二,行政调解的程序与相应注意事项;第三,诉调对接的问题。

3.行政调解听证程序

所谓行政听证程序,是指"行政主体在作出影响行政相对人合法权益的决定前,由行政相对人表达意见、提供证据的程序以及行政主体听取意见、接受证据的程序所构成的法律制度"。具体到行政调解中,其听证程序是行政调解组织在制作调解协议书前,应当听取双方当事人的陈述与意见,并根据双方辩论结果制作调解协议书的一种程序。一般认为,行政调解协议是双方当事人一起达成的,但是在实践中往往是行政调解机关根据纠纷调解的情况与双方当事人的意愿,制作调解协议书后再交由双方当事人签字,因此,行政调解机关在制作行政调解协议书之前,为使得调解协议书能切实得到当事人的遵守,而采取听证程序是极为必要的。

行政调解中之所以应当引入听证程序,其目的在于保障当事人的程序参与权与辩论权,使其对纠纷事项充分发表意见或反驳对方当事人的意见。行政调解听证程序的核心在于尊重当事人的自由处分权并体现程序公正思想，其对行政机关树立合法合理的调解理念、纠纷的快速解决均有重要的意义。因此，行政调解听证程序是不可或缺的关键程序。

（三）行政调解在调解进行时特殊程序的规范化

在当事人未到场、当事人未能达成合意但争议已经很小这两种情况中，按照目前的行政调解理念或行政调解相关法律法规是难以达成行政调解协议的，但是正如前文所述，行政调解是一种私下解决私人争议的方法，其重心在于调解是否成立。因此，我们认为，为了更好地体现行政调解程序的灵活性，在不损害程序公正的前提下，应当引入两种特殊程序。

1. 当事人未到场的特别程序——简易书面报告程序

普遍认为，行政调解需经当事人同意，并要求当事人到场方可达成调解协议，若当事人不到场，调解是无法进行下去的。但是，在某些纠纷内容简单、属于小额争议的情况下，这样"一刀切"的办法可能会影响行政调解制度作用的发挥。在小额民事纠纷中，当事人争议不大，且可能基于其他原因难以到场，此时行政调解组织可以在征得双方当事人同意的基础上，适用书面报告程序，即要求双方当事人提交关于纠纷情况说明、理由陈述及请求的书面报告，行政调解人员通过书面审理的方式，作出行政调解协议并将调解协议书分别送达双方当事人，只要双方当事人无异议，该调解协议书即生效。简易书面报告程序的好处在于便于当事人利用行政调解制度，促使纠纷快速解决和节约相应的行政成本。当然，简易书面报告程序的范围应当限于小额民事纠纷。

2. 近似达成调解但双方未予同意调解的处理程序

在行政调解过程中，可能会出现双方当事人无法达成合意，但是双方意见已经接近的情况，固然，行政调解组织可以继续调解以达到双方合意，但这样久调不决的情况不但会浪费有限的行政成本，更会损害当事人应有的权利。因此，在这种近似达成调解但双方未予同意的情况下，可以引入单方调解程序，所谓单方调解程序，是指当出现近似达成调解但双方未予同意调解的情况时，行政调解机关可以在考虑双方当事人在调解过程中相应的意思表示和目前争议的存在点，居中公正地拟定较为合理的调解协议书，并送达双方当事人，只要双方当事人未对该调解协议书进行反对，则宣告该行政调解协议生效。这里"单方"表达的是行政调解组织独自作出的决定的含义，但其实质并不是单方，而是在充分考虑双方当事人相关意见后才作出的决定，因此，是符合当事人处分原则的。

(四)行政调解在调解进行后相关程序的规范化

纠纷在经过申请、受理、调解等程序后,最终将形成结果,一般来说,行政调解在调解进行后会存在两种可能,即调解成立或调解不成立,因此,对行政调解进行后相关程序的规范也应围绕这两个方面。

1.调解不成立后的退出程序

双方当事人不能对纠纷解决达成合意,此时行政调解宣告不成立,但是行政调解不成立并不仅仅是一个决定,其在行政调解程序的整体架构中也有着重要的作用。具体来说,行政调解不成立后应当制定相应的退出程序,退出程序主要涉及当事人如何退出行政调解及退出后进入诉讼解决机制等问题。行政调解退出程序的规定,应当体现司法最终解决原则及保障当事人自由处分权原则,这种退出应当是完全自由的退出,行政调解机关不能以任何理由阻止当事人退出程序,相反,行政调解机关应当协助当事人通过其他途径解决纠纷。

2.调解成立后的调解书作出程序

双方当事人达成合意后,行政调解机关应当作出调解成立的行政调解协议书,这是行政调解成功的一个标志,一般来说,行政调解协议书规范应当分为行政调解书内容与行政调解书作出方式两个部分的规范。

(1)行政调解协议书内容的规范

行政调解协议书是当事人要求对方当事人执行的唯一凭证,因此,对行政调解协议书的内容应当尽量详细具体,从而方便当事人执行,一般来说,行政调解协议书应当包括以下几点内容:第一,双方当事人信息;第二,主要争议事实;第三,双方当事人达成的纠纷处理办法、履行方式与期限;第四,违反协议的相关责任;第五,调解人员签字。

(2)行政调解协议书的作出方式

如上文所述,行政调解一般分为较为简单的行政调解争议与专业性较强的行政调解争议,对于这两类行政调解争议,其作出方式应当有所区别,具体来说,前者可以允许口头作出决定,事后补充。然而,对于后者,应当在纠纷调解完毕后一定期限内送达当事人。

五、行政调解协议书效力的规范化

行政调解协议书效力缺失是目前行政调解制度难以发挥其真正作用的重要原因之一,纵观我国行政调解相关法律法规,基本上所有的法律法规均没有赋予行政调解协议书以效力,以《治安管理处罚法》为例:该法第9条规定:"经调解未达成协议或者达成协议后不履行的,公安机关应当依照本法的规定对违反治安管理行为人给予处罚,并告知当事人可以就民事争议依法向人民法院提起民事诉讼。"在本条规定中,如果当事人对行政调解不予履行的话,对方当事人只能向人民法院提起民事诉讼,而行政调解协议书中所达成的相关纠纷解决办法均作废,换言之,经过多方努力达成的纠纷解决办法只因一方当事人的不履行而付之东流。

正是由于行政调解协议书效力缺失这一原因,行政调解制度一直不受行政机关与当事人双方的欢迎:一方面,行政机关耗时耗力对双方当事人的纠纷进行居间调解并最终达成调解协议后,只因当事人单方面不履行就被完全否定,这对行政机关的权威是极大的损害。另一方面,当事人将纠纷诉诸行政机关,其目的必然是希望能快捷的解决纠纷,但如果行政调解协议书的效力如此,这肯定会影响当事人对行政调解制度在纠纷解决能力上的期望。总而言之,行政调解协议书效力缺失的这一问题,严重地损害了行政机关的权威,并大大地削弱了当事人利用行政调解制度的信心。

在理论界,对行政调解书赋予一定的效力已经达成共识,目前,主要是在对行政调解协议应当赋予何种效力、应当通过何种程序赋予效力两个方面问题存在争议。基于此,我们对行政调解效力的规范将紧紧围绕着这些问题展开。

(一)行政调解协议书的效力规范化

所谓行政调解协议书的效力,是指行政调解协议书对双方当事人、行政调解机关及纠纷所涉及法律关系的效力。目前,我国行政调解理论界与实务界对行政调解协议应当赋予何种效力的讨论均较为保守,通说仅赋予行政调解协议书以债之效力而未涉及更加深层次的效力上,如范愉教授认为"行政机关居中达成的调解协议至少具有民事合同的性质,实际上应高于民事合同的性质,因为行政机关的调解具有专业性、权威性等优势"[①],其对行政调解协议效力的讨论也仅仅是到合同效力就戛然而止了。

从对行政调解协议书赋予债之效力这一问题上来看,我们认为没有问题的,毕竟赋予行政调解协议书债之效力是尊重行政调解本质的表现:行政调解的本质是当事人自主产生的合意,其中行政调解机关在调解中仅仅处于居中调解的地位,其意志并不会对行政调解协议书产生影响,在这种情况下,行政调解协议是可以看作为当事人双方之间达成的合同,故此,确定行政调解协议

---

① 范愉:《非诉讼纠纷解决机制研究》,中国人民大学出版社2000年版,第181页。

书债之效力是切实可行且有理可据的。让人欣喜的是,这个观点在2009年7月最高人民法院出台的《最高人民法院关于建立健全诉讼与非诉讼相衔接的矛盾纠纷解决机制的若干意见》中已有体现,该意见规定"行政机关依法对民事纠纷进行调处后达成的有民事权利义务内容的调解协议或者作出的其他不属于可诉具体行政行为的处理,经双方当事人签字或者盖章后,具有民事合同性质"①,这第一次从司法解释层面上对行政调解协议书的效力作出了明确的规定。此举无疑将对我国行政调解制度的发展产生深远的影响。

但是,对行政调解协议书赋予债之效力是不够的,行政调解的专业性与权威性均要求行政调解协议书具有更高的效力,也只有赋予行政调解协议书更高的效力,才能使行政调解制度在其纠纷解决层面发挥更大的优势,从而使当事人重获信心。要实现这一目标,行政调解协议书应当被赋予强制力,并且这种强制力应类似于判决书的效力,具体来说,行政调解协议书应当包括确定力、执行力及形成力:所谓确定力应当表现为对行政调解协议书中涉及的双方当事人权利义务具有确定的效力,除法定事由外,不得更改,亦表现为行政调解机关不得再次受理已生效调解案件;执行力表现为当事人可依据行政调解协议书要求对方当事人满足调解书中达成的要求,并不得无故拒绝;而形成力表现在对行政调解书中涉及的法律关系的一种设定、更改及消灭。

(二)行政调解协议书效力赋予程序规范化

如前文对行政调解协议书效力的讨论,我们可以得出行政调解协议书应当被赋予强制力的结论。但这种强制力的赋予必须满足一定的程序,否则就可能有侵害其他权利之嫌。行政调解协议效力赋予程序一般有两种模式:第一,专门机关赋予效力,也称专门机关确认程序,即除法院外的其他专门机关对行政调解协议书审查后,赋予其效力的程序,一般来说,专门机关均是行政调解机关自身;第二,司法机关赋予效力,也称司法确认程序,即行政调解协议书将由法院按照一定标准进行审查后,经法院确认其效力。对比两种程序,我们认为第二种模式即司法确认程序是最为符合行政调解性质及中国法律之现状的,具体理由如下:

1.引入司法确认程序是尊重司法最终解决原则的体现

所谓行政调解的司法确认程序,是指经行政调解机关调解达成调解协议

---

① 最高人民法院出台的《最高人民法院关于建立健全诉讼与非诉讼相衔接的矛盾纠纷解决机制的若干意见》第8条。

后,双方当事人认为有必要的,可以在一定期限内向人民法院申请司法确认,人民法院依照一定的标准对调解协议进行审查,依法确认调解协议的效力。之所以引入司法确认程序而不选择行政调解机关内部作出行政认定的原因在于司法确认程序是尊重司法最终解决原则的体现。正如前文所述,司法具有绝对的权威,法院是民众保护自身权益的最有效地方,虽然说行政调解是双方当事人自愿达成的协议,但是也不能完全排除行政调解机关基于自身利益,强制调解或违法调解的可能性,此时仍由行政调解机关自身作出行政调解效力认定,是很难保障调解协议书的公正性与公信力的。所以,将行政调解协议书交由独立性较强、权威性较强的人民法院是再好不过的选择。

另外,只有经过法院的司法确认,行政调解协议书才能具有强制力,因为司法权的性质赋予了法院生效判决的权威性,其他机关、社会团体和个人必须遵守。基于此,行政调解协议书欲具有拘束双方当事人与行政调解机关的效力及对纠纷涉及的法律关系产生确定力,唯有通过司法确认这一途径。

2.引入司法确认程序贯彻了大调解机制的理念

近几年,大调解机制的构建如火如荼。所谓大调解机制,是指将人民调解、行政调解、司法调解等其他各种调解资源有机地整合在一起,各部门分工合作,整合各种调解资源,对社会矛盾纠纷的协调处理,其目的在于减轻法院受案压力,增强非诉纠纷解决机制的纠纷解决能力,从而更好地保障当事人的合法权益。

大调解机制的构建是目前调解制度发展的必然选择,然而,目前我国的调解制度众多,并且各项调解制度均被赋予了不同的效力,且效力赋予程序也大相径庭,其中人民调解与司法调解均具有强制力,以人民调解为例,2011年出台的《最高人民法院关于人民调解协议司法确认程序的若干规定》中明确规定,人民调解协议经司法确认后具有强制力,一方当事人拒绝履行或者未全部履行的,对方当事人可以向作出确认决定的人民法院申请强制执行。反观行政调解,其根本不具有任何的强制力。强烈的反差已经严重地影响了大调解机制的构建。基于此,对行政调解、人民调解、司法调解的效力赋予程序进行统一是大调解机制的必然要求。

我们应该看到,行政调解与人民调解、司法调解并没有本质上的区别,仅仅是在调解主体上有一定的区分,我们不能因为"行政"这项帽子就否定了行政调解制度的司法属性与私权属性。因此,行政调解协议效力赋予程序的规范,应在大调解机制统一的原则下,考虑与其他调解制度之间的协调性与一致性，对各调解制度中调解协议的赋予程序作出明确、统一的制度安排。综上所述，笔者认为，行政调解协议书效力赋予程序应当借鉴人民调解制度，引入司法确认程序。

第六章

公证调解之规范化研究

在传统的法学理论研究视域内,关于调解的类型,普遍认为调解分为三种,即司法调解、行政调解与人民调解,并且多把民间调解与人民调解混同起来,如窦希琨主编的《新编律师与公证制度》就认为调解可以分为司法调解、行政调解、人民调解(或称民间调解)三种。但不同的观点亦精彩纷呈、莫衷一是。有的认为"依照调解主体所调解纠纷的范围、性质、效力以及有关法律的规定和社会的需要,调解可分为:法院调解、行政调解、人民调解委员会调解、社会调解四种类型、四个层次"①;有的认为"根据调解人(机关)的不同身份,调解可分为私人调解、社会组织调解、行政调解、法院调解"②;有的认为调解可分为四种形式:即民间调解、人民调解、法院调解(司法调解)与行政调解;③有的认为调解主要包括人民调解、法院调解、行政调解、仲裁调解;④也有的认为根据我国的立法和司法实际情况,调解应分为司法调解(又称法院调解)、行政调解、仲裁调解、人民调解、民间调解和律师调解六种。⑤ 然而,综观各种观点,鲜有涉及公证调解的。而提及公证,大多数人目前仍然局限于老套的"预

---

① 马结:《调解的类型和层次》,载《政治与法律》1986年第2期。
② 廖中洪:《民事诉讼改革热点问题研究综述(1991—2005)》,中国检察出版社2006年版,第402页。
③ 康怀宇:《现状与前瞻:人民调解的微观考察》,载左卫民等:《变革时代的纠纷解决——法学与社会学的初步考察》,北京大学出版社2007年版。
④ http://www.mylegist.com/,下载日期:2012年8月7日。
⑤ 彭星东:《论调解的分类》,载《湖南省政法管理干部学院学报》2000年第6期。

防纠纷、减少诉讼"的习惯性意识中,根本未能注意到公证还有调解这么一项特殊的解决纠纷的职能,甚至连公证业内人士也没能对公证调解之职能引起足够的重视,认为公证证明才是主业务,"调解"只是一种次要的附带性的可有可无的职能。正是由于认知不全,加上立法不善、实践不足,致使公证程序立法中明文规定的公证调解被冷落、被虚置、被架空,各地有关公证调解的实务运作亦五花八门、各自为政、各行其是,亟待统一化规制、合理化安排和规范化操作。

第一节 被误读的公证调解

公证调解是随着我国公证制度的发展、完善而出现的,最早的《公证暂行条例》并未涉及公证调解,1990年颁布的《公证程序规则(试行)》第一次对公证调解作出了规定,该规则第54条规定:"经过公证的事项在履行过程中发生纠纷的,原公证处可应当事人的请求进行调解。经调解后当事人达成新协议的,公证处应给予公证;新达成的协议符合本规则第35条规定条件的,公证处应依法赋予强制执行效力。调解不成的,公证处应告知当事人向人民法院起诉或申请仲裁。"2002年颁布的《公证程序规则》第54条规定与此完全相同。2006年颁布的《公证程序规则》对调解的规定则稍有改动,但大同小异。该规则第56条规定:"经公证的事项在履行过程中发生争议的,出具公证书的公证机构可以应当事人的请求进行调解。经调解后当事人达成新的协议并申请公证的,公证机构可以办理公证;调解不成的,公证机构应当告知当事人就该争议依法向人民法院提起民事诉讼或者向仲裁机构申请仲裁。"应该说,2006年《公证程序规则》相较之前的《公证程序规则》而言,调整了个别表述,将公证调解的有关规定由"应当"变为"可以",由强制性规范变为授权性规范,体现了更多的当事人意思自治,也更加契合调解之本旨。

尽管如此,1990年至今的20多年间,公证调解仅仅固守着这一条规定,并未制定统一、具体之可操作性规范对之进一步细化,而面对日益纷繁复杂的民事纠纷,公证调解实务单靠这一粗疏的原则性规定显然是不够的,由此导致公证调解制度从整体上陷入混乱的概念认知误区和实务操作困境,也并不足为奇。

一、概念认知非规范化

事实上,与公证有关的调解包括三大类:(1)第三方对当事人与公证机构之间的争议进行的调解;(2)公证机构对当事人之间或者当事人与公证事项的利害关系人之间的争议进行的调解;(3)赋予强制执行效力的公证债权文书在申请人民法院强制执行中发生争议,由人民法院进行的调解。根据《公证法》及《公证程序规则》的规定,第1类包括两种调解方式:即行业协会调解和诉讼调解。当事人、公证事项的利害关系人认为公证书有错误的,可以向出具该公证书的公证机构提出复查,对公证机构作出的撤销或者不予撤销公证书的复查决定有异议的,可以向地方公证协会投诉,地方公证协会可依调解方式处理投诉。当事人、公证事项的利害关系人与公证机构因过错责任和赔偿数额发生争议,协商不成的,可以向人民法院提起民事诉讼,并由人民法院在诉讼过程中依法进行调解,也可以申请地方公证协会调解。第3类是由人民法院对于赋予强制执行效力的公证债权文书所涉及的申请执行人和被执行人之间就执行争议所进行的调解,属于诉讼调解的范畴。第2类是指经公证的事项在履行过程中发生争议,应当事人的请求,由出具公证书的公证机构所进行的调解。公证调解仅指该种情形。

在实践中,社会各界对公证调解存在颇多认知偏差,或对公证调解一无所知,或将公证调解理解为上述三大类中的一类或若干类,不一而足。公证业界则观点较为一致,均认同公证调解仅指上述第2类之情形,但基于立法之粗疏,具体实务操作中又产生了分歧,代表性的意见有两种:广义论与狭义论。"广义论"认为:"公证调解是指在公证员的主持下,以不偏不倚的立场,从国家法律的角度,公平、公正地引导当事人平等地设置权利义务,消除误解和分歧,最终达成双方合意的活动。公证调解一般分为证前调解和证后调解。证前调解是指当事人之间在公证未介入之前发生的矛盾,出于对公证处的信任,邀请公证员主持调解,达成和解协议后,再办理公证。证后调解是指办理公证后该公证事项由于各种原因发生纠纷,公证员在原公证的基础上进行调解,促使当事人如约履行或达成新的补充协议并进行公证。"[①]"狭义论"认为:"公证调解是出具公证书的公证机构根据公证当事人的请求,就在履行过程中发生纠纷的经过公证证明的事项,对当事人双方进行调解,以及当事人双方据此相互谅解达成协议的活动。此仅为证后调解"。[②] "广义论"与"狭义论"并非只是简单的公证调解概念表述之差异,而是对构成公证调解制度整体的调解主体、对

---

① 姬军:《和谐语境下的公证调解》,载《中国公证》2010年第6期。
② 胡光林:《论公证调解制度的完善》,2010年安徽大学硕士学位论文。

象、内容、性质、特征等诸多方面均存在歧见，故而不可避免地引致调解实务运作的混乱和非规范化。

二、实务操作非规范化

非规范化的公证调解实务操作主要表现为：

1. 受"公证万能论"和"公证无用论"两种错误认知倾向的影响，为迎合社会的普遍意识和需求导向，公证业界在公证调解实务操作中也表现出了两种截然相反的态度：一种较为激进，将公证调解盲目泛化，认为公证制度设置的目的就在于"预防纠纷、减少诉讼"，公证调解也不例外，只要能达成这一目的，公证调解的时空、范围、条件等不应受到限制，不论证前证后、不论何种公证事项，不论是否符合公证程序规则规定的条件，只要发生了民事纠纷，当事人有意愿调解的，均可付诸公证调解。此类调解案例在公证实务中并不鲜见，且被视为对公证业务的拓展与创新。另一种则趋于保守，将公证调解狭隘化、虚无化，认为公证是非诉性、预防性的司法证明制度，本来即是以"无争议"为基本原则，公证事项一旦发生争议，应告知通过诉讼等其他途径解决，公证自身不宜介入解决纠纷，否则与"无争议"之制度本质不相符合。持这一观点者亦不乏其人，对于因公证事项发生纠纷的当事人的调解请求，一般采取消极态度不愿给自己"找麻烦"，而多作"不予受理"处理，并告知当事人通过诉讼、仲裁等途径解决。

2. 在公证调解程序的启动方面。公证调解与其他的调解一样，均是应当事者的请求而启动调解程序的，具有被动性。但在公证实践中，受公证市场化改革所倡导的"开拓证源、延伸服务"的影响，公证机构和公证员往往将《公证程序规则》的规定置之不顾，视实际情况而自行决定启动公证调解程序，这种积极主动性同样表现出了两种不同的行为偏向：一是在证前介入调解，即把公证调解作为挖掘和开拓证源的一种方式，向证前延伸，积极地寻找纠纷，一旦发现存在民事纠纷，便主动介入调解、平息纠纷；一是在证后主动介入，即把公证调解视为附加服务主动向证后延伸，对于经公证的事项在履行中发生纠纷的，未待当事人申请，便主动介入帮助解决。

3. 公证调解手段单一化，混同于其他调解，无法发挥公证调解的自身优势。由于公证调解立法粗疏，不便操作，许多公证机构或公证员并未予以深究，便想当然地认为应当借鉴其他调解尤其是人民调解的做法，因为人民调解有据可依，毕竟有一部《人民调解法》直接予以规范。因此，在公证调解过程中不自觉地将公证调解混同于人民调解，将人民调解的理念植入公证调解，采取单一化的调解方式，不注意查明事实、分清是非，甚至模糊合法与非法之界限，而主要依靠自身的"半官方"身份、靠个人经验和威信、靠"和稀泥"、"套交情"、"给面子"或者靠简单生硬的"以情代调、以拖促调"来解决问题,要么情感劝服,要么权势压服。这种简单的照搬无疑是对公证调解特殊价值的漠视和放逐。事实上,公证调解作为一种独立存在的调解制度,自身有着诸多特殊属性和天然优势,应优先适用《公证法》和《公证程序规则》的规定,优先考虑其自身可资利用的多重手段。

4.公证调解程序运行不规范。从"申请—形式审查—受理—审查核实—出具公证书"到已经公证的事项"发生纠纷—申请调解—受理调解—达成调解协议—对调解协议重新申办公证、赋予强制执行效力",这是公证调解的完整程序,环环相扣、循序渐进。当然,并非每一件因公证事项所产生的纠纷的调解都必须经历上述完整程序,对于显然无法调解或经调解无法达成协议的情形,公证机构应当及时终止调解,并告知当事人就争议事项依法向人民法院提起民事诉讼或者向仲裁机构申请仲裁。但在公证实践中,公证机构和公证员往往无视上述程序,随意颠倒程序、破坏程序、稀释程序的做法比比皆是,致使有关程序规范形同虚设。如,公证业界开创的"证前公证调解"便是直接对上述程序规定的摈弃;又如,公证机构和公证员基于降低错证率或增加证源等方面的考虑,常常采取各种不正当的方式敦促调解、强行调解,且不尽相应的告知义务,剥夺或变相剥夺当事人的诉权,甚或沦为"诈欺者的帮凶"。

5.对于公证调解过程中所知悉的信息保护不力。无论何种调解结果,未经各方当事人的同意,当事人在调解过程中所披露的信息(包括口头、书面)以及形成的调解协议,都不能在之后的程序(包括诉讼)中被强制开示,作为证据证明案件事实,调解员也不能披露在调解过程中所获得的任何信息。这就是调解的保密性,各国对此均有规定。公证调解也不例外,尽管我国《公证法》规定了保密义务,明确公证机构和公证员不得泄露在执业活动中知悉的国家秘密、商业秘密或者个人隐私。但这一原则性规定在公证调解实务操作中显然没有得到应有的尊重和足够的重视,应诉讼之需,公证员出庭作证、如实反映情况、全面披露信息的现象屡见不鲜。

第二节　公证调解制度存续之必要性

在1990年颁布的《公证程序规则(试行)》首次对公证调解作出明文规定之前，学界对"公证调解"是否有必要存在颇有争议，有学者撰文认为公证机关调解纠纷超越了自己的职权范围，因此调解无效，公证调解缺乏依据、不应存在。① 自《公证程序规则(试行)》颁行以来，关于公证调解是否应当存续便不再成为争议的话题，公证调解不仅得到了立法的明确认可，而且在实践中发挥的作用亦不可小觑。综观公证调解从无到有、从青涩到成熟的发展历程，公证调解越来越彰显其优势与价值，确证其存续之必要性，依笔者浅见，此乃如下多重因素合力使然。

一、与市场经济追求"成本最小化、效益最大化"的目标相契合

市场经济是法治经济，也是信用经济，公证作为与市场经济相伴而生的法律保障制度，自设置之初即被赋予法治与信用的双重特质，集法治手段与信用优势于一身，成为体现法治与信用二元价值的统一体。因此，有市场就有公证，市场生来就离不开公证，它需要公证利用自己的双重特质，宏观调控市场环境，整合竞争秩序，沟通和稳定交易行为，平衡各主体利益关系。众所周知，市场经济最大的特点就是一切要根据经济规律办事，讲求成本最小化和效益最大化，公证既然是应市场之需而设的，那么毫无疑问，理应契合市场经济的这一需要，自觉追求成本最小化和效益最大化。进一步追问，公证如何在实践运行中为市场经济保驾护航，做到"成本最小化"和"效益最大化"？

1. 在纠纷发生之前，事前预防纠纷显然比事后解决纠纷成本小、效益大，而公证制度设立的目的就是"预防纠纷、减少诉讼"。一般情况下，市场交易之博弈心理使得理性的市场主体宁愿选择"先小人，后君子"，"防患于未然"，因此，"低成本、高效率"的事前预防手段，自然成为理性的市场主体的首选。然构成事前预防的诸多法治手段，倘若仅依靠当事者自力为之，恐难胜任。故而国家创设公证制度，将其作为公力救济措施之典型代表纳入事前预防救济体系，既能够使得事前预防救济体系本身由于添加了"公"力救济方式而更显充

---

① 戴树成、邢威:《公证机关调解解决经济纠纷问题的探讨——与张旭生同志商榷》，载《政治与法律》1988年第3期。

实和完善,又能够现实地弥补私力救济的天然弱势和局限性,使得受公证救济者得以更加从容地应对市场风险。为此,有必要将公证与其他事前救济手段区别开来,并通过法律规定,特意赋予公证以特殊的、强势的效力,突出和强调公证与众不同的特质,使之成为最为典型、最为有效也最具优势的事前救济手段:首先,得使公证以其"公"之属性,强势地补救私力救济手段所不达;其次,得使公证发挥作用的范围大大拓展,甚至超越一国法域之限制,在国际上畅通无阻,为其他任何公力救济手段所不及;再次,得使公证始终居于公正、中立之立场,并作为公力救济方式随时应市场之需于事前介入,以专业法律弥补当事人知识经验之欠缺,避免当事人考虑不周,规范当事人市场行为,平衡当事人各方利益,并引导他们事先约法三章,预防纠纷、消除隐患、减少风险;最后,得使公证本身受"依法"、"客观"、"公正"等原则之约束,防止滥用公证职权,确保公证文书符合真实性、合法性标准,真正成为"预防纠纷、减少诉讼"之有力屏障。这样,就能够使公证拥有与生俱来之优势,占居于所有事前预防手段之首。

2.在纠纷发生之后,以最快速、便捷的方式——公证调解介入纠纷的解决,符合"成本最小化和效益最大化"的要求。虽然公证作为事前预防纠纷手段之首具有诸多不可替代的优势,但是,在实践中,经过公证的事项仍然不可避免因各种主、客观因素在履行过程中发生纠纷。而公证事项一旦在履行中出现纠纷的苗头,当事人即可申请由原出具公证书的公证机构介入调解,抓住最佳时机在第一时间内着手解决纠纷,将纠纷消弭于萌芽状态。而由于该公证处对于原当事人的情况、公证的内容、有关事实和法律以及纠纷的缘起知根知底,可利用现成的书面证据材料分清责任、明辨是非,并容易找到纠纷的症结所在,因而具有极好的调解基础,也便于公证职能作用的再度发挥。而且,"公证调解比正常诉讼节省时间,节省资金,程序简单,便利群众,同时也不需要诉讼代理人。这种非诉讼调解能够减少人民法院的压力,有利于保证公证文书的证据效力,有利于社会治安的综合治理,有利于促进社会安定团结[①]"。因此,公证调解制度不啻是实现"解纷成本最小化"、"社会效益最大化"的典型代表。

二、与"权利本位"、"意思自治"之私法精神相契合

私权本位与意思自治原则是对一般民事法律规则的高度概括,反映了商

[①] 徐洁、查天明:《非讼调解之公证调解初探》,载《中国司法》2011年第2期。

品经济的客观要求,构成了私法自治理论的核心内容。这一原则的实质,是对民事主体的独立意志在民事活动中的支配地位的一种法律确认。也就是说,任何私法关系的形成、变更和终止都是个人意思自主、自愿选择的结果,法律的作用不过是确认私权并保护私权的实现,因此,法律应当给个人意思自主留下广泛的活动余地,尽量避免对个人意思自主的限制和干预。公证作为为私法活动提供法律保障的非诉制度,服务对象的私法性质决定了公证必须贯彻"权利本位"、"意思自治"之基本原则。自然,这一原则同样应贯穿于公证调解活动的始终。在公证调解的过程中,处处体现了对"私权本位"、"意思自治"的尊重——是否申请公证调解,是否自愿达成协议,达成何种协议,达成协议后是否申请公证,是否自愿接受强制执行并由公证机构按照规定条件审查后依法赋予强制执行效力,全凭当事人自主决定,公证机构只是在明晰法理、释疑解惑、晓以利弊的基础上力促当事人自觉妥协退让、自愿达成协议,并不能无视当事人意愿强行调解或越俎代庖、代替当事人作出决定。

三、构建和完善多元化纠纷解决机制的需要

随着我国社会主义市场经济的深入发展,整个社会也不断发生转型和变迁。市场主体的多阶层、多元化,竞争方式的复杂化、多样化和主体利益需求的个性化、多重化,导致社会生活中矛盾和纠纷同样呈现出复杂多样的形态,这也就决定了解决纠纷方式的多元化发展。"面对不断变迁的社会和日益多元的利益需求及其冲突,为了保障民众'接近正义'(access to justice)的权利,各国无不尝试建立一个包括协商、调解、仲裁、诉讼等方式在内的、能够满足社会主体多样化需求的程序体系和动态调整系统,即多元化的纠纷解决机制。"① 况且当前,在我国的法治体系中,司法作为保障社会正义的最后一道防线,自身也陷入了难以调和的困境,即:随着公民法治意识的增强,现代社会纠纷与日俱增,诉讼机制的功能性障碍开始显得愈加突出,社会对法治需求的增加与现存体制中司法资源的匮乏成为现实的矛盾。正因为如此,传统的通过发动各种社会力量共同致力于解决纠纷的和解、调解等替代性纠纷解决机制得以复兴,重获新生,并备受青睐和推崇。鉴于此,我们有必要重新认知和解、调解、仲裁等诉讼外的纠纷解决途径,通过对其进行技术性改造,增进其解决纠纷的能量,以实现诉讼外纠纷解决机制与诉讼的制度对接和功能互补。公证调解应势而生,并因具备"低成本、高效率"的解纷优势,不仅丰富了传统调

---

① 齐树洁:《民事诉讼法》,中国人民大学出版社2010年第2版,第7页。

解的类型,拓宽了民事纠纷的解决渠道,而且在事实上分流了诉讼案件,减轻了诉讼压力,节约了司法资源。故而从某种意义上可以说,公证亦为解决纠纷的有效手段之一,在多元化的纠纷解决机制中占有至关重要的地位,理应成为ADR不可或缺的组成部分,正因为如此,有学者主张将公证归入广义ADR的范畴。①

四、与国际接轨的要求

经济的全球化发展,国际交流的日益频繁,使得不同法系之间、不同国家之间的法律交往也日益密切,各国法治的发展呈现出加强比较、相互借鉴、逐渐靠拢的趋势,这对我国的法治建设也提出了新的要求,尤其在我国加入WTO之后,更应该用国际视野来审视自身法治体系的健全与完善,增强我国法治体系的开放性、前瞻性、协调性,实现法治领域的一体化和国际对接。因此,在我国当前依法治国、构建法治国家的政治语境中,对于法治领域的世界性命题如ADR等给予必要的关注,移植各国ADR的既有研究成果并将其本土化,既是适应时代的需要,也是我国法治科学发展、可持续发展的必由之路。尤其是公证,与生俱来即具有"国际性"、"跨域性"之特质,一向是国与国之间交往的当然媒介,更应与国际接轨,做到"国际化"与"本土化"相结合,张弛有度,根据各国外交政策变化、紧随国际形势需要进行自我调整、革新,始终保持本国与外国法治层面交往的畅通无阻。以大陆法系公证制度发育最为典型和成熟的法国为例,2000年我国曾以法国为蓝本试行公证体制改革,事实证明,不顾本国国情盲目照搬法国的公证体制模式并非明智之举,其流弊丛生,至今未能肃清。就公证调解而言,法国公证调解与我国大相径庭。在法国,公证调解是公证人的法定职责,公证人本身即当然地被视为调解人,"公证人基于其能力、地位、道德和职业水平,最适合做'可信赖的第三方'。他承担调解人的角色,在对立利益之间找到平衡的解决方法,并保证其法律上的效力"②。同时,法国公证调解并无太多条件限制,适用的范围与程度大大超出我国,"公证人在制作文书时,除对当事人想要进行的事务本身在法律技巧方面负有提供判断和建议的义务外,还应当对该项事务的适宜性和道德性提出意见。这些要求,早就顺理成章地包含在公证的调解职能中,如同里亚尔委员国务委员在

---

① 范愉:《非诉讼程序(ADR)教程》,中国人民大学出版社2002年版,第292页。
② [法]巴彭:《公证人在不动产所有权转让中的作用》,http://www.cnfrnotaire.org/Article.List5.asp?id=679,下载日期:2011年12月29日。

赞扬公证人应当是无私的、公正的顾问时所谈到的。他应当在一定程度上对要处理的事务作出评价;他应当在工作的过程中,努力平息冲动,保证家庭的和睦,使强者不恃强凌弱。有时,人们称他是'主持和解的法官',更或'契约的仲裁员'"①。当前,在我国学界热议的 ADR 课题中,尽管传统的"调解热"有所回潮,但其中公证调解暂未被纳入学术视野并作专题研究。因此,是否有必要适应国际接轨之需,借鉴法国公证调解制度的设计与安排,增强我国公证调解适用力度,弱化其适用条件限制,扩充和拓展其适用范围,是值得慎重思考的问题。

五、乃公证自身改革、发展的要求

在我国,公证制度重建伊始,置身于计划经济的大潮中,公证事项单一,公证应有的多元职能得不到充分发挥和施展的空间。改革开放,唤醒和催生了社会主义市场经济,也带来了公证全新发展的契机。按照党的十四届三中全会关于"发展和规范市场中介组织,严格资格认定,发挥好服务、沟通、公证、监督作用"的精神,国务院于 2000 年 7 月批准司法部发布了《关于深化公证工作改革的方案》(以下简称《方案》)。《方案》规定:"……尽快建立健全适应社会主义市场经济要求的公证制度,充分发挥公证机构的服务、沟通、公证、监督作用,把我国的公证事业推向一个新的发展阶段。"一般而言,公证机构业务范围是公证机构根据法律法规规定和公证机构的职责权限可以办理的公证法律事务,包括公证证明业务和与证明活动有关的法律事务(非证明业务)。上述"服务"一语,即特指非证明业务,即公证证明业务以外的其他公证法律事务,且"服务"之语义本身是动态的、可变更的,它经历了一个不断健全、完善的发展过程。从公证的发展史可以看出,随着对公证的证外"服务"内涵理解的不断深化,"服务"不断向证前、证后延伸,"服务"的内容也不断丰富、充实。1982年发布的《公证暂行条例》并未区别证明业务与非证明业务,将公证机构的业务范围统一规定于第 4 条中,就属于非证明业务的"服务"而言,仅列举了保管、代书两项内容。1990 年颁布的《公证程序规则(试行)》以分散的形式规定了翻译、代办认证、提存、调解等非证明业务的服务事项。适应公证改革于 2002 年出台的《公证程序规则》,同样以分散的法条规定了包括翻译、代办认证、提存、调解等在内的非证明业务的服务范畴,只是对个别内容作了一定的

---

① [法]让·吕克·奥贝赫著:《公证人之民事责任》,唐觉、施晓桦译,2002 年(尚未出版),第 12 页。

调整。2005年《公证法》颁布,首次在法律上将公证业务划分为公证证明业务和非证明业务(其他公证事务),并分别在第11条和第12条作了明确规定。"其他公证事务"包括登记、提存、保管、代书、咨询五项。此后,2006年颁布的新《公证程序规则》又对此作了补充,在进一步细化登记、提存、保管、代书、咨询事务的同时,还规定了翻译、代办认证、调解、法律援助等其他公证事务,一并作为公证机构提供非证明业务服务的内容。当然,公证调解作为公证机构的"延伸"性服务内容之一,自身也在公证立法规范的更迭中不断完善,从"应当"到"可以"的用语调整,实际上隐含了公证服务理念和服务意识上的重大转变,喻示了对"私权本位"的深层关怀,表达了对"意思自治"的真正尊重。

第三节　公证调解规范化之路径

诚如前文所析,既然公证调解制度乃适应时势而生,就有存续之必要,只是由于其制度价值目前尚未被社会普遍认知,亦未引起学界足够关注,在理论研究、实务拓展和规范建设等方面仍然存在许多不足,这在一定程度上影响了制度应然价值的发挥。那么,今后即可考虑采取必要措施细化和优化公证调解制度,使之步入规范化运作轨道,充分挖掘其潜能全面施展其作用。

(一)概念梳理——公证调解认知之规范化

1.公证调解之界定

关于公证调解的界定,颇多歧见前文已有述及,笔者认为,上述广义论不仅存在逻辑方面的自相矛盾,而且可能导致误入"泛调解论"之歧途,从而任意扩大公证调解的适用范围。因为按照广义论之观点,公证调解包括证前调解和证后调解,证前调解是指当事人之间在公证未介入之前发生的矛盾,出于对公证处的信任,而邀请公证员主持调解。但是,根据《公证程序规则》第9条的规定,公证当事人是指与公证事项有利害关系并以自己的名义向公证机构提出公证申请,在公证活动中享有权利和承担义务的自然人、法人或者其他组织。那么,在公证未介入之前即发生纠纷者就根本谈不上是"当事人",更遑论以"当事人"之名义来界定证前调解。何况《公证程序规则》第56条已就公证调解作了明确定义,我们不能无视公证程序规范,随意扩大解释,滥用公证调解制度。因此,公证调解应仅指经公证的事项在履行过程中发生争议的,出具公证书的公证机构可以应当事人的请求进行调解。

2.公证调解的内涵

(1)公证调解的主体

任何调解都涉及两方主体：主持调解的主体和接受调解的主体。公证调解也不例外，同样牵涉两方主体。

①调解活动的主持者，即公证机构。公证调解活动的主持者是特定的，是原出具公证书的公证机构实施的调解：其一，公证调解必须由公证机构和公证员主持，才谈得上进行公证调解。由于公证机构是依法设立，不以营利为目的，依法独立行使公证职能、承担民事责任的证明机构，这一法律定位使得公证机构在调解活动中能够作为独具独立性和中立性的第三方，公正公平、不偏不倚地对当事人之间的纠纷进行调解。其二，鉴于公证调解是对已经公证的事项在履行过程中发生的争议所进行的调解，而原公证机构对于原公证事项的来龙去脉最为了解，所留存的原始证据材料最为完整，分析产生纠纷的症结也更具优势，因此，更容易也更有把握进行调解，调解的成功几率也较高。①其三，个案公证调解的具体实施者——公证员，是否必须是公证事项的原承办公证员？立法并不明确。根据有关释义，"公证机构进行公证调解，必须由本机构的公证员亲自主持，并在公证员的引导和协调下，达成和解协议"②，该法条仍未明确调解人员的选择条件。笔者认为，与上述同理，由于原承办公证员对于公证事项产生纠纷之始末最为了解，能够准确把握当事人争议的焦点，调解起来更加便捷也更具成效，而且，原承办公证员也可以借助调解之机对自己办理的公证案件进行重新检视、补缺堵漏、防微杜渐，有利于总结经验教训，提升业务水平和防范纠纷的能力。因此，原则上似应由原公证事项承办者进行调解为宜。实务中，一般依当事人意思自治，自主决定由原承办公证员进行调解或另行选择由本公证处其他公证员进行调解。

②公证调解的申请人，即原公证事项的公证当事人。如前所述，公证当事人是指与公证事项有利害关系并以自己的名义向公证机构提出公证申请，在公证活动中享有权利和承担义务的自然人、法人或者其他组织。作为公证调解申请主体的公证当事人是特定的，特指与已经公证的事项有利害关系并就该公证事项发生争议的当事人或利害关系人。

(2)公证调解的对象

---

① 乔永茂、詹爱萍：《公证调解在构建我国ADR体系中的比较优势(上)》，载《中国公证》2010年第11期。

② 赵大程：《公证程序规则释义》，法律出版社2006年版，第157页。

从公证调解的概念可以看出，公证调解的对象仅指已经经过公证的事项在履行过程中发生纠纷的情形。实务中，公证事项纷繁复杂、类型丰富，那么，是否所有经过公证的事项在履行中所发生的争议，均可付诸公证调解呢？

根据《公证法》关于公证的定义和公证业务范围的规定，公证法律服务的对象包括：①公证证明事项，即民事法律行为、有法律意义的事实和文书的真实性、合法性。主要有：合同；继承；委托、声明、赠与、遗嘱；财产分割；招标投标、拍卖；婚姻状况、亲属关系、收养关系；出生、生存、死亡、身份、经历、学历、学位、职务、职称、有无违法犯罪记录；公司章程；保全证据；文书上的签名、印鉴、日期，文书的副本、影印本与原本相符；自然人、法人或者其他组织自愿申请办理的其他公证事项；法律、行政法规规定应当公证的事项，有关自然人、法人或者其他组织应当向公证机构申请办理公证。②其他公证事务。法律、行政法规规定由公证机构登记的事务；提存；保管遗嘱、遗产或者其他与公证事项有关的财产、物品、文书；代写与公证事项有关的法律事务文书；提供公证法律咨询。

那么，公证调解的对象是包括上述所有的公证证明事项和其他公证事务，还是仅涵盖公证证明事项，抑或只是局限于其中个别公证证明事项？立法并未予以明确，公证业界则有不同的看法，主流观点认为，公证调解的对象仅限于民事法律行为。笔者认为，这一观点有失偏颇，它将公证调解的对象仅框定于"公证证明事项"中的"民事法律行为"，而忽视了"其他公证事务"中若干公证事务亦可纳入调解范围。我们知道，调解介入的根本前提是存在争议，没有争议调解也就成了无本之木、无源之水，而有争议就必须有利益相抵牾的双方或多方当事人或利害关系人，且所争议的事项必须具有可调解性，是可以由双方或多方主体在主观意愿上通过互谅互让、妥协退让、达成协议的方式予以磋商解决的。公证调解也一样，作为公证调解的对象同样要具备这样的前提条件。就上述公证证明事项而言，虽然，《公证程序规则》第56条明确了出具公证书的公证机构的调解职能，未对有法律意义的事实和文书予以排除，但是，"有法律意义的事实和文书，以客观存在为基础，并不以人的意志为转移，在一定程度上也不涉及其他方，因而在公证调解上无适用空间"①。因此，公证证明事项中，事实上唯有"民事法律行为"能够满足上述条件，可以成为公证调解的对象。当然，民事法律行为包括单方法律行为和双方（多方）法律行为，前者

---

① 胡光林：《论公证调解制度的完善》，2010年安徽大学硕士学位论文。

如遗嘱、委托、声明等,后者如合同协议、共同继承、财产分割、招标投标等,因这类公证事项发生的纠纷,公证机构可应当事人和相关利害关系人的请求介入调解。就其他公证事务而言,公证登记事务、公证提存、公证保管物品或文书等,均可能关涉他方当事人或潜在利害关系人的利益,存在利益冲突、发生纠纷之虞,并可借助公证调解方式予以解决,因而此等公证事务亦可纳入公证调解对象之范畴。

(3)公证调解的内容

公证调解的内容究竟是公证书的内容,还是作为公证证明对象的法律文书内容即当事人的权利义务关系?

根据《公证法》及《公证程序规则》的规定,当事人、公证事项的利害关系人认为公证书有错误的,可以向出具该公证书的公证机构提出复查。公证机构进行复查,应当对申请人提出的公证书的错误及其理由进行审查、核实,区别不同情况予以处理:①公证书的内容合法、正确、办理程序无误的,作出维持公证书的处理决定。②公证书的内容合法、正确,仅证词表述或者格式不当的,应当收回公证书,更正后重新发给当事人;不能收回的,另行出具补正公证书。③公证书的基本内容违法或者与事实不符的,应当作出撤销公证书的处理决定。④公证书的部分内容违法或者与事实不符的,可以出具补正公证书,撤销对违法或者与事实不符部分的证明内容;也可以收回公证书,对违法或者与事实不符的部分进行删除、更正后,重新发给当事人。⑤公证书的内容合法、正确,但在办理过程中有违反程序规定、缺乏必要手续的情形,应当补办缺漏的程序和手续;无法补办或者严重违反公证程序的,应当撤销公证书。如果公证事项的利害关系人对公证机构作出的撤销或者不予撤销公证书的决定有异议,可以向地方公证协会投诉,由地方公证协会处理。当然,除了向出具公证书的公证机构提出复查、向地方公证协会投诉之外,当事人、公证事项的利害关系人对公证书的内容有争议的,还可以就该争议向人民法院提起民事诉讼。由此看来,当事人、公证事项的利害关系人如对公证机构出具的公证书本身的内容存在异议,作为争议一方的公证机构自然无法以"中立第三方"的身份就争议事项进行调解,该争议应由当事人、利害关系人和公证机构以外的第三方进行调解解决,即该种情形应属于行业协会调解或诉讼调解的范围。换言之,只有当事人之间或者当事人与利害关系人之间发生争议,也就是作为公证证明对象的法律文书内容即当事人的权利义务关系产生冲突,对该法律关系进行公证的公证机构方才得以超然的"中立第三方"的身份对存在于当事人之间或当事人与利害关系人之间的权利义务纠纷进行调解。因此,公证调解的内容应当是并且只能是作为公证证明对象的法律文书内容即当事人的权利义务关系。以合同为例,甲与乙之间签订的买卖合同经公证后,在履行过程中发生争议,此时是否适用公证调解应区别不同情况进行处理:如果甲、乙一方或双方对公证书内容提出异议,要求复查并撤销公证书,而公证处经复查认为甲、乙双方在签订合同办理公证时意思表示真实,所出具的公证书内容合法、正确、办理程序无误的,决定不予撤销公证书,甲、乙双方对此处理决定有异议,则可向地方公证协会投诉或通过诉讼方式解决;如果是甲与乙之间因原签订的买卖合同中所涉及的权利义务关系不明确或一方违约而导致争议,则出具公证书的公证机构可应甲、乙一方或双方的请求对该争议进行调解,促使双方达成新的协议,进一步明确双方的权利义务关系。简言之,对该买卖合同的真实性、合法性进行公证的公证书不能成为公证调解的内容,作为公证调解内容的只能是甲、乙之间签订的买卖合同。

3.公证调解的性质

关于公证调解的性质,理论界与实务界亦有不同的认知,概括起来主要有以下三种观点:第一种,认为公证调解是从公证制度中派生出来的一种调解活动,属于民间调解的范畴,①在法理上适用民间调解的相关规定②。第二种,认为公证调解的性质为证后服务,"公证调解不是公证机构的专项职能,它是公证机构在办理公证之后,对已公证的事项发生的纠纷应当事人的请求进行的一种法律服务,是公证法律服务工作的一种延伸"③。第三种,认为公证调解具有非强制性,公证机构开展的公证调解既属于广义上的人民调解的范畴,又是公证法律服务的证后延伸。"公证证明是公证机构的主要业务,公证程序往往基于公证证明的结束而终结,严格地说,公证机构向当事人出具公证书就意味着其职责已履行完毕,公证调解却发生在公证程序终结之后,其并非公证程序的组成部分,而是公证法律服务的延伸,是公证机构提供的一种'售后服务',这往往是基于当事人的信任以及深化公证法律服务的需要"④。

笔者认为,出证后的公证调解与民间调解有着本质的区别。民间调解是民间人士或者群众性社会组织设立的调解机构对公民的人身权利、财产权益纠纷进行的调解,在我国,最为典型的是人民调解委员会的调解(简称人民调

---

① 关今华:《律师与公证》,厦门大学出版社2007年版,第18页。
② 胡光林:《论公证调解制度的完善》,2010年安徽大学硕士学位论文。
③ 马维克:《对公证调解的法律认识》,载《中国公证》2008年第5期。
④ 王喜凤:《让公证调解发挥更大作用》,载《中国公证》2007年第8期。

解),它是指人民调解委员会通过说服、疏导等方法,促使当事人在平等协商的基础上自愿达成调解协议,解决民间纠纷的活动。公证调解与民间调解性质迥然有别,不可混同:(1)调解职责不同。调解民间纠纷是法律赋予人民调解委员会的专项工作,而公证调解并非公证机构的专项职能,它是公证机构在办理公证之后,对已公证的事项发生的纠纷应当事人的请求所进行的一种附带的法律服务,具有附属性、依附性。(2)主持调解的主体不同。人民调解委员会是依法设立的调解民间纠纷的群众性组织,人民调解对于调解员基本上没有资格限制,只要公道正派、热心调解工作并具有一定的文化水平、政策水平和法律知识即可。公证调解则不同,主持调解的公证处是专门的国家证明机构,依法独立行使公证职能,承担民事责任,公证员应当是通过国家司法考试、具有一定法律职业经历并经考核合格的专门从事公证业务的执业人员。(3)调解对象不同。人民调解的对象是"民间纠纷",在纠纷的性质范围上没有特别的限制,而公证调解的对象则仅限于已公证的事项在履行中发生的纠纷。(4)调解程序不同。人民调解程序的启动具有一定的主动性,当事人可以向人民调解委员会申请调解,人民调解委员会也可以主动调解,且整个调解程序较为随意、自由。而由于公证以"预防纠纷、减少诉讼"为本,解决纠纷并非其要务,这决定了公证调解具有被动性,非经当事人申请不得主动介入调解解决证后发生的纠纷。且公证调解受《公证程序规则》的约束,基本程序具有规范性,不得随意改变。(5)调解方式不同。人民调解主要侧重于情感劝服、心理疏导,以此促成纠纷各方达成调解协议;公证调解则需要依法进行,在调解中可运用保全证据、提存等法律赋予公证的诸多特殊手段促进调解的进程,并需强调所达成的调解协议的真实性、合法性。(6)调解效力不同。经人民调解委员会调解达成的调解协议,仅具有一般民事合同的法律约束力,有赖于当事人自觉依约履行,只有经双方当事人共同向人民法院申请司法确认后,方才具有强制执行力。而公证调解则不同,经调解后当事人达成新协议的,公证处可根据当事人的申请办理公证,则经公证的调解协议具有法定的公证效力,如果新达成的协议符合规定条件且当事人同意载明强制执行条款的,公证处还可依法赋予强制执行效力。(7)调解收费不同。根据《人民调解法》的规定,人民调解委员会调解民间纠纷,不收取任何费用。而公证调解则涉及一定的费用,尽管公证机构不另行收取调解费用,但对于经调解达成调解协议并办理公证的,则当事人应当按照规定支付公证费。(8)调解人所承担的法律责任不同。人民调解中如因调解员过错导致当事人损失的,并不承担赔偿责任。而公证调解则不同,公证机构及其公证员因过错给当事人、公证事项的利害关系人造成损失的,由公证机构承担相应的赔偿责任;公证机构赔偿后,可以向有故意或者重大过失的公证员追偿。

通过比较可以看出,公证调解与民间调解有着天壤之别,基本不存在类同之处,公证调解的制度特性亦在客观上决定了其根本无法适用《人民调解法》的规定对公证事项之争议进行调解,因而不能武断地、想当然地将其归类于民间调解之范畴。事实上,公证调解在性质上依附于公证制度本身,更宜定位于"公证法律服务的证后延伸",即公证制度归属于何种定性,公证调解亦从之。我国公证发展之历程表明,传统的公证归位于国家的"准司法证明制度",公证调解亦具"准司法"性质、应归类于"准司法调解"当属无疑。然自2000年公证推行体制改革以来,情况变得异常复杂,定性问题甚为敏感而微妙,各界对此观点纷呈、颇多歧见。业界期待《公证法》给予明确的答案,但正式出台的《公证法》对此三缄其口、避而不提,颇令人费解。故而,公证定性问题一时难以统一定论,至今悬而未决、尚不明确,各地公证机构亦各自为政、自成一体、混乱不堪,此等情形在我国颇具特殊性和戏剧性。尽管公证尚未统一定性,但并不影响对公证调解这一具体制度的价值探讨。单就这一点而言,公证调解即与众不同、颇具个性,它不仅与民间调解,更与行政调解、仲裁调解、诉讼调解等不可同日而语,更确切地说,公证调解应该是与民间调解、行政调解、仲裁调解、诉讼调解等相并列的一种特殊类型的调解制度,彼此之间互动对接、相辅相成、互依共存。

4.公证调解的特征

(1)特定性

①公证调解主体的特定性:主持调解的主体是特定的,仅限于原出具公证书的公证机构,如果因公证事项发生的纠纷由其他机构进行调解,自然不属于公证调解;申请调解的主体是特定的,仅限于原公证事项的当事人或与该公证事项有关的利害关系人,如果申请人并非因公证事项发生纠纷的当事人或利害关系人,即便自愿请求公证机构介入调解,公证调解亦于法无据。

②公证调解对象的特定性,仅指经过公证的事项在履行过程中发生纠纷的情形,前文对此已有论及,此处不再赘述。公证调解既为"证后服务",未办理公证,缺乏"证后"要件,自然不得进行调解服务。也就是说,作为公证调解对象的争议事项必须满足一个前提要件——其在发生争议之前必须办理过公证,经历过一个完整的前置性的公证程序,并且公证处为其出具了真实、合法、有效的公证书,只是因所办理的公证事项在履行过程中发生了纠纷,当事人自愿请求通过公证调解予以解决。如下图所示:

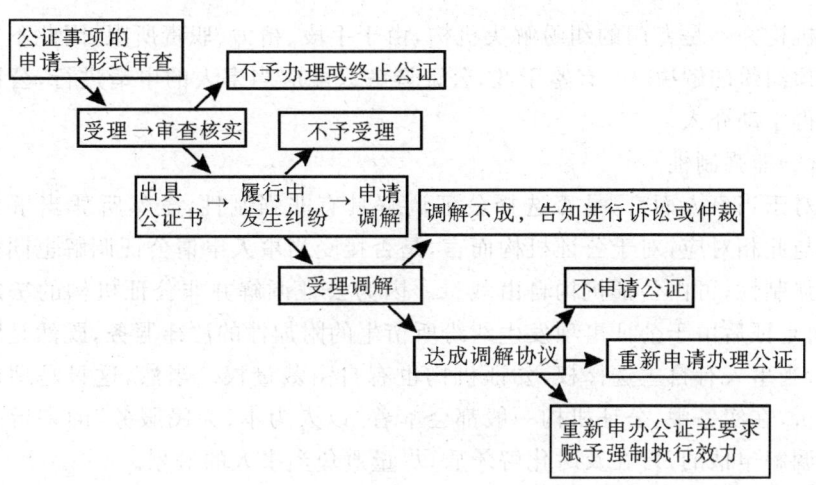

如果当事人没有在公证机构办理公证事项,虽然产生了纠纷,也不属于公证调解的范畴。

③公证调解效力的特定性。根据《公证程序规则》的规定,公证调解的效力视公证调解结果的不同而有差别:第一,经公证调解,当事人达成协议,但不对调解协议申请公证的,该协议仅具有一般民事合同的效力,对当事人双方均产生法律上的约束力,但不具有当然的公证效力。第二,经公证调解达成协议,当事人重新申请对新协议进行公证,公证机构经审查符合条件并出具公证书的,该调解协议方才具有公证所具备的法定效力。第三,经公证调解达成协议,当事人重新申请对新协议进行公证,并同意接受强制执行的,公证机构可依法对符合规定条件的债权文书赋予强制执行效力。第四,公证调解不成的,公证机构应当告知当事人就争议事项可依法向人民法院提起民事诉讼或者向仲裁机构申请仲裁。

(2)被动性

一般来说,调解程序的启动有两种:一是有关部门依职权启动,具有主动性;一是依当事人的申请启动,具有被动性。公证调解程序的启动属于后者,主要原因有三:①公证事项的民事性质决定了该民事争议的解决同样应遵循"权利本位"、"意思自治"原则,宜由当事人自主决定、自行选择是否通过公证调解方式解决因公证事项所产生的纠纷。②在我国,公证制度采取"自愿公证"和"法定公证"相结合的程序启动方式,以自愿公证为原则,以法定强制公证为例外。作为公证制度组成部分的公证调解,自然不能例外,同样也要遵从这一要义,以当事人自愿申请调解为基本原则。③公证是一种非诉性、预防性的公力证明制度,以"预防纠纷、减少诉讼"为本职,一般不介入纠纷的解决。

公证机构并不是专门的纠纷解决机构,由于手段、精力、职责所限,因此不宜主动干预纠纷的解决。① 有鉴于此,公证调解只能应当事人的申请进行,公证机构不得主动介入。

(3)非强制性

对于当事人而言,是否选择公证调解具有非强制性,全然听凭当事人意愿。与此相对应,对于公证机构而言,是否接受当事人申请公证调解也同样不具有强制性,可由公证机构自由裁量。因为公证调解并非公证机构的法定职能,而是证后由于公证事项发生纠纷所衍生的附加性的法律服务,既然是附加性的,当事人有自主选择权,公证机构也有自由裁量权。当然,这只是理论上的分析,在实务中,公证机构一般都会本着"以人为本、为民服务"的宗旨受理公证调解申请的,旨在及时化解矛盾,尽量避免当事人的讼累。

(4)依法性

公证调解必须依法进行,不仅程序合法,还要审查实体内容的真实性、合法性。①程序合法。公证调解被置于《公证程序规则》第八章"特别规定"中加以规定。言下之意,公证调解的程序一般依照该"特别规定"进行,"特别规定"中没有规定的,则参照普通的公证程序规定进行。②审查实体内容的真实性、合法性。根据《公证法》的定义,公证是公证机构根据自然人、法人或者其他组织的申请,依照法定程序对民事法律行为、有法律意义事实和文书的真实性、合法性予以证明的活动。公证调解也一样,公证机构需要依法对调解所达成的协议的真实性、合法性予以审查,主要是依照《公证程序规则》第五章"审查"和第六章"出具公证书"的规定以及不同公证事项所涉及的相关实体法规定,对经公证调解达成的协议进行形式和内容的全面审查。

5. 公证调解的基本原则

公证调解作为一种非诉调解机制,与人民法院进行的诉讼调解相比,除了同样适用自愿原则、查明事实分清是非原则、合法原则之外,还应遵循公证调解所特有的如下基本原则:

(1)依法、客观、公正、保密的原则

《公证法》第 3 条和第 13 条规定,公证机构办理公证,应当遵守法律,坚持客观、公正的原则,不得泄露在执业活动中知悉的国家秘密、商业秘密或者个人隐私。可见,依法、客观、公正、保密是公证机构办理公证的原则,公证调解

---

① 王喜凤:《让公证调解发挥更大作用》,载《中国公证》2007 年第 8 期。

第六章 公证调解之规范化研究

依附于公证业务而存在,它是对原已公证的法律关系进行依法协调、调解,对新的待公证的法律关系的真实性、合法性进行审查、证明,它作为连接原公证事项和新公证事项的中间环节,是附属于公证业务的"衍生物",无疑也随同所依附的主公证业务适用"依法、客观、公正、保密"之原则。这就是说,公证机构调解纠纷,与人民法院进行的诉讼调解一样,应当在查明事实、分清责任的基础上,以客观中立、不偏不倚的立场运用法、情、理结合的方式引导各方当事人进行友好协商,相互妥协让步,平衡权利义务,寻求双方都愿意接受的纠纷解决途径和结果。调解活动应依法进行,遵从公证程序规范,当调则调,不能强制调解或久调不决,调解过程应充分尊重当事人的处分权,在法律允许的范围内,由纠纷当事人自己决定是否达成协议以及达成何种内容的协议。调解协议不得违反国家法律、法规的规定,不得损害国家、集体、第三人的合法权益,必须体现公平、公正。同时,对于公证调解中所知悉的国家秘密、商业秘密或者个人隐私,公证机构及公证员有义务保密,不得泄露。

(2)以公证书为依据原则

公证书是公证机构代表国家出具的具有法定效力的法律文书,出证之前承办公证员已对有关当事人和公证事项依法进行了审查核实,一般能够确保所证明事项的真实性、合法性。如前所述,公证调解的对象仅限于已经经过公证的事项在履行过程中发生纠纷的情形。在该种纠纷情形下,当事人或利害关系人并非对公证机构出具的公证书发生异议,而是对作为公证书证明对象的法律文书中所涉及的权利义务内容发生争议。也就是说,在公证调解中,原公证机构所出具的公证书仍是真实、合法、有效的,相关当事人或利害关系人对此并无异议,只是因作为公证书证明对象的法律文书中所载明的相关权利义务内容不明确或者一方当事人违约等原因,导致当事人或利害关系人就履行该法律文书问题产生争议。因此,当公证后有关当事人就公证事项发生纠纷并申请公证调解时,主持调解的公证员应将原公证书作为调解的主要依据。"调解中,如发现有关当事人没有任何正当理由拒绝执行公证文书有关规定,应当对其进行批评教育,促使其按公证文书办事。如发现纠纷确系因法律的修改政策的变化客观情况与公证时有矛盾而产生的,应建议当事人在原公证文书的基础上,对内容适当调整,但绝不能为了图省事,随意否定原公证文书。"①

（3）尊重当事人诉权原则

"公证法律服务，建立在公证与当事人之间的双方信任的基础上，当事人请求公证最本质的目的旨在通过公证人所掌握的法律知识、技能和能力，使双方合意的契约、文书合法化，从而取得证明效力。"②因此，公证调解，应依法进行，既不能毫无原则的迁就，也不能不讲效率的"和稀泥"，倘若在调解过程中发现当事人并无调解诚意或根本调解不成的，公证机构就不应继续以情代调、以拖促调，否则有悖公证调解的立法初衷和制度价值，同时亦有变相剥夺当事人诉权之嫌。另外，在公证调解中还必须注意，不得无故限制或阻碍当事人的诉权。公证调解虽是纠纷解决方式之一，但并非诉讼的必经程序，诉权是宪法赋予公民的基本权利，法律保障公民将自己的纠纷诉诸法院请求司法救济的权利，这是公民的基本人权。因此，在公证调解中不得因为涉及公证事项的纠纷未经公证调解或者公证调解不成，而阻止或限制当事人、利害关系人行使诉权，向有关人民法院起诉，而应当充分尊重当事人诉权，并认识到在公证调解过程中，当事人得随时根据自己的意愿中断调解、退出调解程序并转而向人民法院提起诉讼，不必说明任何理由。当然，为保护当事人诉权，公证员在发现公证调解不成时也应及时终止调解并告知当事人就其争议依法向人民法院提起民事诉讼或者向仲裁机构申请仲裁。

（4）一事不再调原则

经公证调解成功的当事人在履行新的协议过程中又产生了新的纠纷，再次向公证机构申请调解的，公证机构应如何处理？如受理，则一调再调，没完没了，未能实现"案结事了"；如不予受理，又恐缺乏充分依据。有业界人士认为："可以借鉴民事诉讼中的'一事不再理'原则，我们也应该坚持'一事不再调'原则。也就是当事人之间达成协议并未申请公证的，当事人在履行协议过程中再次发生纠纷时，公证机构不再予以调解。这是防止民事权利滥用、节约社会资源、保证公证业务健康运转的一项措施。"③笔者赞同这一观点。

（二）拾遗补阙——公证调解立法之规范化

目前专门规定公证调解的法条仅有一条，即《公证程序规则》第56条，该

---

① 景安妮：《浅论公证处的调解》，载《山西省政法管理干部学院学报》2000年第3期。
② 王胜明、段正坤：《中华人民共和国公证法释义》，法律出版社2005年版，第21页。
③ 王喜凤：《让公证调解发挥更大作用》，载《中国公证》2007年第8期。

条没有规定的,则比照适用《公证程序规则》的一般条款。诚如前文所述,公证调解具有诸多特殊性,仅靠单一的法条过于简单、笼统,且公证本身以"预防纠纷、减少诉讼"为主,一般受理的是"无争议"事项,公证程序规则自然偏重于对"非诉性"、"预防性"的程序作出规范,而作为解决纠纷方式的"公证调解"则与为预防纠纷而设的公证一般程序规定有着本质的不同,无法完全参照一般规定进行调解。在实践中,更由于条文的简略、粗疏,各地公证机构对公证调解理解不一,操作不同,效果亦有差异,导致公证调解的实践价值大打折扣。因此,有必要将"预防纠纷"为本的一般公证程序与专门致力于"解决纠纷"的公证调解程序相区别,就专事解决纠纷的"公证调解"程序作专门的细化规定。一方面,借此完善公证调解程序本身的规定,使之具体化、规范化、统一化,使得实践操作程序有法可循、有据可依;另一方面,为将来大调解法的健全、完善奠定基础。

近年来世界性的 ADR 研究热潮的兴起再次将"调解"提上了议事日程。而事实上,我国现有的调解资源并不缺乏,调解力量也相当雄厚,司法调解、行政调解、仲裁调解、社会调解、民间调解等交相迭合、错综复杂,发动和利用了社会各阶层、各行业、各领域的力量,分头进行,齐头并进,使调解业已成为一个系统性的社会综合治理工程。只是直至今日,仍然缺乏一部统一的《调解法》对所有的调解方式进行规范、统合。国务院 1989 年颁布的《人民调解委员会组织条例》、司法部 2002 年颁布的《人民调解工作若干规定》、2011 年 1 月 1 日新实施的《人民调解法》均仅规定了人民调解委员会的调解,它们是以一元化的理念和目标作为立法基础的,因而过多地关注了调解的民间性、自治性,致使在调解组织、调解人员、调解程序、调解协议、调解效力等方面都出现了单一化倾向,这与当前社会转型期多元化、复杂化的纠纷类型对"多元化"纠纷解决机制的需求极不相符。

显而易见,制定一部综合的、统一的《调解法》"对于理顺目前各类调解机构及其功能、建立民间和社会自治性、行政性与司法调解之间的多元化格局是非常必要和重要的"[①]。为了使已成气候的调解在未来能够发展为成熟的社会"大调解"体系,使整个社会调解网络有机化、系统化、科学化、规范化,有学者提出了非常具体的关于《调解法》的立法框架,即"调解法的调整对象必须涵盖目前存在的各种调解,而且要协调、整合它们之间的关系。但司法调解应当

---

① 范愉:《制定调解法的背景及其必要性》,载《中国司法》2005 年第 10 期。

例外,因为《刑事诉讼法》《行政诉讼法》,特别是《民事诉讼法》对相应的调解工作已作了规定,故在调解法中只应进行宏观规范,而不必详细规定。调解工作是做人的思想工作,必须从制度上、程序上认真加以规范,便于操作。调解法应有总则和分则,从不同角度规范调解的原则、制度和程序,建立大调解的社会格局,使调解形成有机的网络,发挥更大作用"。①按照这样的立法思路,《调解法》可对司法调解、行政调解、仲裁调解、社会调解、民间调解等进行区分,形成多元优势互补的"大调解"格局,并将具体的行业调解、专门性调解、邻里调解、家族调解以及人民调解委员会的调解等调解形式分门别类地纳入其中并加以细化规定,明确各类调解的性质、调解方式、基本程序、组织形式、人员素质要求、受理范围、收费方式、调解协议效力及其与其他程序尤其是司法程序的衔接等问题。这样,当事人在需要调解时,可根据自己的意愿选择适用某种具体的调解形式,使整个调解体系更具完整性、包容性和可预见性、可选择性,更显得"众口易调"。就公证调解而言,鉴于目前我国公证的法律定位尚不明确,应将公证调解纳入司法调解还是社会调解范畴还存在争议,但是并不能因此而否认和质疑公证调解本身在调解体系中的地位和价值。笔者认为,可采取权宜之计,暂时先将公证调解单列作为一种特殊的调解方式,纳入大调解法中,与民间调解、行政调解、仲裁调解、社会调解、司法调解等诸多调解方式并列共存,待公证法律定位明确后,视情况直接将其内容进行整合,归入所属大类即可。

(三)矫正偏误——公证调解实务之规范化

1. 公证调解时空的拓展

公证改革呼唤开拓公证法律服务领域,但开拓、延展、创新公证法律服务不能盲目,同样要符合规范化的要求,才能有助于公证行业科学、健康、可持续发展。

(1)公证调解时间的延展——证前调解。前文已言及,公证调解是连接原公证与新公证的中间环节,如此说来,公证调解是"证后调解"似乎只能是相对而言的。事实上,公证调解,对于原公证而言是证后调解,对于新公证而言便是证前调解,基于这种相对性,将公证调解延展至证前似乎并无不可。在实践

---

① 杨荣馨:《构建和谐社会呼唤调解法》,http://www.chinalawedu.com/news/20800/21690/2005/3/li3629455934133500257145_161289.htm,下载日期:2011年7月3日。

中,证前调解取得良好效果的成功案例也屡见报端,也有诸多业界人士认为应然的公证调解包括证前调解。笔者认为,实践先行,理论上也应当有所回应,以适应实践需求并提升理论研究层次。当然,为避免无限扩张和不适当泛化公证调解的适用范围,避免当事人于证前"滥用"公证调解程序权,理论上应当对证前的"公证调解"有所限制,即必须"以办理公证为目的"。因为既然是"证前"的调解,就表明这一调解乃是办理公证的前奏,是公证的前序性附带程序,其目的就是为了"办理公证"而进行调解,否则就根本谈不上"证前"二字。但"以办理公证为目的"这一前提性限制条件毕竟是一个纯粹的主观衡量标准,申请人内心是否"以办理公证为目的"客观上无法通过外在表象予以判断认定。那么实践中应如何操作?个别研究人士对此作了概念框定,即"公证前出现的当事人在申请公证时,就需要公证事项的某一方面尚未取得一致意见,甚至有较大的分歧;或者是公证员在审查中发现了纠纷隐患,双方当事人对修改意见不一致,又希望调解解决的"[①]。笔者认同这样的观点,同时认为,在实践操作中,承办公证机构可比照这一条件进行衡量,并可参照公证受理之程序予以处理。按照《公证法》和《公证程序规则》的规定,公证机构受理公证申请后,应当按照规定向当事人收取公证费。公证办结后,经核定的公证费与预收数额不一致的,应当办理退还或者补收手续。当事人拒绝按照规定支付公证费的,公证机构不予办理公证。就证前公证调解而言,调解申请一经受理,即可依申请人申请调解所针对的公证事项,按照该公证事项的收费标准预交部分或全部公证费,一旦经证前公证调解达成协议而当事人不申请办理公证的,则不予退还所预交的公证费或仅酌情退还部分公证费,以此避免当事人并非"以办理公证为目的"而"滥用"证前公证调解之程序权。

(2)公证调解空间的拓展——在 ODR(在线争端解决方法)中的运用。ODR 与电子商务有关,电子商务是商务活动在因特网上以数字化电子方式完成的一种新型商业模式。现如今,人们对于电子商务显然并不陌生。众所周知,电子商务的运行需要一系列配套制度和体系的支持,而目前,人们普遍接触的辅助技术体系是 CA 认证体系和第三方支付平台,但它们都存在可信度安全性不足、对于纠纷解决无能为力的问题。尤其近年来,电子商务的飞速发展,引发了大量的跨国或跨地区的民商事纠纷,而由于网络环境极大地改变了

[①] 景安妮:《浅论公证处的调解》,载《山西省政法管理干部学院学报》2000 年第 3 期。

交易的方式,使原有的争议解决模式在新形势下遇到诸多困难,也使得一向以方便快捷、成本低廉、无界运作的电子商务面临着严峻的挑战。比如管辖问题,由于网络纠纷往往涉及跨国家、跨地域争议,这使得传统的诉讼解决纠纷方式遇到了管辖方面的瓶颈和障碍:因为传统的法院诉讼正面临着"网络无国界"所带来的前所未有的法理冲击——互联网是一个全球性和开放性的体系,它既是一个信息传输渠道,又是个虚拟的电子空间,这种地域模糊性给国际私法中的管辖权原则及法律适用带来了困惑,至今尚无令人满意的解答,缺乏公认的规则,使在线交易缺乏法律上的可预测性。然而,纠纷既已发生,当需及时化解,新型纠纷则需要新型的应对机制,这就有必要探究和考量诉讼之外的争端解决方式,以提供有效的救济机制。为了适应实践的需要,欧美国家兴起了一种替代性的"在线纠纷解决机制",将 ADR 引入网络空间,解决在线争端,由此产生了在线的 ADR 这种新形式,简称 ODR(Online Dispute Resolution)或 OADR(Online Alternative Dispute Resolution)。ODR 作为 ADR 的发展,是通过互联网技术,运用 ADR 方法解决电子争端的新形式,它对于非电子争端(Offline Dispute)也同样适用。事实上,ODR 是 ADR 在网络空间上的拓展和解决纠纷的分流机制。

电子商务的全球化市场需要同样全球化的 ODR 系统,应该说 ODR 发展空间相当之大。在国外,ODR 已经相当成熟。目前,在笔者视域所及范围内,ODR 的基本形式主要有:①顾客投诉在线服务(online resolution of consumer complaints);②在线谈判(online negotiation/settlement);③在线调解(online mediation);④在线仲裁(online arbitration)。除了这几种主要方式外,还有美国"settle the case"采用的简易陪审团方式(summary jury)、欧洲七国的"which web trade"采用的意见调查服务(ombuds service),当事人可自行选择决定适用某种 ODR 方式。

而我国,目前 ODR 机制的建立还处于十分初级和滞后的状况,运行状况并不理想。至今为止,真正建立网站并运行较好的只有中国在线争议解决中心(ChinaODR)。其中主要原因在于,国外已有的 ODR 网站基本上都采取商业化运作模式,但他们有发达、完善的信用体系和法律机制作保障。而我国迄今为止,仍然处于严重的诚信危机状态,加上网络空间的虚拟性,导致公众对于网络世界普遍不信任,因此,对于运用网络技术"背靠背"地以"看不见"的方式解决纠纷的 ODR 机制也普遍持怀疑态度,一旦发生电子商务纠纷,大家一般都不敢轻易尝试 ODR,担心遭遇二次伤害和损失,而宁愿花费更大的成本,借助现实的、面对面的调解、仲裁、诉讼等方式来解决纠纷。因此,我国的学者们在探讨中国ODR时普遍都建议,应考虑和针对我国国情建立起具有中国特色的ODR机制:即首先由政府主导,先行授权公共职能机构建立起具有公益性和公信力、具有示范性的公共ODR网站,以此来规范ODR的运作,同时培育公众利用ODR的意识,待这样的ODR网站成熟完善,并且被公众所熟知和接纳后,再予以推广,普遍建立起由市场主体进行商业化运作的ODR网站。

依笔者看来,这恰恰是拓展公证调解作用的场域。公证调解作为一种特殊的非诉纠纷解决机制,与其他调解方式以及其他非诉纠纷解决机制相比,集定位上的"公益性、非营利性"与效力上的"跨域性、无国界性"于一身,不仅在公益性和公信力方面有着天然的优势,而且满足了电子商务的开放性、全球化、无界域的需求,这正好全面弥补了电子商务在欠缺可靠性信用度以及无法自行消解纠纷方面的不足,也弥合了传统诉讼地域管辖方面的欠缺,能够实现争议管辖的无障碍。再加上公证长期以来一直开展互联网业务,如网页证据保全、电子邮件保全等等,积累了一定的网络法律服务经验,也有足够的能力应对虚拟空间的法律纠纷并对之进行公证调解。因此,诚如前文所述,ODR既然是ADR在网络空间的拓展和解决纠纷的分流机制,而公证调解理应成为ADR不可或缺的组成部分,那么毫无疑问,公证在ODR体系中同样应当有所作为。有业界人士在研究、探索更为妥善的第三方支付体系的过程中提出,公证可以凭借其自身独有的效力与信用的双重优势来弥补传统支付平台之不足,因此,建议在技术成熟的情况下,可以考虑构建全国公证信息网络综合平台及附属分支平台,充分利用公证的强势效力和信用优势,发挥公证"证明、监督、沟通、服务"等多元功能,以实现传统支付平台所无法达到的"事前预防纠纷—事中跟踪监督—事后定分止争"的效果,这样,既为当前电子商务突破发展瓶颈寻找到一个方向,又为公证业务拓展开辟了崭新的空间。因此,当前,在我国良善之ODR纠纷解决机制尚付阙如、亟待建构健全之情境下,公证存在介入ODR空间的必要性和可能性。这也是一个值得公证全行业关注和研究的崭新课题。

2.建立公证事项的公证调解前置程序

公证是一种国际普遍通行的非诉证明制度。基于各国不同的历史文化、传统习惯、法治背景以及设置公证制度的功能预期,各国公证制度体系的内容与效力并不一致,大体形成了世界两大公证体系——英美法系国家的公证体系和以大陆法系国家为主的拉丁公证体系。前者属于弱式公证,后者属于强式公证,二者截然不同。

首先,公证制度的设置理念和功能定位不同。英美法系国家在法治理念上奉行彻底的私权自治原则,政府对市场实行自由主义和不干预政策,因此并不期望通过设置公证制度对社会经济活动发挥适度干预和预防纠纷的功能,而将实际发生的纠纷寄望于事后救济制度,即通过诉讼程序解决,因此,英美法系国家培养了民众"好讼"的意识,其诉讼案件远远多于大陆法系国家,律师业也比大陆法系国家发达,这样,其所建立的公证制度自然属于弱式公证。在大陆法系各国,国家为了达到既对社会经济进行必要的干预,又尽可能地避免直接干预带来的负面影响,便借助于公证制度的设置来完成这一使命,即"设置和完善公证制度的根本目的,均在保障民法私权自治原则的基础上,实现国家对重大经济活动与公民的重要法律行为的适度干预,以预防经济纠纷的产生和避免可能发生的社会矛盾,维护经济活动的正常秩序和社会的和谐、稳定"①。这样的功能预期决定了大陆法系的公证属于强式公证,并且强式公证所发挥的作用也成功地遏制了诉讼案件的剧增,有效地避免了诉讼危机的加重。一弱一强,二者的巨大反差可以用一个事实来说明:在欧盟各国,经公证的合同纠纷发生率低于1‰;而在美国,私人签署的合同的纠纷率比欧盟各国高40到50倍。② 因此,美国会出现别国难以想象的"诉讼爆炸"现象实在不足为怪。

其次,公证人的法律地位不同。英美法系国家没有形成专职的独立的公证职业,也不可能有专职的公证人,公证人通常由其他职业者兼职担任。公证人实际上只是充当相当于一般证人的角色。大陆法系各国,一般都规定公证人属于国家公职人员,法律规定了严格的执业条件,公证人从符合条件的专职人员中选拔、任命,独立履行专门的公证职能。如《德意志联邦共和国公证人法》第1条规定:"公证人是为了证明法律事实和预防纠纷而设置的独立的公职人员。"当然,公证人不得兼任有经济报酬的其他职业。

再次,启动公证程序的原则不同。受私权自治原则的影响,英美法系国家实行自愿公证原则,法律不规定必须公证的内容。大陆法系国家为体现"私权自治"与"适度干预"相结合的原则,一般都在民、商事法律中对重大经济活动和公民重要的法律行为作出规定,要求必须经过公证,借以实现国家间接干预

---

① 宫晓冰:《中国公证制度的完善》,载《法学研究》2003年第5期。
② 司法部律师公证工作指导司:《中外公证法律制度资料汇编》,法律出版社2004年版,第546页。

的目的。

复次,公证证明的程度不同。英美法系国家的公证仅进行形式审查,证明形式的真实性,而对于公证证明对象的实体内容的真实、合法与否,则由当事人自行负责。大陆法系国家的公证实行实质证明制度,不仅要审查当事人的身份、签名等形式问题,同时还要对文件实体内容的真实性、合法性负责。

最后,公证的法律效力不同。英美法系国家的公证没有强制执行力,由于公证人不对公证事项的实体内容负责,公证一般不具有当然的证明效力,法院审判中通常要求当事人和证人当庭作证、质证。大陆法系国家的公证文书在诉讼中具有法定的证据效力和强制执行力。如《日本民事执行法》规定,关于以一定数额的金钱支付或其他代替物或一定数量的有价证券的给付为目的的请求,公证人所制作的记载了债务有直接服从强制执行的陈述的公证证书,可作为强制执行的依据。一旦发生纠纷,该公证证书提交法院,法官不作审查,债务即可得到强制执行。

在大陆法系国家,基于强式公证发展的需求,大多国家立法都规定公证人是当然的调解人,尤其在法国,公证制度发育得最为典型、成熟、完善,公证人身兼"公务助理"、"当事人顾问"、"契约的仲裁人"、"和解的主持人"、"纠纷的调解人"等多重角色,"公证人行使的职能经常远远大于拟定协议。在合同最后调整的时候,也就是条款还没有最终确定的时候,公证人尝试拉近不同的观点,并提出最大满足当事人利益的解决办法。因此,他充当调解人的角色。由此可以理解,为什么公证法并非仅仅是有关形式的法律"①。更重要的是,法国公证制度同时还有相当健全的配套法律保障:在程序法方面,法国在诉讼证据中采取"书证优先原则",书证的证明力高于其他证据的证明力;在实体法方面,法国民法要求一切标的金额或价格超过150法郎者,均须于公证人前做成公证书,公证书做成后,当事人不得另行主张与证书不同或超出证书记载的事项而以证人证之。正因为有了这两大"法宝",法国公证在"必须公证"的事项和公证事项发生争议后首先予以"公证调解"方面体现了更多的法定性和强制性,体现了更多的国家干预主义。法国公证服务领域广泛,主要包括家庭法域,不动产法域,公司法域等,公证人可以应邀处理家庭事务,如仲裁家事纠纷,促成离婚协议,办理收养证书等。据统计,经过公证的法律行为,只有万分

---

① [法]让·叶戈、让·弗朗索瓦·皮伊布:《公证执业法》,唐觉译,法律出版社2008年版,第11页。

之五的案子发生纠纷。① 对于经公证后产生的法律关系,一旦发生纠纷,当事人可申请法院根据公证书强制执行。事实上,与法国一样,随着国际交流的普遍和频繁,大陆法系许多国家的公证制度在现代法治体系中,显示出越来越强劲的发展态势。因为"从公证职能的发展趋势看,特别是在许多国家越来越倾向于建立包括对话、中立评估、调停、协调、仲裁等在内的预防机制的背景下,公证作为ADR的一种形式,降低了人们寻求司法的成本,符合社会的需求"②。如日本,在法律未对公司章程作出必须公证的规定之前,有关公司方面的纠纷很多,经常诉至法院,1940年《商法》作出公司章程必须公证的规定之后,这样的情况就很少发生了。并且,公司章程的认证至今一直是占有重要地位的公证业务项目。

在我国,公证制度大体上可归类于大陆法系的强式公证。我国尽管于2003年加入了国际拉丁公证联盟,但在公证法律体系的构建与完善方面尚存在一定的差距。如,近年来法定公证方面非但毫无建树,甚至出现倒退——因社会频频质疑法定强制公证的合法性和合理性,致使传统的法定公证事项也丧失殆尽;又如公证调解,作为一种独立的ADR方式,本应在现代法治体系中发挥强大的作用,但因受限于法律规定的近乎严苛的前提条件——只有在满足这些条件时方可应当事人申请以中立调解人的身份承担着调解的职责,作用的范围十分狭窄。也就是说,目前我国所谓的"强式公证"并无法定"必须公证"制度作依托作基石,实际上徒有虚名而无其实。因此,社会普遍缺乏公证维权意识,更对公证事项发生纠纷可进行"公证调解"的救济渠道一无所知或知之甚少。

而事实上,在因公证事项所产生的纠纷中,公证调解相较于其他诸多的解决纠纷方式,独有多重的天然优势,并有先天的简便条件,倘若我国也能借鉴法国经验,在"法定公证"与"自愿公证"之间,改变目前以自愿公证为原则、以法定强制公证为例外的做法,转而采取以法定强制公证为原则、以自愿公证原则为例外,规定将重大的民事法律行为纳入"法定强制公证"范畴,并在公证事项发生纠纷时采取"公证调解前置"程序由公证机构优先介入化解纠纷,则不失为一计良策:首先,对于当事人甚或社会公众而言,能够在更深层次上培育和强化公证意识,使其学会在事前运用公证维权,防患于未然,尽量防范风险、

---

① 司法部律师公证工作指导司:《中外公证法律制度资料汇编》,法律出版社2004年版,第583页。

② 张文章:《公证制度新论》,厦门大学出版社2005年版,第490页。

避免纠纷。在发生争议后,能够在第一时间内获得迅速、便捷、高效的救济,使得纠纷尽快得以化解。其次,对于公证机构而言,由于原承办公证机构对公证事项较为熟悉,又有最为原始可靠的档案资料为凭,能够准确把握争议焦点,分清是非责任,有利于纠纷的顺利解决,同时承办公证员也可通过对自己办理的公证案件进行重新审视,发现疏漏,分析原因,总结经验,拾遗补阙,有利于提高公证队伍的业务素质和服务水平。再次,相对而言,诉讼制度是救济公民合法权益、维护社会和谐稳定的"最后一道防线",而公证则是"第一道防线",经过"法定强制公证"和"公证调解前置"的双重过滤之后,再发生纠纷的几率就大大降低了,这从另一个角度来说,无疑等于分流了诉讼案件,减轻了法院压力,节约了司法资源。复次,与当下的司法改革和民诉立法理念不谋而合。2011年公布的《中华人民共和国民事诉讼法修正案(草案)》就将"完善调解与诉讼相衔接的机制"作为指引方向之一,增加了先行调解①以及民事诉讼法和人民调解法相衔接②的规定。《关于〈中华人民共和国民事诉讼法修正案(草案)〉的说明》中指出:"充分发挥调解作用,尽量将矛盾纠纷解决在基层、解决在当地,对及时化解矛盾纠纷,促进社会和谐稳定,具有重要作用。"而在非诉的公证领域,补足"法定强制公证"制度和增设"公证调解前置"程序无疑是对这一最新理念的最好回应。最后,就国家宏观调控、间接干预的层面而言,也通过对法定公证制度和公证调解制度的重构和完善,从根本上实现了国家对重大经济活动与公民的重要法律行为的适度干预,以预防经济纠纷的产生和避免可能发生的社会矛盾,并在出现矛盾纠纷时及时化干戈为玉帛,维护经济活动的正常秩序和社会的和谐、稳定。

3. 完善公证调解保密原则

调解的机密性(confidentiality),是指除非各方同意,当事人在调解过程

---

① 修正后的《中华人民共和国民事诉讼法》第121条规定:当事人起诉到人民法院的民事纠纷,适宜调解的,先行调解。

② 修正后的《中华人民共和国民事诉讼法》第15章特别程序增加第6节"确认调解协议案件",其中,第192条规定:申请司法确认调解协议,由双方当事人依照人民调解法等法律,自调解协议生效之日起三十日内,共同向调解组织所在地基层人民法院提出。第193条规定:人民法院受理申请后,经审查,符合法律规定的,裁定调解协议有效,一方当事人拒绝履行或者未全部履行的,对方当事人可以向人民法院申请执行;不符合法律规定的,裁定驳回申请,当事人可以通过调解方式变更原调解协议或者达成新的调解协议,也可以向人民法院提起诉讼。

中所披露的信息(包括口头、书面)以及形成的调解协议,都不能在接下来的程序(包括诉讼)中被强制开示,作为证据证明案件事实,调解员也不能披露在调解过程中所获得的任何信息。① 确立并保护调解的机密性具有重大意义:首先,能够让当事人免除后顾之忧,坦率地说明自己的利益、需求以及优势,从而提高解决的效率。其次,免除调解员的作证义务,有利于保持其中立性的角色。最后,调解机密性也有助于保持审判的完整性。特别是在法院附设调解的程序中,能够避免审判员受调解所获知的片面信息的影响,依据诉讼中的事实和法律依据,作出公正的判决。因此,调解的机密性不仅保障了调解中各方的利益,同时也保护了审判制度的良性运转。②

美国的《统一调解法》中关于调解机密性问题,规定了调解复合特权(multiple privileges):当事人可以拒绝,也可以阻止他人对交流内容的披露;调解员以及参与人(如专家)有权拒绝他们在调解过程中进行交流的内容的披露;同时规定当事人享有选择权,可以提前合意,对全部或部分的调解过程分配特权。这条规则不仅规定了特权的权限,还明确调解特权的享有人,包括当事人、调解员及其他参与人。③

公证调解也一样,需要遵循保密原则。根据我国《公证法》第23条的规定,公证员不得泄露在执业活动中知悉的国家秘密、商业秘密或者个人隐私。这一原则同样适用于公证调解,但立法对这一原则性的规定,并未予以进一步的细化。事实上,在我国,不光是公证,基本上所有有关调解的立法对此均无详尽的规定,仅在个别司法解释中有所涉及,如2002年4月1日实施的《最高人民法院关于民事诉讼证据的若干规定》第67条规定:"当事人为达成调解协议或者和解的目的作出妥协所涉及的对案件事实的认可,不得在其后的诉讼中作为对其不利的证据。"但该规定的内容似乎不够全面,导致实践中调解保密原则往往被架空被虚置,一旦诉讼需要,调解信息几无保密可言。有鉴于此,笔者认为,可借鉴其他国家的做法,在确立调解保密原则的同时,应于立法上增设条款对这一原则进行具体化,从而增加该原则的现实可操作性。如,可

---

① Suzanne J. Schmitz, A Critique of the Illinois Circuit Rules Concerning Court—Ordered Mediation, in *Loyola University Chicago Law Journal*, Vol. 36, 2005, p. 807.

② Ellen E. Deason, Civil Procedure and ADR: Procedural Rules for Complementary Systems of Litigation and Mediation—Worldwide, in *Notre Dame Law Review*, Vol. 80, 2005, p. 553.

③ 齐树洁:《美国司法制度》,厦门大学出版社2010年第2版,第207页。

规定:除非当事人同意或法律规定(如涉及侵害国家、集体、社会公共利益等情形除外),否则调解人不得披露其在调解过程中知悉的任何内容,包括在调解中的口头说明与陈述、交流与讨论的内容、为调解准备的书面材料、调解过程中发现的事实、调解案件的认定结果等。当然,为了确保这一原则的落实,还应在诉讼法等相关法律中规定调解人享有相应的免于作证的权利。

第四节 规范化公证调解与其他调解方式之比较优势

总体而言,公证以"预防纠纷、减少诉讼"为己任,公证事项"无争议"是公证的基本原则之一。因此,一般情况下,公证不宜介入业已存在争议的公证事项,只有在特定的条件下,公证方可介入调解纠纷,促进纠纷的解决。根据现行的《公证程序规则》第56条的规定,公证调解的条件为:(1)必须是已经办理过公证的事项。尚未办理公证的事项发生纠纷的,公证不宜介入调解。(2)必须是公证事项在履行过程中发生纠纷,继续履行发生障碍的。(3)必须经当事人请求而进行公证调解,公证机构不得主动介入纠纷的调解。(4)必须向原先出具公证书的公证机构申请调解。因为原出具公证书的公证机构对公证事项的来龙去脉最为了解,所存留的原始证据材料最为完整,分析产生纠纷的症结也更具优势,所以更容易也更有把握进行调解,调解的成功几率也较高。

从公证调解的规定来看,公证调解的基本含义与其他调解无异,均以"合意"为基础,只是公证调解受案范围颇有限制而已,即便经过以上"规范化"思路整合之后的公证调解,其受案范围仍无法如同其他调解一样宽泛。尽管公证调解的受案范围较窄,但与其他调解形式相比,它仍然有着先天的无可比拟的优势:

(一)公证介入调解的全程化

理想的纠纷解决机制不仅应包含事后纠纷的应对和处理,而且更应当关注事中的监督、干预和事前的预防、防范。就调解而言,众多的调解方式中,唯有公证调解,集事前预防、事中跟踪监督和事后解决纠纷于一身,具有随着公证事项发展进程而同步跟进的"全程化"的特点。

首先,公证作为一种典型的公力的事前救济手段,主要是通过出具"证明"的方式发挥作用的,"证明"是其最主要也是最基本的职能,公证正是通过证明职能的发挥,以公信为后盾,事前介入公证事项,对民事法律行为、有法律意义的事实和文书的真实性、合法性予以证明,将正在发生或已然存在的作为证明对象的行为、事实、文书之现状固定下来,同时分析其是非对错,预见其将来可能发生的纠纷隐患,并事先进行堵漏补缺,防范风险,达到"预防纠纷、减少诉讼"的目的。

其次,公证兼备"法治手段"与"信用媒介"之双重身份,恰好满足了市场经济对法治和信用的双重需求。公证以自身的双重特性,通过提存、现场监督等方式对公证事项进行事中监控,对本国领域内或本国与他国经济主体之间正在进行的经济行为予以规范、引导、沟通、督促、跟踪、监控,为国内与国际经济交往互动扫清了法治与信用的障碍,促进了经济的发展和社会秩序的稳定。

再次,经过公证上述"事前预防"和"事中监控"两道程序过滤之后,所公证的事项再发生纠纷的几率已经很低了,这从司法部发布的行业性规范中规定公证错证率必须低于"万分之三"的比例控制中即可略见一斑。但是,一旦公证事项在履行过程中发生纠纷,公证仍可应当事人的申请介入调解,调解达成的协议还可再次申请公证,并可依法对符合条件的债权文书赋予强制执行效力,以强化和固定调解结果。

这就是说,公证调解与其他调解有着本质上的不同,其他调解均为事后介入,只有公证可以进行"事前—事中—事后"的全程式的介入,因此,可以说,公证调解事实上是一个含纳"前期公证、中期监督、后期解纷"成套程序在内的整体性的概念。这就是公证调解在时空上独有的优势体现。更何况,如今社会的多元化发展趋势已经带动了法治的多元化步伐,公证法治也不例外,现代公证制度已经摆脱和超越了传统的单一证明职能,被赋予"服务、沟通、公证、监督"等多元职能,而这种多元职能的发挥恰如其分地为公证全方位、全过程地介入纠纷的预防和解决提供了充分的手段,也更加有力地确证了公证调解的天然优势。

(二)公证调解人员的专业化

根据《公证法》第18条的规定,担任公证员,应当具备下列条件:(1)具有中华人民共和国国籍;(2)年龄二十五周岁以上六十五周岁以下;(3)公道正派,遵纪守法,品行良好;(4)通过国家司法考试;(5)在公证机构实习两年以上或者具有三年以上其他法律职业经历并在公证机构实习一年以上,经考核合格。目前,在众多的调解方式中,只有公证员和法官职业有专业方面的要求,必须通过国家司法统一考试,执业门槛当属最高。而正由于公证员执业门槛较高,属于法律专家,在调解过程中就能够运用自己的专业知识帮助当事人分析利弊、答疑解惑、提供建议,从而推进调解进程,增加当事人调解的理性,使之真正做到"心服口服",而不仅限于初层次和浅表性的"情感"劝服。

(三)公证调解程序的规范化

从"申请—形式审查—受理—审查核实—出具公证书"到已经公证的事项"发生纠纷—申请调解—受理调解—达成调解协议—对调解协议重新申办公证、赋予强制执行效力",每一个步骤都有公证程序性规范,受理有受理的条件,审查有审查的标准,出证有出证的依据,不得违反,同时,根据公证程序规范的一般要求,公证调解还必须遵循一系列的原则,由此强化了调解的正式性、严肃性和规范性。如依法原则要求公证员必须依法进行调解并确保当事人最终达成的调解协议无论形式还是实体均符合法律规范,符合真实性、合法性要求,具有可操作性、可执行性,在法律上不存在效力被否定的风险;客观、公正原则要求公证员必须秉持中立立场,不得徇私偏袒;保密原则要求公证员不得泄露在调解过程中知悉的国家秘密、商业秘密和个人隐私等,诸多原则的约束无疑增加了公证调解的安全性、可靠性。

(四)公证调解手段的多元化

公证调解可以运用自身独有的公证证明、保全证据、提存、赋予强制执行效力等方式作为特殊的调解辅助手段,涉及专业技术问题的,还可委托专业机构或专业人员进行评估、鉴定、检验检测等辅助手段进行调解,这样不仅能够将阶段性的调解结果固定下来,防止当事人轻率反悔,敦促矛盾纠纷最终解决,而且能够让当事人感受到公证调解的力度和分量,使之慎重考虑、理性调解。试举一例予以说明。

唐某某在 A 市购买了一幢别墅拟装修入住,遂与该市某装修公司签订了一份装修合同,合同约定的装修方式为包工包料,竣工时间为 2007 年 3 月 1 日,该合同办理了公证。后由于装修材料上涨,装修公司见无利可图,便将工期一拖再拖,于竣工时间届至时,装修尚未完毕。唐某某急忙找到公证处,承办公证员闻讯后对装修现场进行实地勘察、保全证据,制作了现场笔录,拍摄了几十张现场照片。此后,公证处对双方进行了多次调解,耐心地摆事实讲道理,并提出了各种建议供当事人参考。双方终于各作让步、握手言和:唐某某愿意追加部分装修款,同时采纳了公证员的提议,将追加款项提存至公证处,待装修完毕并经检验合格后,方可由装修公司领取。装修公司见唐某某颇有诚意,便诚恳地承认了错误,并表示愿意按照原"装修合同"的约定支付违约金,适当补偿唐某某因工期延误造成的损失。双方据此在原"装修合同"的基础上达成了"补充协议",将工期推迟两个月,并申请公证处对"补充协议"办理了公证。这样,一场装修纠纷在公证调解下平息了,双方信守"补充协议",装修工程如期完工,质量优良,装修公司也拿到了所有的装修款,双方皆大欢喜。

本案即典型地反映了公证调解在调解手段方面所具备的优势和特色。在本案中,原合同已经申办公证,合同双方在履行中发生了纠纷,这正好符合公证程序规范所规定的允许公证调解介入的情形。在调解前,公证处先是运用保全证据的方式将工期延误、装修工程现状等事实固定下来,并以此作为调解的依据,不仅为此后的调解赢得了"铁证",而且彻底打消了当事人心存侥幸或存心抵赖的念头。公证处几经努力,最终使双方当事人达成了"补充协议",并申请再次对"补充协议"办理公证,同时对"补充协议"中所涉及的追加款项进行提存。由于公证处作为中立第三方采取如此"步步为营"的方式介入调解,循序渐进地推动调解进程,使得整个调解过程有理、有据、有节,很容易为当事人所接受,而且,公证所采取的必要的保全证据、提存等辅助手段,能够有效地消除当事人的思想顾虑和抵触情绪,有力地监督和推动了双方的守约、履约。一场纠纷就此获得圆满解决,不仅双方的正当利益得到了有力的保障,而且也因此增强了当事人运用公证维权的意识。

(五)公证调解效力的法定性

根据《最高人民法院关于审理涉及人民调解协议的民事案件的若干规定》和《人民调解法》的规定,一般的调解协议,仅具有相当于"民事合同性质"的效力,依赖当事人自觉履行,调解协议只有经司法确认方才具有强制执行效力。但经公证调解达成的调解协议,效力则大有不同:经公证调解,当事人达成和解协议,但不对和解协议申请公证的,该协议仅具有一般书面合同的效力,对当事人双方均产生法律上的约束力,但不具有当然的公证效力。调解达成的和解协议只有经当事人申请公证(视同一个新的公证事项,其申请、受理、审查、出证程序与原公证相同),公证机构经审查符合条件并出具公证书的,和解协议方才具有公证所具备的法定效力。若当事人同意,还可对符合规定条件的和解协议依法赋予强制执行效力,以强化和固定调解结果。当然,公证调解不成的,当事人仍可寻求其他救济途径,就所发生的争议依法向有管辖权的人民法院提起民事诉讼或者向仲裁机构申请仲裁。这就是说,公证调解所达成的协议存在三重效力层次之别,可由当事人自行抉择并决定:

1. 经公证调解达成协议,但当事人不对协议申请公证的,该协议仅具有一般的民事合同的效力。

2. 经公证调解达成的协议,当事人申请公证的,公证机构为调解协议所出具的公证书,具有当然的公证的法定效力,即:

(1)强势证据效力。在我国,公证机构出具的公证书具有不同于一般证据的特别"强势"的证明力,这种"强势"体现在:

①高于一般证据的效力。公证机构出具的公证书应当被采证作为认定事实的依据,这一证据效力优势表现在它的效力地位不仅优于一般的当事人提供的书证,甚至也超过其他国家机关、团体、企事业单位出具的证明。人民法院在诉讼中对当事人提供的包括一般书证在内的七种证据,"必须经过查证属实"后,才能作为"认定事实的根据"。对于机关、团体、企事业单位和个人提出的证明文书,人民法院"应当辨别真伪",审查属实后,才能"确定其效力"。① 而公证书则当然地拥有确定的证据效力,无须经过审查质证程序,人民法院应当作为认定事实的根据。《公证法》第36条、《民事诉讼法》第67条、《最高人民法院关于民事诉讼证据的若干规定》第9条、第77条以及《最高人民法院关于行政诉讼证据若干问题的规定》均明确规定了公证书的这一效力。从这些规定可以看出,公证书在证据地位和证明力上较一般证据有着先天的显著优势——公证书不仅可以直接作为强有力的法定证据,在诉讼阶段成为可供人民法院直接采证的证据形式,而且,对于人民法院的采证行为本身也起到了法定的约束作用,②在一定意义上限制了人民法院采证行为的随意性。

②等同于原文书的效力。即经公证的文书、证明资料等视同具有与原证明对象本身相等的效力。这在《最高人民法院关于行政诉讼证据若干问题的规定》第64条、《票据法》第63条以及《最高人民法院关于审理票据纠纷案件若干问题的规定》中均有体现。

③不得随意否定、撤销的效力。公证调解达成的调解协议经重新申办公证,即意味着其真实性、合法性得到了法律上的认可、固定和保护,该协议本身所涉及的权利义务关系一般情况下不得被随意否定、变更和撤销。如《合同法》第186条规定,赠与人在赠与财产的权利转移之前可以撤销赠与。但是经过公证的赠与合同,则不适用该规定。《合同法》第188条更加具体地体现了这一效力,规定:"具有救灾、扶贫等社会公益、道德义务性质的赠与合同或者经过公证的赠与合同,赠与人不交付赠与的财产的,受赠人可以要求交付"。

④取证的特殊优势。公证调解过程中,公证的"强势"还突出地体现在取证的优势上,即公证机构被特许以多种特殊的手段来取得证据。因此了能够

---

① 刘春竹:《从公证书的证据效力反思公证之审查》,载《中国公证》2004年第7期。
② 刘春竹:《从公证书的证据效力反思公证之审查》,载《中国公证》2004年第7期。

取得普通人依通常方式无法取得的证据,换句话说,就是能够证明一般人按正常途径无法证明的事实。如在公证调解中涉及对著作权侵权事实的取证行为进行保全证据的公证方面,公证员被允许以不公开身份的方式进行,《最高人民法院关于审理著作权民事纠纷案件适用法律若干问题的解释》第8条规定:"公证人员在未向涉嫌侵权的一方当事人表明身份的情况下,如实对另一方当事人按照前款规定的方式取得的证据和取证过程出具的公证书,应当作为证据使用,但有相反证据的除外。"而根据《司法部、国家版权局关于在查处著作权侵权案件中发挥公证作用的联合通知》的规定,著作权行政管理部门在查处事实时,对于公证机构出具的有关证据保全的公证文书,应当作为查处侵权案件时认定事实的根据。但有相反证据足以推翻公证证明的除外。同时,在采取此类保全证据公证以敦促调解协议之达成方面,还存在多种具体操作方式可供选择,上述《联合通知》对此作了明确的规定,公证机构在办理著作权证据保全公证时,有权根据当事人的要求和被保全对象的不同特点,采取购买或索取实物,现场拍照、摄像、询问证人、记录或录制证人证言等保全方式,全面、客观地反映真实情况。

(2)法律要件效力。即公证作为法律行为成立或生效或对抗第三人的要件的效力,该效力源于法律、法规规定或国际惯例或当事人约定,以公证作为某项法律行为成立或生效或具备对抗第三人效力的形式要求,如若不履行公证程序,则该项法律行为就可能因公证要件之欠缺,而不发生预期的法律效力。公证调解也一样,经公证调解达成协议的,如果根据法律、法规规定或国际惯例或当事人约定,以公证作为该协议的成立或生效要件,则未经公证,调解协议不成立或不生效。在我国,《公证法》第38条规定的"法律、行政法规规定未经公证的事项不具有法律效力的,依照其规定"即公证具有法律要件效力的立法依据。这就是说,公证作为法律要件的效力具体体现在其他法律、行政法规的规定中,事实上,三大诉讼法对此均有体现,如《民事诉讼法》第242条规定,在中华人民共和国领域内没有住所的外国人、无国籍人、外国企业和组织委托中华人民共和国律师或者其他人代理诉讼,从中华人民共和国领域外寄交或者托交的授权委托书,应当经所在国公证机关证明,并经中华人民共和国驻该国使领馆认证,或者履行中华人民共和国与该所在国订立的有关条约中规定的证明手续后,才具有效力。同样,在诉讼中如果当事人向人民法院提供的证据系在中华人民共和国领域外形成的,那么,根据《最高人民法院关于民事诉讼证据的若干规定》,该证据也应当经所在国公证机关予以证明并经中华人民共和国驻该国使领馆予以认证或者履行中华人民共和国与该所在国订立的有关条约中规定的证明手续。《担保法》中也体现了公证作为生效要件的规定,往往为我们所忽略。根据《担保法》的规定,当事人以第 42 条规定的财产抵押的,应当办理抵押物登记,抵押合同自登记之日起生效。而按照《担保法》第 42 条第 2 项的规定,以城市房地产或者乡(镇)、村企业的厂房等建筑物抵押的,办理抵押物登记的部门为县级以上地方人民政府规定的部门。《公证机构办理抵押登记办法》第 4 条为此进一步规定:"以《中华人民共和国担保法》第四十二条第(二)项的规定的财产抵押,县级以上地方人民政府规定由公证机构登记的;以及法律、法规规定的抵押合同自公证机构办理登记之日起生效的,公证机构办理登记适用本办法规定。"也就是说,如果县级以上地方人民政府规定办理抵押登记的部门为公证机构,那么公证机构的公证登记行为就成为抵押合同的生效要件,而在实践中,也的确存在地方人民政府规定公证机构作为抵押物登记部门,由公证机构办理上述抵押物登记的情形。

3. 经公证调解达成的协议,如当事人同意,可以申请公证机构对符合规定条件的调解协议依法赋予强制执行效力。调解协议一旦经公证赋予强制执行效力,不得反悔、不可撤销,在履行过程中,如果债务人不履行或者不适当履行债务的,债权人有权单方径直向公证处申请出具"执行证书",并持该"执行证书"直接向有管辖权的人民法院申请强制执行,而不必经过诉讼审判程序。此时,即使当事人对经公证赋予强制执行效力的调解协议存有争议,其诉讼权利也会受到一定的限制,因为 2008 年 12 月发布的《最高人民法院关于当事人对具有强制执行效力的公证债权文书的内容有争议提起诉讼人民法院是否受理问题的批复》规定:根据《中华人民共和国民事诉讼法》第 214 条和《中华人民共和国公证法》第 37 条的规定,经公证的以给付为内容并载明债务人愿意接受强制执行承诺的债权文书依法具有强制执行效力。债权人或者债务人对该债权文书的内容有争议直接向人民法院提起民事诉讼的,人民法院不予受理。但公证债权文书确有错误,人民法院裁定不予执行的,当事人、公证事项的利害关系人可以就争议内容向人民法院提起民事诉讼。

此外,最值得注意的是,公证文书的效力范围大大超过其他法律文书。一般的公文书(如政府文件),只能在本行政辖区范围内发生效力,更不用说经其调解达成协议的效力范围了。即使是人民法院的调解书,一般情况下也只能在一国法域内发生效力,欲在他国发生法律效力也并非不可,只是要受到严格的限制,即必须借助公证或依据国与国之间签订的双边或多边协议或国际条约所规定的对等方式相互予以承认和执行。而经公证的调解协议则不同,在效力空间范围上几乎不受限制,它打破了法域之间的效力界限,不仅在我国领域内普遍有效,而且还能够跨越其他调解协议在效力方面的地域障碍,直接在国际上畅通无阻。

(六)过错公证调解责任化

在众多的调解形式中,唯有公证在立法上设置了过错赔偿责任制度。也就是说,在调解过程中,如因公证员过错给当事人造成损失的,公证机构应按照《公证法》和《公证程序规则》的规定承担相应的赔偿责任,这也是其他调解方式所没有的。

(七)与其他救济机制的互动性

1. 与其他调解形式相辅相成。一方面,在其他调解方式进行过程中,可以采取申请公证证明、保全证据、提存等方式作为辅助手段,固定双方当事人在调解前和调解中的法律事实及证据状态,维护双方当事人的合法权利,以此推进调解进程;另一方面,当采取其他调解方式达成调解协议时,为了巩固调解成果、强化调解效力,可以就调解协议申请公证或经公证赋予强制执行效力,使得公证成为衔接其他调解制度、落实调解协议内容的有效手段。

2. 在诉讼中的作用。(1)诉前保全证据。一般来说,在起诉前需要进行证据保全的,当事人应向公证机构提出申请,但有关的法律和司法解释也规定了对特定类型的案件由法院进行诉前证据保全的制度,如《海事诉讼特别程序法》、《著作权法》、《商标法》以及《关于对诉前停止侵犯专利权行为适用法律问题的若干规定》等。显然,公证作为一种常态的诉前保全证据方式,在适用上较少受到限制,因此也更加简便易行:首先,在适用范围上,公证保全证据的范围较广,在一般的民事法律关系中,只要涉及有法律意义的行为、事实和文书,均可纳入公证保全证据的范畴,而人民法院则仅在特定类型的案件中适用诉前保全证据;其次,公证保全证据,只要符合《公证法》和《公证程序规则》规定的受理条件,即可受理保全证据之申请,而向人民法院申请诉前保全证据,除满足法定条件外,如人民法院认为需要,还可要求申请人提供担保,若申请人无法提供担保,则诉前保全证据申请即被驳回;再次,依照民事诉讼程序要求,申请人应在人民法院保全证据措施后15日内起诉,如未能在规定期限内起诉,则人民法院应当解除裁定采取的保全措施,而公证保全证据则无此限制。当然,在公证调解过程中,保全证据的作用不仅体现在对于相关事实和证据的恒化与固定,为调解矛盾、化解纠纷提供依据方面,更重要的是它能够被运用来作为一种潜在的强有力的手段防止当事人狡辩与抵赖从而督促调解协议的有效达成、自觉履行,即使在经公证保全证据之后仍然调解无果的情况下,公证所保全的证据依然可以直接提交给人民法院作为起诉的有力依据,并因此免除相关的举证责任。(2)诉讼中作为审判所依赖的证据。如前所述,公证书的法定的强势证据效力表明,公证机构出具的公证书(包括为调解协议所出具的公证书)具有不同于一般证据的特别"强势"的证明力,一般情况下,经公证书所固定的证据、所证明的事实,无须经过审查认证程序,人民法院应当作为认定事实的根据。这就是说,在诉讼中,公证书所证明的内容不仅能够起到免除当事人举证责任、从而降低当事人举证成本的作用,而且能够促进诉讼的顺利进行,从而快速、便捷、高效地解决纠纷,有效地缓解人民法院的诉讼压力。"从解决纠纷的角度看,公证书提供的强大证明力无疑可以省去很多纷繁复杂的事实认定程序,使事实认定变得更加精确和快捷,从而大大提高诉讼程序解决纠纷的效率和成功率。从审判机关的角度看,公证是节约审理时间、提高审判效率、改善审理质量、减少当事人讼累的有力手段,审判机关的认可反过来进一步强化了公证的效力"①。

3. 在执行中的作用:(1)作为强制执行的依据。公证处根据当事人的申请,对于经公证调解达成的追偿债款、物品的债权文书,在查明权利义务关系后,可依法赋予强制执行效力。债务人不履行义务发生纠纷时,债权人可持具有强制执行效力的债权文书直接向有管辖权的人民法院申请强制执行,而不必经过诉讼程序。我国《公证法》第 37 条规定:"对经公证的以给付为内容并载明债务人愿意接受强制执行承诺的债权文书,债务人不履行或者履行不适当的,债权人可以依法向有管辖权的人民法院申请执行。前款规定的债权文书确有错误的,人民法院裁定不予执行,并将裁定书送达双方当事人和公证机构。"与此相适应,《民事诉讼法》第 214 条规定:"对公证机关依法赋予强制执行效力的债权文书,一方当事人不履行的,对方当事人可以向有管辖权的人民法院申请执行,受申请的人民法院应当执行。公证债权文书确有错误的,人民法院裁定不予执行,并将裁定书送达双方当事人和公证机关。"这就是我国公证可赋予符合一定条件的债权文书具有强制执行效力的法律依据。一旦发生纠纷,不必经过诉讼,该具有强制执行效力的公证债权文书即可径直得到执行。此外,前文已提及的《最高人民法院关于当事人对具有强制执行效力的公证债权文书的内容有争议提起诉讼人民法院是否受理问题的批复》又进一步强化和固定了赋予强制执行效力的公证债权文书的强制执行效果,同时也更

---

① 麻荣鸿、庞云龙:《论公证预防及解决纠纷的功能》,载张卫平、齐树洁:《司法改革论评(第 6 辑)》,厦门大学出版社 2007 年版,第 41 页。

加凸显了公证调解协议相对于其他调解协议的效力优势。(2)除了赋予强制执行的公证债权文书可以直接作为执行依据使当事人免于"讼累"外,还有若干类型的公证可以有效缓解目前困扰法院的"执行难"的问题。在人民法院强制执行中,常常出现因特殊原因导致无法执行或难以执行的情况,可以借助公证提存、清点财产、拆迁证据保全等方式辅助法院执行,只是目前这些方式尚未引起足够的重视,有待今后进一步深入研究和探讨,充分挖掘该类公证业务的潜能、发挥其在执行中的价值。以提存为例,提存公证是公证处依照法定条件和程序,对债务人或担保人为债权人的利益而交付的债之标的物或担保物(含担保物的替代物)进行寄托、保管,并在条件成就时交付债权人的活动。提存公证具有债的消灭和担保的效力,充分体现了现代公证"沟通、服务、公证、监督"多元功能集于一身的作用,有利于及时调整债权债务关系,预防和减少三角债,稳定社会民事、经济秩序。提存包括清偿提存和担保提存,以清偿为目的的提存公证具有债的消灭和债之标的物风险责任转移的法律效力;以担保为目的的提存公证具有保证债务履行和替代其他担保形式的法律效力。按照《提存公证规则》第 29 条的规定,司法机关或行政机关因执行公务而申办提存公证的,参照该规则办理。由此,提存公证作为一种有效的债务履行方式,可以考虑与法院执行相对接,成为法院执行的辅助手段。

总之,社会转型期,也是矛盾凸显期、多发期,各类民事纠纷日益增多,纠纷类型也日益多元化、复杂化,因此多元化纠纷解决机制(ADR)的探讨与研究自然成为一个刻不容缓的时代课题。当前,在我国 ADR 的研究热潮中,调解受到了学界的追捧,关于理性构建"大调解"体系的思路的论证也日渐深入。公证业界自然也责无旁贷,对此应有所回应、有所作为。公证调解作为兼具"预防纠纷"和"解决纠纷"双重特质的调解制度,相较于"大调解"框架中其他调解方式而言有着诸多先天优势,其特殊价值理应得到更多的关注,本书以公证调解为论题,即旨在解读公证调解的应然价值,厘清公证调解的制度优势,并探寻其规范化之路径,从而还原公证调解在"大调解"体系中的应有地位,同时健全和完善"大调解"体系自身的内涵。

第七章

民事调解规范运行保障

调解制度从传统走向现代，历经盛兴、衰弱、复兴的历史阶段，虽然有其自身的一些先天不足，如对规范化的程序制度要求不高，因此有其不适应社会发展的一面。但不可否认的是，调解制度这一看似古老的社会机制仍显示出了强大的生命力，它以其化解社会矛盾的独特魅力，在最大限度地节约司法资源、为社会消除不安定隐患、保障和促进市场经济健康有序发展方面发挥着重大而深远的影响，并必然要在纠纷解决中占据重要位置。然而，调解作为民事纠纷解决机制广泛存在于社会生活的各个领域，在面临社会发展的多元化与复杂性的同时，必然要走向现代转型的调解规范化道路，实现合情、合理、合法的调解理想。

民事调解的规范化，强调民事调解的规则之治，将民事调解纳入司法运行的正轨，强调多元化的纠纷解决机制，尤其是调解程序中法的规范性以及法实施的统一性。民事调解规范运行保障则是旨在确保民事调解规范化运行，确保调解的正当性基础——自愿、合法理念贯彻调解程序始终的制度。而要充分保障调解规范化运行，就必须正视现行调解制度在运行过程中可能出现的各种不规范情形，对调解制度的启动规范、运行规范、救济规范以及履行保障机制进行制度化、规范化改革，使传统"东方经验"散发现代理性光芒，提升我国民事调解的法治化水平，推动我国建设社会主义法治社会的进程。

第一节 调解程序启动规范的运行保障

目前,我国调解程序的最大问题在于调解程序启动的随意性。我国法律对调解权的行使和调解程序的启动缺乏明确的规定,调解程序的启动既可以由当事人的申请而启动,也可以由法院依职权并经当事人同意而启动,甚至对于法律规定的特殊案件,法院可依职权主动进行调解而无须征得当事人的同意。法院调解中职权主义色彩的渗透,必然导致法官的中心地位和主导地位过于突出,当事人的诉权受到审判权的严重制约,当事人自由选择纠纷解决方式的诉讼权利受到侵害,同时为"强制调解"、"恣意性调解"留下广泛的空间,失去法院调解所具有的正义价值。因此,有必要对调解程序启动规范进行重构并确保其正常运行。以下将从这几个方面进行论述:

一、充分保障调解自愿理念

调解是自治性的纠纷解决机制,自愿是调解制度的本质属性和正当化基础。无论是法院调解还是人民调解或其他纠纷解决方式中的调解,必须遵循调解自愿的理念。调解要获得正当性基础就必须置于当事人自主交涉的延长线上,对当事人的自由价值予以充分保护。因而对于调解这样一种合意型纠纷解决机制来说,自愿是调解的生命和基石,自愿理念对当事人的自治选择和处分权的高度尊重,可以很好地防止外界强制力量的干扰,其本身就是对调解的运行进行规范和制约的最佳方式。因此,保证调解程序的关键就在于如何切实实现当事人的自治,充分保障调解自愿的理念,使当事人的处分权得到确认,当事人在程序选择和实体结果的接受上可以自主决定,不同于审判程序中程序进行和结果接受上的强制性。

(一)尊重当事人的程序选择权

在纠纷解决程序目标中存在历史性的"鱼"与"熊掌"的选择:采用诉讼机制解决纠纷,因诉讼程序相对于非讼程序而言是一个有着严格操作规程,并以此作为发现真实的保障过程,案件事实的认定以及法律的适用必须排除法官的偏见和恣意。"判决建立在这样一种语言上,形象让位于事实、直觉让位于证据、修辞让位于现实。"①源于严格程序保障的诉讼程序的正当性可以使诉讼当事人获得一种可预期的结果,且经由该诉讼程序推导出的正确纠纷解决结果具有唯一性。而采用非讼机制解决纠纷,诸如调解、和解等程序,当事人只是向调解组织、调解员让渡了关于掌控程序的权力,而对于纠纷解决结果的决定权则保留在自己手中,所以调解达成的最终方案是双方当事人协商让步的结果,其中可以兼容多元利益的追求。当事人可以在纠纷解决中按照彼此的需要获得双方都能接受的"利己不损人"或者"双赢"的结果。因而,可预期的结果与多元利益的维护成为纠纷解决程序目标中的"鱼与熊掌",在不可兼得的情况下,作为一个理性人作出的选择必然是"舍鱼而取熊掌"。但是,何为"鱼",何为"熊掌"的判断权是归属于当事人的,不能由国家公权力机关越俎代庖作出选择。只有当事人才最清楚自身的利益所在,这种判断与选择就可以称为"程序选择权",而程序选择权获得充分保障的前提是多元化纠纷解决机制的建立与完善。

既然调解是第三人协助的自治性纠纷解决方式,它就必须建立在自愿的基础上进行,也就是尊重当事人对调解的程序选择权。对于调解程序中当事人程序选择权的行使可以通过以下形式来保障:

1. 建立依当事人申请的调解程序启动机制

基于审前调解程序的设置,调解程序的启动因案件处于不同的阶段而有所不同:对于审前强制调解的案件,调解程序的启动方式是由调解人员依职权启动与当事人依申请启动相结合的方式,以此扩大调解的适用范围,实现案件的有效分流。但是对于已经进入审判程序中的案件,调解程序的启动则必须坚持当事人主义,取消法官依职权调解的权力,而仅仅依当事人的申请启动调解程序,以避免审判权对当事人自愿性的不当干预以及审判法官利用手中的审判权强制当事人达成调解协议以规避判决的出现,充分保障审判过程中当事人对于程序的选择权以及调解的自愿性。

笔者认为,审判过程中依职权启动调解方式的存在,将会给予法官在遇有疑难案件,不好判决时利用调解规避判决的机会,不仅会使调解成为规避审判的工具,损害当事人的程序性和实体性权益,同时片面扩大了调解的适用范围,缩小了判决的适用范围,很大程度上造成民众对司法的不信任,认为法官

---

① 左为民:《在权利话语与权力技术之间——中国司法的新思考》,法律出版社2002年版,第162页。

在纠纷面前并不能从其应有的公正立场上对纠纷作出判断,而仅仅是"和稀泥"式的解决问题,会对法院的司法权威造成极大的损害。同时,审判阶段案件调解的启动完全出于当事人的申请,这样就能有效避免法官与调解员在案件处理方式上的利益冲突,更好地保障纠纷快捷、公正的解决。① 因此,应当取消审判过程中依职权启动调解的方式,将审判过程中调解的启动权完全交由当事人行使。

因此,调解的开始必须由当事人一方或者双方提出申请而启动。就诉讼调解而言,调解是双方当事人处分自己的实体权利和诉讼权利的行为,当事人有权在审判和调解中作出自己的选择,如果选择了调解就意味着放弃在审判中将享有的权利,如上诉权。这种程序选择权属于当事人,而非法院,不宜由法院来行使。在当事人选择的过程中,法官必须保持客观中立,为当事人提供冷静思考的机会,必要时,尤其是在一方诉讼力量明显处于弱势时,法官应有权对采取何种方式更为有利进行释明,以供当事人参考。当事人享有最终的程序选择权,在双方或一方当事人明确表示不愿调解时应立即转入下一诉讼程序。就诉讼外调解而言,同样需要当事人的申请才能进入调解程序,由调解的第三方介入,协助当事人之间达成解决争议的协议,实现纠纷的低廉、快捷的解决。

2. 调解程序启动后对当事人利益的保障

首先,调解程序的启动不会使当事人丧失时效利益。当事人申请调解意味着权利人向义务人提出了权利主张,《民法通则》第 140 条规定:"权利人向义务人提出权利主张,该纠纷的诉讼时效中断,已经经过的诉讼时效期间归于无效,诉讼时效从权利人能够行使权利之时重新计算。"经调解达不成协议的,应以调解结束时重新计算;调解达成协议的,以协议确定的义务人履行义务的期限届满时重新起算。② 对此,我们可以借鉴日本的做法来充分保障当事人的程序选择权,根据《日本民事调解法》第 19 条的规定:"当事人提出调解申请

---

① 审判过程中法官依职权启动调解的方式也可能会产生当案件难以判决时,法官与调解员之间的"踢皮球"现象:法官会认为案件存在调解的可能而调解员不认真调解从而将解决纠纷的"皮球"踢给自己,在这种心理的作用下,法官反过来很容易又利用手中的职权,将案件重新踢回调解员那里,让其进行调解,如此恶性循环,后果可想而知。

② 江平:《民法学》,中国政法大学出版社 2000 年版,第 239 页。

的时点视为提起诉讼的时点,确保其时效中断等实体法上的利益。"①防止有的当事人借调解来拖延时间,导致纠纷超过诉讼时效,阻却相关当事人借此行为取得时效抗辩权。

其次,调解程序的启动不会排除当事人选择其他纠纷解决方式的权利。调解程序的启动并不意味着调解对当事人之间的纠纷具有了排他管辖的效力,调解是在中立的第三方指导、主持下,当事人自主解决纠纷的过程,当事人拥有掌控纠纷解决方向的权利;如果一方当事人在调解的过程中转而将纠纷诉诸法院或按仲裁协议将纠纷提交仲裁机构等,应当视为当事人放弃调解。但是调解程序启动则意味着当事人双方均自愿以协商方式解决纠纷和第三人对所争议实体法律关系的合法介入,双方当事人就应当向对方显示解决纠纷的诚意、停止争议,以促进纠纷的解决或者至少避免纠纷的扩大化。

3. 建立多元化的调解机制

国家有责任设立不同类型的纠纷解决制度,以便人民有机会选择偏重追求实体利益或偏重追求程序利益,抑或兼顾追求二者的平衡的利益。因此,体现纠纷解决自治理念的调解制度的建立与完善不仅是适应市场需求的举措,更是以社会控制、权利保护为目的而建立的完善纠纷解决机制中不可或缺的部分。

首先,大力发展专业化的民间调解,加强对调解员队伍的专业培训,适时建立调解专业资格考试;其次,国家和政府大力为调解的实验项目以及调解机构的建立与发展提供充足的财政支持,使商业性调解尽快发展成熟起来。在纠纷发生时,双方当事人可以自主地选择启动人民调解、行政调解、公证调解等社会调解程序来寻求解决与对方之间纠纷途径。

4. 整合诉讼调解与非诉讼调解

基于法院调解的正当性与权威性,在多种调解程序并存的情况下,绝大多数的当事人会优先选择适用有约束力、有法律效力的法院调解或仲裁程序,因此需要将法院调解程序加以完善,提供给当事人更多的选择机会。

法院可以通过委托调解、协助调解、法院立案阶段的调解等方式将诉讼调解与非诉讼调解进行资源整合,并建立起一套完备的诉前调解与诉中调解制度。首先,将诉讼调解向立案阶段延伸,在法院立案环节设立非诉讼调解或和解程序;其次,由法院委托社会力量担任调解员(其中多为具有一定法律知识

---

① 王亚新:《对抗与判定:日本民事诉讼的基本结构》,清华大学出版社2002年版,第242页。

和调解经验的退休法官、基层干部、律师和调解员)主持调解,在特定案件中还可以寻求有关专家、地方权威人士和政府主管行政官员参与,在征得当事人同意的前提下,为其提供调解服务。如果双方在立案前达成和解或调解协议,就无须立案,在法院立案后、答辩期届满前达成和解或调解协议,则可以撤诉。同时,诉前调解可根据当事人的选择与诉讼调解进行衔接,即和解或调解协议经审判组织审核后可制作成诉讼调解书。①

(二) 突出调解费用的显性优势

调解费用,是指当事人请求法院、仲裁机构、行政机关或专门的调解组织进行调解,依照规定向这些机构交纳与支付的程序性费用。调解费用与诉讼费用、仲裁费用雷同,是当事人向调解组织交纳的程序性费用。诉讼调解的费用与仲裁调解的费用包括在诉讼费用或仲裁费用中;若为专门调解组织的调解,则调解费用由调解程序费、调解的其他费用两部分构成。调解的程序费是指申请调解的当事人向调解组织支付的费用,其他费用是指当事人在调解中因聘请证人、鉴定人、翻译人员、理算人员而发生的费用,调解组织为调查取证或异地调解而支付的差旅费。为突出调解费用的显性优势,可以从以下方面进行改善:

1. 国家为调解所产生的程序费用提供资金支持

目前我国的人民调解、行政调解均是不收费的。国家为调解的各项目提供资金支持,开展调解的教育与培训,出资购买民间的调解服务,支持调解制度的发展。2011年1月1日起施行的《人民调解法》第4条规定:"人民调解委员会调解民间纠纷,不收取任何费用。"第6条规定:"国家鼓励和支持人民调解工作。县级以上地方人民政府对人民调解工作所需经费应当给予必要的支持和保障,对有突出贡献的人民调解委员会和人民调解员按照国家规定给予表彰奖励。"

2. 诉讼调解分阶段收费

为了鼓励当事人调解解决争议,诉讼调解与民事诉讼实行不同的收费标准。《诉讼费用交纳办法》第15条规定:"以调解方式结案或者当事人申请撤诉的,减半交纳案件受理费。"然而,我国法院调解的低成本优势并不明显,多数调解案件法院花费的时间和精力比判决少很多。要充分发挥调解费用的显

---

① 范愉:《诉前调解与法院的社会责任——从司法社会化到司法能动主义》,载《法律适用》2007年第11期。

性优势,使当事人自愿选择调解方式解决纠纷,就必须在诉讼调解中将诉讼费的负担作为调节杠杆,使选择主动调解的当事人能大大降低诉讼成本。因此,对于调解结案的纠纷可以考虑分两种情形收取案件受理费:庭审前调解结案的收取三分之一的案件受理费,开庭后调解结案的则减半收取案件受理费。①这种分段收费的方法体现了鼓励尽早调解解决纠纷的政策,也体现了调解低成本的优势,使调解本身所具有的效益诉求发挥得更加淋漓尽致,并对当事人更具有吸引力。

3. 降低调解案件的律师代理费

调解案件中律师代理费仍不低廉。对于财产案件,我国律师实行的是按诉讼标的金额或价额比例收费,而不是按照所花费的时间收费,当事人如果聘请律师代理诉讼,判决解决和调解解决当事人支付的律师费也是相同的。故而,法院调解和判决对当事人就律师代理费来说,当事人并不能享受低成本的好处。因此,对于选择调解解决纠纷的当事人的律师费也应当进行相应的调整,建议可以采取减半收取的方法。

二、作为合法例外的强制调解

(一)强制调解的法理依据

对某些特殊类型的纠纷,将调解作为起始的必经程序或不经当事人同意即可进行调解是调解程序自愿启动的合法例外。这种强制调解只是启动意义上的强制而非对调解结果的强制。对此类特殊纠纷设置强制调解的主要理由在于这些纠纷适宜用调解方式加以解决,并且这种强制调解能够起到为诉讼程序分流的作用。合适的情况下强制性地推荐调解是有道理的,可以减轻法院系统的负担,使法院能够更迅速地处理其余案件,同时也能减轻当事人的讼累,为其节约诉讼成本。

(二)国外强制调解的实践做法

美国、日本等国家和地区都存在两种调解,一是任意调解,二是强制调

---

① 李浩:《调解的比较优势与法院调解制度的改革》,载江伟:《比较民事诉讼法国际研讨会论文集》,中国政法大学出版社 2004 年版。

解。① 任意调解是指当事人就案件纠纷向法院提起诉讼时,法院建议或是当事人双方合意向法院申请采用调解方式解决纠纷。强制调解是指依据法律规定,某些案件在向法院提起诉讼之前必须经过调解,调解不成方可向法院起诉,即调解前置程序。之所以称之为"强制"就是因为强制调解的启动并不是来源于当事人的意思。对特殊案件进行强制调解还是有其优越性所在的。有些案件当事人间因为事件性质、居住环境或一定的亲谊关系,特别需要维持彼此间的和谐关系,如相邻关系、收养关系、夫妻离婚或履行同居之诉等;或者案件标的太小而事实认定和证据调查又过于烦琐困难,进行诉讼显然有违诉讼经济原则。对这两类案件规定强制调解是有其合理性的。因为,此类案件的当事人会认识到适用调解符合自身利益,愿意配合调解,对调解结果也很少出尔反尔。

（三）我国强制调解的立法与实践

我国近年来也出现了强制调解的立法与实践,具体做法是在起诉后针对预先明确规定的案件先行调解,本质上也是不经当事人的同意就启动调解程序,对调解程序的启动具有一定的强制性。

2001年《中华人民共和国婚姻法》确立了离婚案件中的强制调解制度,该法第32条第2款规定:"人民法院审理离婚案件,应当进行调解。"

2003年12月1日起施行的《最高人民法院关于适用简易程序审理民事案件的若干规定》对强制调解的范围进行了扩张,其中第14条规定:"下列民事案件,人民法院在开庭审理时应当先行调解:(1)婚姻家庭纠纷和继承纠纷;(2)劳务合同纠纷;(3)交通事故和工伤事故引起的权利义务关系较为明确的损害赔偿纠纷;(4)宅基地和相邻关系纠纷;(5)合伙协议纠纷;(6)诉讼标的额较小的纠纷。"

2009年《最高人民法院关于建立健全诉讼与非诉讼相衔接的矛盾纠纷解决机制的若干意见》的相关规定授权法院在立案之前依职权启动调解的权力,即:"对属于人民法院受理民事诉讼的范围和受诉人民法院管辖的案件,人民法院在收到起诉状或口头起诉之后、正式立案之前,可以依职权或经当事人申

---

① 日本的调解分为家事调解和民事调解,家事调解除规定禁治产宣告等之外其他所有的人事纠纷和普通家庭纠纷均使用强制调解,采取调解前置主义。台湾地区的强制调解的范围也很大。包括台湾地区"民事诉讼法"第403条规定的不动产、相邻关系、道路交通事故、医疗纠纷、金额或价款在10万元以下的案件;第577条规定的夫妻离婚,履行同居之诉;第587条的终止收养关系之诉等。

请后,委派行政机关、人民调解组织、商事调解组织、行业调解组织或其他具有调解职能的组织进行调解。当事人不同意调解或者在商定、指定时间内不能达成调解协议的,人民法院应当依法及时立案。"

（四）强制调解程序的完善

立法应当对强制调解的范围进行适当的调整。首先,要突破简易程序的限制,对强制调解的范围进行适度扩大,当事人之间存在合作条件的绝不仅仅只有离婚案件,而且案件是否适合强制调解与其适用的程序类型并无关系;其次,需要对不具备合作基础、不宜强制调解的案件范围予以明确规定,以减少对当事人程序选择权的不当限制。

最高人民法院《关于适用简易程序审理民事案件的若干规定》第 14 条第 2 款规定:"根据案件性质和当事人的实际情况不能调解或者明显没有调解必要的,法院不得依职权启动调解。"设置强制调解制度不仅要考虑案件本身的性质,还要考虑当事人冲突的程度,如果当事人想要通过诉讼解决,或者是在当事人冲突已经严重到无法平心静气地沟通交流时,强制调解会触发当事人一方或双方的抵制情绪,这样就很容易产生调解过程中当事人不配合,或是在调解之后再度进行诉讼等问题。

三、审判规范与调解规范的分离

（一）法律阴影下的审判

调解在西方国家被称为"在法律阴影下的谈判"①,意即审判在解决个案纠纷的过程中形成具有确定性、统一性和普适性的规则,为解决其他同类纠纷（包括为那些未进入诉讼的案件）提供根据或参照。因此,合乎法律是各类型调解的基础之一,调解人必然要以法律规范为说理的前提和依据,以促使当事人协商解决争议。但是,我们必须明确法律规范并非调解的唯一依据,大多数情况下,情理、民俗习惯、道德规范、乡规民约往往都是调解人调解和当事人谈判的筹码。换言之,法律规定仅仅是调解参照物的一种。社会的规范主要以四种形式而存在,法律、道德、宗教以及习俗,在这四种规范之外,还有所谓的另类规范存在于某一个共同体中,能够有效调整人与人之间、人与社会之间的

---

① 法律阴影下的谈判:即调解人员的调解活动必须受法律的指导,调解的内容、范围和方式都不得违反强制性、禁止性法律规范;当事人在法律阴影下必须考虑,如果将纠纷提交法庭解决,将会得到何种裁判。正如苏力教授所言,正是信赖于国家正式法的隐性存在,当事人才有一个基点进行讨价还价。

关系,但却并未获得国家层面的认同,比如诅咒(赌咒)、发誓。① 在调解程序之中,法律以及法律之外的与法律强行规定不相违背的各种社会规范透过当事人自治都拥有作用的空间,对解决纠纷以及实现预防纠纷、对纠纷的早期介入能够产生难以替代的作用。

然而在实践中,我们常常看到理与法相互碰撞、冲突的现象。对当事人之间发生的纠纷,以不同的评价标准进行评价会产生不同的效果,如果我们以法律为尺度会作出一方有理的判断,但若以情理、道德等为尺度则会作出另一方有理的判断。在纠纷面前理与法不一致是因为法院的判决必须依法,为了实现整体的正义,可能无法兼顾个案的正义。而调解却可以避免这种理与法的矛盾,其强调在具体个别的情境中与种种实际情况相结合,显示出调解妥善解决纠纷的优势,只要当事人达成的协议不违反法律的禁止性规定,不损害国家、集体或者他人的利益即为合法,这也就形成了不同于审判规范的调解规范。判决所依据的规范是明确而固定的,但是调解所依据的规范却种类繁多且范围极广。

调解规范,其本质就是在诉讼调解中应遵循的规范。由于调解本身对实体和程序的双重软化,导致调解不一定要求事实清楚和明白,有时候就是在事实不清,法律没有规定的时候来进行调解,故而调解遵循的规范往往是一些常识、常理或常情。在实践中,调解遵守的规范内容是非常模糊的,很难在一般意义上得到确定,只能在具体个别的情境中与种种实际情况结合起来才能显示出妥善解决纠纷的作用来。

(二)处理好审判规范与调解规范的关系

判决和调解规范本身随着 ADR 运动的兴起和对西欧近代型诉讼审判制度的反思,明晰两种规范无所谓高低之分,且在它们之间应该存在相互支撑、相互汲取的内在关系。② 调解规范时刻受到审判规范的影响和波及,并在此情况下审判规范有力地规定和影响着调解规范此种一般社会规范不断生成与发展;审判规范完全可以从调解规范中汲取新的因素和内容来促进自身的发展。它们的相互渗透和补充关系才共同构成法治社会规范发展的必然要

---

① 张永和:《信仰与权威:诅咒(赌咒)、发誓与法律之比较研究》,法律出版社 2006 年版,第 13~14 页。

② 王亚新:《对抗与判定——日本民事诉讼的基本结构》,清华大学出版社 2001 年版,第 274 页。

件。①

(三)建立案例指导制度

调解程序从本质上来说是灵活的,从适用规范上来说,可以是社会规范或习俗,但调解规范随着社会的变迁与发展也会产生相应的变化,这就造成了调解规范内容的模糊性以及适用上的不规范性。这些都似乎和民事审判改革的规范化有一些背离,但其实现代调解程序虽然灵活,强调对当事人主体性的尊重,并且适用的是开放性的社会规范,但是在调解合意过程中构成的一般规范性支撑的社会生活规范在经过一定的反复适用之后,也可以通过建立案例指导制度达到适用上的规范化。将具有指导性、标杆性的调解案例进行收集、汇编,对调解中适用的调解规范进行归纳总结,对于调解规范中具有普适性的规则也可以通过最高法院即时的司法解释达到适用法律的统一,通过立法纳入正式规范之中,可以保证法律适用的连续性。

第二节 调解程序运行的规范保障

一、调解过程中的程序选择权

虽然调解的纠纷解决存在第三方的介入,但是从本质上讲,调解仍然是当事人自治的纠纷解决办法。当事人是调解程序的主导者,纠纷双方对于要不要调解、在何处调解、由何主体来主持调解、是否同意委托调解以及在此过程中应当遵循何种规则等事项具有决定权。这是因为,现代调解制度承认当事人对与其利益攸关的纠纷具有处分权,处分原则贯穿调解程序的全部过程,对于调解过程中出现的各种各样的实体利益和程序利益,当事人均保留最终的程序处置权。因此,保障当事人自治的实现、保障当事人处分权就成为调解结果正当化的依据,成为调解程序运行的关键所在。调解过程中赋予当事人充分的程序选择权,也就是使当事人拥有选择调解员、选择调解方式的权利。

(一)对调解员的自主选择

调解员的资格对达成调解结果的质量具有重大的影响,但是我国现行立法并没有对调解员的资格作出统一的规定。调解是高度自治的程序,对调解员的选择应当充分尊重当事人的选择权。调解的主持者关系到调解能否成立,因此需要特设一项调解员制度。调解程序的进行是借由具有专门知识或

---

① 李祖军:《调解制度论:冲突解决的和谐之路》,法律出版社2010年版,第22页。

生活经验丰富的社会公众人士的参与,以提升调解的成功率,切实发挥调解消弭讼争、减轻诉累的功能,同时也扩大了广大民众参与司法运作范围,实现司法民主的理念。

对于调解员的产生、任职条件、任免和列册可以参照2004年全国人民代表大会常务委员会《关于完善人民陪审员制度的决定》的相关规定来确定,可以在基层人民法院或司法局设立一个调解员名册,当事人选择采用调解方式解决纠纷时就可以为其提供该名册,由其进行选择组成一个调解合议庭进行调解或者选择一名调解员进行单独调解;对于调解合议庭的组成或独任调解员的选择可以参照《仲裁法》第四章第二节"仲裁庭的组成"中的相关规定来确定。《仲裁法》第30条规定:"仲裁庭可以由三名仲裁员或者一名仲裁员组成。由三名仲裁员组成的,设首席仲裁员。"第31条规定:"当事人约定由三名仲裁员组成仲裁庭的,应当各自选定或者各自委托仲裁委员会主任指定一名仲裁员,第三名仲裁员由当事人共同选定或者共同委托仲裁委员会主任指定。第三名仲裁员是首席仲裁员。当事人约定由一名仲裁员成立仲裁庭的,应当由当事人共同选定或者共同委托仲裁委员会主任指定仲裁员。"第32条规定:"当事人没有在仲裁规则规定的期限内约定仲裁庭的组成方式或者选定仲裁员的,由仲裁委员会主任指定。"

(二)对调解方式的自主选择

就传统的调解方式而言,有在双方当事人同时在场的情况下进行的"面对面"调解和调解员分别与双方当事人接触进行调解的"背对背"调解之分。随着电子网络技术的快速发展和网络的普及,电子商务活动风起云涌,电子调解(E-mediation)兴起并发展迅速,由此出现了现代新型的调解方式。

对于采取"面对面"调解、"背对背"调解还是基于调解成本的考虑采取电子调解方式进行调解,均由当事人自主选择。

1."面对面"调解

"面对面"调解即双方当事人同时在场的情况下进行的调解,这是调解程序进行的惯常方式。"面对面"的方式能够保证当事人之间信息的互相交流沟通,但是不可避免的是,在当事人仍处于对抗状态互不让步时采用"面对面"的方式会使得调解面临一种尴尬的局面,如果整个调解过程只使用这种方式,会影响到案件的解决效率。所以,采用面对面方式进行调解时可以适当借助"背对背"的方式。

2."背对背"调解

"背对背"调解即调解员通过分别与双方当事人接触、传递双方当事人的陈述和意见而进行的调解。长期以来,法学界对"背对背"调解存在一些质疑:首先,"背对背"调解违背了正当程序原则。民事诉讼法规定了审判公开原则,禁止法官与当事人一方单独接触进行"背对背"调解,在背对背调解中,当事人缺少与对方对质的机会。其次,"背对背"调解不利于公平解决纠纷。最后,"背对背"调解会为法官谋私提供机会。① 有学者提出,对"背对背"方式进行的调解的质疑是有失偏颇的,其理由如下:首先,正当程序中的禁止单方联络原则是针对审判而设立的原则,因为在诉讼程序中,审判机构的裁判将最终决定当事人之间的权利义务关系,必须有严格的程序来保障这种决定的正确性;而调解程序的最终结果由当事人自行决定,程序正当性的关键在于协议源于当事人的真实意愿而非严格的程序规则,将该原则套用于调解程序只会限制调解的灵活性与功能的发挥。其次,"背对背"调解方式确实会造成由于当事人缺少对质机会而使查清案件事实相对困难,但是,这种质疑是建立在对"背对背"和"面对面"调解方式存在非此即彼的关系的认识基础上的,事实上,"背对背"调解并不排斥在需要时双方当事人的面对面的协商交流。②

"面对面"与"背对背"调解方式并不存在严格的分野,二者并不是非此即彼的关系。即使当事人选择了"背对背"的调解方式,整个调解过程中当事人不可能是完全"背对背"的,在"背对背"的调解中必然会有当事人"面对面"的时候;理论界对"背对背"方式产生怀疑主要是基于采用"背对背"方式能够给调解人员以权谋私提供机会的考量,但实际上面对面的调解也无法禁止调解人员私下另外寻求机会进行权力寻租。由于面对面调解时双方当事人还存在一定的对抗心理,双方都不了解对方的底线和态度,不会轻易地向对方让步示弱,反而会造成调解的尴尬局面,不利于调解合意的达成;而在"背对背"调解中有调解员的疏导和传递信息,往往有助于消除合意形成的障碍,协助当事人实现纠纷的自治解决,促成调解协议的达成。2004年8月最高人民法院颁布的《最高人民法院民事调解工作若干问题的规定》第7条第2款规定:"调解时当事人各方应当同时在场,根据需要也可以对当事人分别做调解工作。"该规定实际上是确定了"面对面"调解方式的原则性,同时也赋予了调解法官根据需要灵活采用调解方式的权力。

---

① 严如春:《"背对背"调解的弊端及其矫正浅议》,载《南京航空航天大学学报》2008年第3期。

② 李德恩:《民事调解理论系统化研究:基于当事人自治原理》,中国法制出版社2012年版,第105页。

3. 电子调解

随着网络技术的发展和网络的普及,电子商务活动大量出现,纠纷解决提供者也开始寻求利用互联网技术的纠纷解决方式,现代科学技术在调解制度中得以应用,电子调解兴起并发展迅速。

美国是电子调解方式的开创者,随即欧盟为了促进法制的基础结构建设,也积极鼓励在电子调解领域进行研究试点。2001年8月26日,电子消费者纠纷解决机制由欧洲和北美的11个研究机构和私人实体联合发起设立。电子调解包含三项内容:[①]其一,专门通过网络在线进行的调解;其二,关于电子商务和电子科技的调解;其三,利用电子媒体进行的调解,比如通过电视会议和发送邮件的方式。

网络调解是电子调解的一种,即在互联网上进行的调解,是指调解人运用计算机和互联网技术,努力促成当事人达成解决纠纷矛盾的一种非诉讼解决方式。网络既是解决问题的工具,又可以当作解决问题的平台。我国比较成功的电子调解机构有中国在线争议解决中心(简称China ODR,网站地址为:http://www.odr.com.cn);此外,网上社区调解、社团网上调解、政府网站调解、法院网上调解等网上调解在我国也有了一定的发展。[②]

在电子调解过程中,当事人并不需要直接面对对方,能够避免接触到对方当事人咄咄逼人的气势以及现场气氛的紧张性,因此,具有更好体现调解自愿原则的优势,从而实现调解当事人的自治化;同时,采用电子调解方式解决纠纷,当事人不需要花太多的时间参与调解活动,白天晚上都可以在互联网上进行纠纷的解决,出于成本的考虑,相信会有越来越多的人选择经济实用的电子调解方式解决纠纷。

二、调解信息秘密性保障

(一)以不公开调解为原则,以申请公开为例外

无论是诉讼程序还是调解程序,公开是指针对当事人以外的其他人而言的。当事人是开启程序的主体,必然会参与到程序中而能获取到与程序进行相关的信息,所以这里的公开并不是指对当事人的公开。

1. 调解不公开的法理基础

[①] 李德恩:《民事调解理论系统化研究:基于当事人自治原理》,中国法制出版社2012年版,第57页。

[②] 邱美星、王秋兰:《调解法学》,厦门大学出版社2008年版,第248页。

第七章 民事调解规范运行保障

调解与诉讼所适用的法理是不同的。诉讼适用的是诉讼法理,审判公开是诉讼程序应当遵循的基本原则。一般而言,审判程序若非涉及机密及隐私,原则上均应公开进行。审判公开具有能够有效防止司法专横、增强裁判的公正性、提高判决的公信力、改进司法工作等功能。而调解适用的是非讼法理,公开并不是非讼法理的组成要素。

"调解是中立第三方以适当方式促使当事人平等协商,合意解决争议的一种纠纷解决活动和纠纷解决方式。"① 调解的重心在于双方协商,达成的协议更多的是处分权而非审判权运行的结果。调解虽然有第三人的参与,但本质上第三方的介入也仅仅是为当事人提供一个促进自我解决纠纷的平台,当事人自治是调解的本质属性,自治目标下调解的目的是提供给当事人参与纠纷解决过程的机会并为当事人创造一个自我决定的平台:认识自己的需求和利益;提出满足自己需求的观点,创造属于自己的结局。

可见,调解是当事人权利行使、私权处分的过程,调解公开进行的必要性并不大,并且公开调解在一定程度上反而会妨碍当事人表达自身真实意愿、妨碍当事人坦诚交流,而且还会对当事人的隐私权形成不必要的限制与侵犯。

2. 调解一般不公开进行,当事人申请公开的除外

调解公开的唯一例外在于调解当事人的申请,非因调解当事人的申请,调解则不公开。我国的现行立法也循序渐进地确认了不公开调解的原则。2004年最高人民法院《关于人民法院民诉调解工作若干问题的规定》第7条规定:"当事人申请不公开进行调解的,人民法院应当准许。"这并未确立不公开调解的原则,只是在确认调解公开进行的基础上,赋予当事人申请不公开的权利。2009年最高人民法院《关于建立健全诉讼与非诉讼相衔接的矛盾纠纷解决机制的若干意见》正式确立了调解不公开进行的原则,其中规定:"调解过程不公开,但双方当事人要求或同意公开调解的除外。"2011年1月1日起施行的《人民调解法》第23条规定:"当事人在调解程序中可以要求调解公开进行或不公开进行。"

(二)调解信息披露限制

限制披露调解信息即保障调解的机密性,调解的机密性是指除非各方同意,当事人在调解过程中所披露的信息(包括口头、书面)已经形成的调解协议,都不能在接下来的程序(包括诉讼)中被强制开示,作为证据证明案件事

---

① 闫庆霞:《法院调解制度研究》,中国人民公安大学出版社2008年版,第83页。

实,调解员也不能披露在调解过程中获得的任何信息。①

在调解过程中,当事人可能会通过对自身权利进行一些让步或对对方主张的实体权利及案件事实作出自认来获取纠纷的解决,这种让步和自认如果不能换来调解协议的达成,当事人是不希望被审判者和外界所知晓的,以免被误认为是理亏。

调解参与人对调解程序中获知的信息,均无权在其他程序中对该信息加以利用。《最高人民法院关于民事诉讼证据的若干规定》第67条规定:"在诉讼中,当事人为达成调解协议或和解的目的作出妥协所涉及的对案件事实的认可,不得在其后的诉讼中作为对其不利的证据。"调解结果很大程度上取决于当事人在协商过程中的信任与坦诚。因此,除有损国家利益、社会公共利益或案外人合法利益的事项以外,调解员应当对当事人在调解过程中所做的陈述保密,调解员不能以作证或以其他方式披露在调解程序中所获知的信息;当事人不得将对方当事人在调解程序中的信息披露当作证据使用,也不得对外泄露该信息。

2009年《最高人民法院关于建立健全诉讼与非诉讼相衔接的矛盾纠纷解决机制的若干意见》规定:"从事调解的机关、组织、调解员,以及负责调解事务管理的法院工作人员,不得披露调解过程的有关情况,不得在就相关案件进行的诉讼中作证;当事人不得在审判程序中将调解过程中制作的笔录、当事人为达成调解协议而作出的让步或者承诺、调解员或当事人发布的任何意见或建议等作为证据提出。"

三、调审分离

调审分离是相对于调审合一而言的,我国民事诉讼法所确立的审判方式相当接近于一种可称为"调解型"的程序构造模式。② 在这种模式中,法官处理案件既当调解员又当法官,一身二任。对于负责审理案件的法官来说,调解既是任务又是职责,法官有责任积极主动地进行调解,只有在调解不成的情况下才作出判决。调解员与审判员身份的竞合彰显了调审合一的弊端,主要表现在:第一,法官的调解偏好使重调轻判成为必然;第二,潜在的强制性对当事人自由意志的侵害;第三,严格依法解决纠纷与适用法律的灵活性、流动性存在矛盾,合法性原则存在被侵害之虞;第四,让步息讼与基本权利保护之间的

---

① Suzanne J. Schmitz, A Critique of the Illinois Circuit Rules Concerning Court-Ordered Mediation, in *Loyola University Chicago Law Journal*, 2005, Vol. 36.

② 王亚新:《论民事、经济审判方式的改革》,载《中国社会科学》1994年第1期。

矛盾,使当事人的合法权益难以得到切实的保护。可见,调审合一的模式在民事诉讼制度中必然会引起程序的不和谐,使民事诉讼实践在一定程度上偏离其基本价值目标。随着民事审判改革的深入,人们对法院调解制度改革的讨论也逐渐深入,其中,关于调审分离的观点正是最常被提及的一种改革思路。

民事诉讼是国家强制力保证实体法实施的程序制度,审判是其核心内容,审判的内在价值和作用与调解完全不同,主张在承认调解价值的前提下将调解和审判程序分离,确认调解独立的程序和地位。此种观点又有两种不同的设想,一是将调解程序从审判程序中独立出来,实行先调后审,案件调解不成,在进入审判程序后不再进行调解而是直接作出判决。① 二是加强庭前准备工作,将庭前调解作为我国法院调解模式改革的方向和目标。② 调审分离肯定了调解本身的价值,承认调解对促进当事人之间达成合意的重要作用,构想了一种既能充分发挥调解功能,又能有效避免法官过分职权介入的弊端的路径,具有积极意义。

此外,应淡化审判行为意识,逐渐实现调解与审判程序的分离。通过设立专门负责调解的法官,并将特定类型的案件如专业性较强的案件委托社会调解,以实现调解员与审判法官的分离;对法院进行相应的机构改革,在法院附设调解机构,通过附设调解程序解决纠纷实现调审分离。具体构想如下:

(一)调审主体分离

与我国法院调解不同,在外国及我国台湾地区的诉讼上的和解中,和解法官与审判法官大多是相互独立的。如美国审前会议中的和解,主持和解的法官一般不是对案件进行审判的法官。在德国、日本和我国台湾地区的民事诉讼中,都有主审法官将案件交由受命法官或受托法官试行和解的规定。改革调审合一的模式,将调解和审判分解成相互独立的程序,由不同的法官来负责调解与裁判,调者不审,审者不调,调审分离,这种身份的分离对调解者和审判者都会形成一种制约。确保当事人在达成最终调解协议时不会受到调解法官的强制,保障调解的自愿理念;如果经过调解最终不能达成调解协议,调解法官对调解进程和调解所获得的信息必须对之后参与审判的法官保密,防止审判法官形成先入之见,使得之后的审判过程空洞化、形式化。

---

① 王红岩:《试论民事诉讼中的调审分立》,载《法学评论》1999年第3期;李浩:《民事审判改革方式与发展》,载《法学研究》1996年第5期。

② 章武生、张其山:《论我国法院调解制度的改革》,载江平:《民事审判方式改革与发展》,中国法制出版社1998年版。

事实上，如果审判法官参与过调解程序，那么就极易影响其心证，法官不可能对在调解过程中所展现的信息视而不见、听而不闻。2009年《最高人民法院关于建立健全诉讼与非诉讼相衔接的矛盾纠纷解决机制的若干意见》中规定："开庭前从事调解的法官原则上不参与同一案件的开庭审理，当事人同意的除外。"即适用"前程序使后程序回避"规则，避免相关人员先入为主，作出对相关当事人不公平的裁判。

"当法官摆出裁判者的身份进行调解时，或明或暗的强制就会在调解中占主导地位，在强制力的作用下，自愿原则不得不变形、虚化。"①在诉讼调解制度架构内，实行调审分离，由不同的法官分别负责同一案件的调解和审判。原因不仅在于其实施起来简便易行、易于接受，更主要的是，在现有调解制度架构内实行调审分离，已经足以对法官利用审判权拖延诉讼的行为起到限制作用。由不同的法官分别负责调解和审判，将审判权从调解法官身上剥离后，调解法官不用担心错案追究的压力，同时也失去了拖延诉讼的强制权力，其没有拖延诉讼的必要，也没有拖延诉讼所倚仗的权力基础。

（二）法院附设调解机构

在法院附设法庭审理的前置机构即调解机构，该调解机构的组成人员可以由法院委任擅于做调解工作的法官或退休法官担任调解员，即调解法官，基层法院的派出法庭可以设置调解室。

在当事人将纠纷提交到法院之后，案件进入审理阶段之前，给当事人一个调审自择的机会。法院受理案件后可以通过有效途径询问双方当事人是否愿意调解并促成达成调解意向，如果当事人同意，则将案件移交调解机构处理。调解成功即制作调解书，调解书与判决书具有同等效力；调解失败后，则将案件移送审判庭处理，且参与过调解程序的人员不得再参与之后的审理程序。

通过法院附设调解机构设置调解前置程序处理纠纷能够实现纠纷解决的高效性。在现代法治社会中，公正和效率不仅是法治的重要原则，也是法治的价值追求，其中公正是首要价值，但"迟来的正义等于非正义"，在司法公正的基础上应积极追求司法的效率。人的趋利性决定了现代社会中为了一个"说法"而不惜诉讼成本的当事人毕竟是少数，而如何在保证程序公正和实体公正的基础上实现最大效益是当事人和司法部门的共同追求。

审判程序相对于调解过程而言是一个有着严格操作规程，并以此作为发

---

① 李浩：《民诉审判中的调审分离》，载《法学研究》1996年第4期。

现真实的保障过程。为了查明事实,往往不惜巨大的程序耗费。一个争议标的额很小的案件可能为了庭审、调查证据而耗时、耗资甚巨。因此,即使是当事人一方胜诉而获得的实体利益也因其高昂的程序支出而变得意义甚微,甚至影响当事人其他权利的自由行使而导致纠纷当事人疏远司法的恶果。

法院附设调解程序并不剥夺当事人的诉权,只是通过法律的规定和调解机构的先行处理,敦促当事人利用调解程序并遵守由此作出的决定或达成的调解协议。法院附设调解机构处理纠纷有重大的现实意义:

首先,法院附设调解程序相对于诉讼具有补充性。现代诉讼制度所提供的是一种正统的、公正的、最符合形式理性的程序,因此,在多元化纠纷解决机制当中,应当是解决纠纷的最主要形式。法院附设调解程序解决纠纷只能是在一定程度和范围内对诉讼起补充作用,而不能从根本上取代诉讼的地位。

其次,法院附设调解程序解决纠纷比诉讼更有效益诉求性。第一,时间效率更高,用附设的调解程序解决纠纷所需的时间更短;第二,成本效益,用附设的调解程序解决纠纷所需费用更低;第三,社会效益,用法院附设调解程序解决纠纷所取得的社会成效与所耗费的社会资源比值更高。

综上所述,法院附设调解程序解决纠纷具有诉讼无法比拟的优点,解决纠纷便捷迅速,成本低,效率高,不必拘泥于死板的程序。然而,正如诉讼中的情况一样,严谨的程序一方面在最大限度内保证了公平正义的实现的同时,另一方面也会造成诉讼迟延,成本高,案件堆积,司法效率低下等负面效应,而法院附设调解程序的灵活性使得纠纷能够迅速解决,降低成本,提高效率。

灵活的程序作为附设调解程序的优点,有利于迅速廉价地解决纠纷,但是却不会像诉讼程序和诉讼结果那样对当事人产生足够强的拘束力,一旦当事人对正在进行的调解程序不予配合或对已经达成的协议不予承认或拒绝履行,那么所有之前付出的时间、精力和成本都将付之一炬,纠纷的最终解决也就不得不再次依赖于诉讼。这样,不但调解的效益诉求没有发挥作用,反而还造成了双重成本的浪费,所以就会走入附设调解程序"效益困境",从而导致法院附设调解"调而无效,调而低效"。

由此,笔者认为可以采取一些措施尽可能地避免附设调解程序"效益困境"的出现:增强法院附设调解程序的司法性质,在保持其区别于诉讼的灵活性优点的同时,赋予其适当的强制性色彩,以尽量避免因调解程序失败而导致诉讼程序启动。具体而言可采取如下措施。

第一,增强程序本身的约束力,增加当事人随意退出正在进行的调解程序的失信成本,设置制裁措施。但是,制裁必须以失信一方在诉讼中没有获得比调解结果更有利的嫌疑判决为前提,否则就会有变相剥夺当事人诉权的嫌疑。设置的惩罚措施既可以体现在诉讼费用的承担上,也可以体现在证明责任的承担上。这一措施可以约束当事人对已经进行的调解程序随意反悔,或在协议结果生效之前退出调解程序,转而提起诉讼。

第二,增强协议结果的约束力,赋予当事人达成的协议以生效判决的效力和执行力,并且要尽量缩短对协议的审查期限或当事人提出异议的期限,及时使协议结果生效。避免当事人以之为借口,违反信用,拒绝接受协议结果,而再次提起诉讼。

四、诉调对接

(一)概念界定

诉调对接机制是近年来的司法改革中,从基层法院的实践之中衍生出来的新型纠纷解决模式。相关法律条文并未对这一概念进行阐释,最高人民法院也没有出台相关的司法解释对此作出统一的定义,理论界对于诉调对接也是争议颇多。这是由于对"诉"和"调"有不同的理解造成的,对于"诉",可以理解为广义上的诉讼和诉讼调解,也可以狭义地理解为诉讼;对于"调",可以理解为广义上的包括诉讼调解以及人民调解、行政调解、社会调解等非诉讼调解在内的大调解,也可以理解为狭义的非诉讼调解,更有甚者仅仅指传统意义上的人民调解。因此,对"诉调对接"也就产生了四种不同的观点:

第一种观点认为"诉调对接"是指法院审判系统(包括法院诉讼系统和法院调解系统)与非诉讼调解的衔接;[1]第二种观点认为是法院审判系统与人民调解的衔接;第三种观点认为是诉讼调解与非诉讼调解之间的衔接;[2]第四种观点最为狭义,认为"诉调对接"是法院调解与人民调解之间通过不同方式的有机组合,实现司法调解与人民调解力量的有效整合,从而达到纠纷解决的目的。

由于理论上对诉调对接并没有一个完整确切的定义,本书对诉调对接的界定采取第三种观点,即诉调对接限于诉讼调解与非诉讼调解之间的衔接,不包括诉讼与调解之间的衔接。笔者认为,所谓诉调对接是指以人民法院为主导和桥梁,实现诉讼调解和非诉讼调解的连接,充分发挥诉讼调解和非诉讼调解各自的优势,使得司法审判和社会力量优势互补,形成合力,共同化解社会

---

[1] 范愉:《论转型中的人民调解制度》,载《中国司法》2004年第10期。
[2] 孙霞:《诉调对接初探》,载《法制建设》2007年第10期。

纠纷的解决方式。① 换句话说,就是将诉讼途径向前延伸,将社会非诉纠纷解决方式的运用向司法体系靠拢,将两者很好地予以对接,使二者相互衔接、相互补充、相互促进、良性互动,各自在不同阶段以不同特点发挥化解民间纠纷维护社会稳定的作用。② "诉调对接"机制最早在实务部门提出,随后在全国范围内展开,在纠纷解决方面取得了显著的成效,使得纠纷解决机制得到了多元化的发展。在目前纠纷多发的形势下,针对人民调解、司法调解、行政调解三大调解手段单兵作战、各自为政,相互之间缺乏有效的衔接机制,没有形成凝合力的局面,有必要建立三大调解的衔接机制,实现纠纷的有效解决与案件的分流,充分发挥大调解的功效。

(一)人民调解与诉讼调解的衔接

1. 制度衔接的基础

首先,人民调解与诉讼调解都是多元化纠纷解决机制的重要组成部分。随着市场经济的迅猛发展以及社会转型的不断深化,各类社会主体之间的关系以及他们相互之间的利益、冲突的多元化,使得社会主体对于纠纷解决机制的需求也呈多元化趋势。建立以审判为核心,发展包括人民调解、行政调解、仲裁等在内的多种纠纷解决机制不失为一种应对纠纷多样化的更为理性的选择。其中,人民调解和诉讼调解以其程序简便、低廉、一次性解决纠纷、维护当事人之间的良好关系等优点,成为多元化纠纷解决机制中的重要组成部分,也为二者的进一步衔接提出了要求。

其次,人民调解与诉讼调解在功能上能够实现互补与互动。人民调解是处理纠纷的"第一道防线",而诉讼调解包含在诉讼程序中,是正义的最后守望者。发挥人民调解的作用,把大量的矛盾化解在第一线,可以减轻法院的负担,实现案件分流。同时,人民调解以其更大的灵活性,更贴近群众生活,成本低,能够通过及早介入有效控制纠纷,弥补诉讼调解规则要求高,成本高的缺陷。而诉讼调解又以其权威性能够为人民调解提供监督和指导。

最后,两者的衔接能够克服各自的发展瓶颈,适应纠纷多元化新形势。人民调解面临的主要问题是法律地位和效力过低,调解人员素质不高,程序不够合理,从而影响人民调解制度的运行效果。而诉讼调解面临的问题是随着大量新类型纠纷、矛盾易激化纠纷、群体性纠纷的不断出现,法院承受着越来越

---

① 方易、林荫:《自治性与司法性的互补与融合》,载张延灿:《调解衔接机制之理论与实践》,厦门大学出版社2008年版。

② 参见最高人民法院原院长肖扬2002年9月27日在全国调解工作会议上的讲话。

大的压力,办案任务的繁重制约了法官对调解工作的投入。将人民调解与诉讼调解进行衔接,能够弥补各自的不足,实现多元化解决纠纷的目标。

2. 制度衔接的具体路径

(1)法律依据层面

加快制定《人民调解法》以及与诉讼调解相衔接的相关司法解释。对人民调解的受案范围、效力、衔接程序等进行详细的规定。① 同时,明确相关的程序设置,为司法实践部门提供更具权威性的操作细则。

(2)程序设置层面

第一,建立诉讼内委托调解制度。案件进入诉讼程序后,对于有可能通过调解解决的,法院可以委托人民调解组织进行调解。法院对人民调解组织主持调解达成的调解协议进行司法确认,赋予其强制执行力,除非存在调解协议无效或可撤销情形,否则一方当事人可以在对方不履行调解协议时向法院申请强制执行。第二,法院对有争议的人民调解协议直接进行审查和确认。当事人就具体民事权利义务关系的人民调解协议发生争执起诉到法院,法院仅就协议是否成立、效力以及权利义务问题进行审理,而不涉及当事人在协议之前的实体争议,节约诉讼成本,维护人民调解协议的效力。第三,建立庭前调解机制。在法院设立庭前调解窗口,选择具有较强调解能力的法官及经过一定程序聘请的调解员组成专门调解机构,负责庭前调解。

(3)工作制度层面

第一,建立定期培训制度。各级人民法院可以派出具有丰富审判经验和法律知识的审判人员定期开展对人民调解员的培训,提高人民调解员的调解水平。第二,建立调解质量反馈制度。对涉及人民调解协议的案件审理终结后,应将生效的裁判文书寄送原承办的人民调解委员会,就审议中发现的问题提出建议。②

(三)行政调解与司法调解的衔接

1. 行政调解的现状及原因

目前行政调解的适用主要集中在交通事故、治安案件、劳动纠纷、消费者权益保护等方面,且调解的力度和工作的细致程度较以往有所减弱。这既有

---

① 姚蔚薇:《论人民调解与诉讼调解的制度衔接》,载上海市高院等编《纠纷解决:多元调解的方法与策略》,中国法制出版社 2008 年版。

② 崇明县司法局基层科:《浅谈人民调解与诉讼调解的衔接》,载上海市高院等编《纠纷解决:多元调解的方法与策略》,中国法制出版社 2008 年版。

司法权与行政权相分离的因素,也与近年来公民、法人权利意识增强、过分依赖法律诉讼有关。随着行政法理论的发展,有限政府、服务政府、依法行政、人权保障等观念逐渐为国家和公民所接受,导致当前行政调解的功能发挥受到多重因素的制约。在绝大多数领域,行政调解已不再是诉讼的前置程序,如《中华人民共和国道路交通安全法》出台后,交警的行政调解不再是必经程序,相反需要事故双方书面申请,导致交警调解职能大大弱化,起诉到法院的交通事故损害赔偿案件大幅度上升。交警即使进行行政调解,也因法律修改后缺乏必要的调解手段,很难调解成功。比如《道路交通安全法》规定,交警部门不能扣车,不能要求肇事方提供担保,对肇事方尤其是外地车辆没有任何制约手段。而且,交警调解也还有一个和保险公司衔接的问题,不少保险公司不认可调解协议,往往要求提供判决书才予以理赔,这对行政调解的效用也造成了很大的影响。总之,行政调解如何定位,如何与其他纠纷解决机制相衔接,无论在立法上还是实践中对解决纠纷的及时性、有效性来讲,都还存在许多障碍和困惑,迫切需要加以重新审视和厘定。

2. 制度衔接的具体路径

首先,扩展行政调解的功能和效力。行政机关代表国家行使管理社会的职能,行政机关在履行行政管理职责过程中,对发生在本领域、本行业以及不同行业、不同部门之间的利益冲突和矛盾进行协调,是行政机关实现行政管理、行政服务目的的重要手段,也是处理矛盾纠纷的首选方式。有关行政机关特别是公安、工商、卫生、农业、林业、劳动保障、国土资源、建设等部门以及工会、共青团、妇联等组织,大多都有专门的调解组织,行业性、区域性等多种组织形式的自律性人民调解组织因需而生。新形势下,人民调解无论是组织形式还是工作内容都得到了不断地拓展和丰富,要高度重视各种调解的优势和作用;要把是否便民利民、符合人民群众的根本利益,是否有利于及时化解纠纷、促进社会和谐,作为评判这项工作是否有意义的根本标准。如对用工纠纷、劳动报酬纠纷、"农嫁女"纠纷等要善于发挥工会、妇联等部门的作用;要在实践中鼓励社会强化自我管理特别是行业管理,通过行业协会等的调解来分化、疏导、解决纠纷。行政调解协议在诉讼中是否具有民事合同的约束力,一方面,要加强上下沟通,不失时机地提出建议,进一步完善立法,赋予特定种类的行政调解协议与人民调解协议同等的法律地位;另一方面,在审理涉及行政调解协议的民事案件时,在进行合法性审查的基础上,宜依法确认其效力,以有效提高行政调解的功效。

其次,赋予行政调解有效的法律效力保障。目前,对行政调解的法律效力规定存在缺陷,行政调解与人民调解的效力规定不一,当事人不履行行政机关调解达成的协议,不负任何责任。针对此种现状有必要在立法和司法解释中引入现代行政程序法的基本理念,对于调解结果设立司法审查制,并遵循司法最终救济原则。

五、具体设定调解期限

"迟来的正义是非正义",及时性就是要尽快解决纠纷,是人民法院审理案件的基本要求之一。诉讼是要求有一定期限的,比如一审的审限在我国一般为6个月,一审简易程序和二审程序的审限只有3个月,这也与诉讼的严格程序要求相一致。对于调解来说,由于审限的限制,庭前调解一般不能过多拖延,调解不成必须进入诉讼程序。现行立法对答辩期前和立案阶段的调解有较为明确的规定,但是对于诉讼中的调解,只是对诉讼中调解和审限冲突问题予以了解决,即在当事人同意的情况下可以继续延长。对其自身的调解期限,仍然是依据调解嵌入在诉讼的现实,审理的期限就是诉讼中调解的期限。

这与我国调审合一的调解现状是分不开的,调解主体与审判法官的身份竞合导致在案件的审理过程中法官可以随时进行调解,调解可贯穿于诉讼的全过程亦可随时启动,审判程序与调解程序的密切结合以及法官的调解偏好,会造成法官千方百计地促成调解"以判压调"或者以判决方式变相实现调解结果。

于是,这就必然导致"久调不决"问题的继续存在,也就是在诉讼中调解长期的进行,并且法官超越正常的审理期限或者根据审限的延长而延长继续使用调解,规避对判决的适用。这与及时解决纠纷的调解理念相违背,调解的效率价值也就无法得到保障。不仅如此,现有立法还强调在审理中进行的调解如果有继续的可能,还可以延长继续审理或调解的期限来进行调解,显然,此种情况就有可能为一些法官或当事人尽量利用调解来拖延诉讼提供机会,为法官逃避判决、强制调解提供生存的土壤。

因此,对于诉讼调解的期限必须作出明确的规定,不能将诉讼期限与调解期限混合在一起,两者必须分开。

(一)必须由当事人申请,法院不得未经同意依职权开展

针对案件审理过程中调解贯穿全过程亦可随时启动的现状,立法中可明确规定在诉讼中的调解必须由当事人提出申请或者法院取得双方当事人同意的情况下展开调解工作,法院不得未经双方当事人同意而依职权主动进行调解。

（二）具体规定1个月的调解期限

立案后进入案件审理程序时，法官应询问双方当事人是否申请调解，并对相关法律法规进行释明。若双方当事人申请进行调解的，案件转由法院专门的调解法官进行审理，调解法官必须在1个月内完成调解，如果不能达成调解协议的，应立即进入审判程序，案件由审判法官按照审判程序进行审理。实现调解期限与审判期限的分离。

（三）调解期限不得延长

作为规则之治的审判建立在复杂的规范性程序设置和大量的人力、物力的"消耗"上，这些都是判决正当性的保障。而调解的巨大优势在于解决纠纷的快捷性、彻底性、灵活性，这也成为人们更有效率的选择。如果在规定的调解期限内双方当事人不能达成调解协议，一则说明案件复杂，需要用判决这种规范化的方式对案件事实进行论证分析，以实现实体正义与程序正义。二则调解的程序简化性表明双方当事人不能通过调解达致妥协让步、解决纠纷的目的，再次延长调解期限只会为久调不决埋下隐患。三则双方当事人不能达成调解协议，案件继而转入审判程序，这更有利于对当事人的权利保护。

第三节　调解救济程序规范的运行保障

一、完善当事人救济程序

当事人自愿选择调解方式解决纠纷，并在调解员的主持下自愿达成调解协议，在调解协议签收后即具有法律效力。在诉讼调解以及非诉讼调解方式下，都有可能存在调解违反法律的禁止性规定或者调解违反当事人合意的情形，因此，有必要加强对调解当事人的救济，可以从以下几个方面进行规制：

（一）签收反悔权[①]的合理限制

当事人启动调解程序解决纠纷是在利用解纷资源的前提下达成合意，所以调解协议的效力应当高于普通的民事合同。调解协议这类特殊的民事合同的解除权绝对不能等同于普通民事合同的解除权。

---

① 根据我国《民事诉讼法》第91条的规定，调解未达成协议或者调解书送达前一方反悔的，人民法院应当及时判决。该规定实际上赋予当事人对已达成的调解协议以反悔权，法院送达调解书时，只要一方当事人拒绝签收，调解书就不能生效。

1. 贯彻诚实信用原则

作为民法"帝王原则"的诚实信用原则是否适用于民事诉讼法一直以来备受争议,但在上个世纪 30 年代,德国于 1933 年修改的《民事诉讼法》中明确规定了当事人的真实义务。该法第 138 条规定:"当事人应就事实状况为全面而真实的陈述。"真实义务为诚实信用原则的核心,在德国法的广泛影响下,意大利 1942 年的《民事诉讼法》、日本 1996 年的《民事诉讼法》、我国台湾地区以及澳门地区的民事诉讼法都有相关的规定,可见,在大陆法系,诚实信用原则作为民事诉讼法的一项基本原则已经得到了立法界和理论界的肯定。

我国《民事诉讼法》明确规定诚实信用原则。民事诉讼中的诚信原则是指"法院、当事人以及其他诉讼参与人在审理民事案件和进行民事诉讼时必须公正、诚实和善意。""对当事人民事行为的诚信要求,必然延伸到民事诉讼行为领域。如果前者不能扩及于后者,则前者所具有的功能必定是残缺不全的。所以,民事实体法上的诚信原则,若在解释论上涵盖对当事人的行为准则要求,那么,从立法的一贯性和体系性上着眼,必然要在立法上认可民事诉讼中的诚信原则。而民事诉讼总的诚信原则,首先就成为对当事人诉讼行为的诚信要求"。①

诚信原则对当事人的要求为:第一,禁止反悔及矛盾行为。即禁反言规则,是指任何人不能反悔其先前的行为或与自己先前行为相矛盾的权利行使。禁反言规则重在保护对方当事人的利益,在基于一方当事人已有的陈述和行为,另一方当事人基于充分的信任而进行的行为应当得到尊重并受到法律的保护,不允许一方当事人事后反悔或采取矛盾行为来损害对方当事人的正当利益。第二,排除不当方法形成的利己诉讼状态,指如果出现当事人使用不正当手段制造出能够适用于有利于己的诉讼法规或者能够回避适用不利于己的诉讼法规的情形,可以根据信义原则否定他所期待的法律效果。第三,禁止诉讼权利的滥用。诉讼禁止当事人借行使诉讼权利的形式来达到拖延诉讼等非法目的的行为。②

因此,为了保护调解相对方的信赖利益,应以诚信原则为规制手段,限制调解当事人任意拒绝签收调解书的权利,——这正是对诚信原则中"禁反言"

---

① 汤维建:《论民事诉讼中的诚信原则》,载《法学家》2003 年第 3 期。
② [日]谷口安平著:《程序的正义与诉讼》,王亚新、刘荣军译,中国政法大学出版社 1996 年版,第 145~147 页。

规则的契合,有助于对调解质量的保障。

2. 自己行为自己负责

法治社会并不排斥、反对自治,而只意味着对自治的引导和规范。"私法自治是现代法律私法领域的最基本原则,在此原则之下,当事人可以依其自由意思创设、变更及消灭其私法上之生活关系。"①"在私法自治的范围内,法律对于民事主体的意思表示,即依其意思而赋予法律效果;依其表示而赋予拘束力;其意思表示之内容,遂成为规制民事主体行为之规范,相当于法律授权民事主体为自己制定的法律。"②

调解协议或调解书是双方当事人在调解程序终结时意思自治的结果,非有法定理由,当事人不得任意反悔、随意拒绝签收而要受其"自己制定的法律"的约束。当事人选择调解后,为实现调解解决纠纷的目的,应对程序运作后的结果加以运用,赋予调解结果以符合基本法理、有利于解决纠纷的效力;如果调解结果的效力不彰,调解的合意能够被随意推翻而无须承担任何责任,当事人就不会以严谨、慎重的态度对待调解,也不会对通过调解实现权利要求充满希望而积极参与其中,最终导致民众对调解失去信心,远离调解。

调解是双方当事人在无法以自身力量、智慧解决纠纷的情况下,将纠纷提交给第三方,由第三方介入为当事人提供一个恢复自治的机会与场所。第三方的任务在于"劝导冲突主体消除对抗,提出冲突权益的处置和补偿办法"。③第三方的介入就意味着对社会解纷资源的利用,这是调解与和解的本质区别。在当事人自主协商和解时,当事人之间的力量差异导致不公平与信息占有的失衡,这种不公平在某种程度上可以通过第三方的各种活动予以纠正。④

资源的稀缺性决定了当事人对调解程序的使用不能诛求无已,而应有所节制;国家对当事人的要求也不能予求予取,而要有所限制,即国家对社会解纷资源的利用过程和结果应赋予相应的效力,不能风去无痕,任由当事人随意处分调解结果。2010年的《人民调解法》第31条规定:"经人民调解委员会调解达成的调解协议,具有法律约束力,当事人应当按照约定履行。"

3. 规制缺乏真意的调解行为

---

① 王利明:《民法总则研究》,中国人民大学出版社2003年版,第112页。
② 梁慧星:《民法总论》,法律出版社1996年版,第151页。
③ 顾培东:《社会冲突与诉讼机制(修订版)》,法律出版社2004年版,第35页。
④ [日]小岛武司著:《诉讼制度改革的法理与实证》,陈刚等译,法律出版社2001年版,第182页。

缺乏真意的调解行为是指法院在主持调解的过程中,一方当事人为拖延诉讼或为达到其他不正当的目的,佯装愿意调解,经过调解法官的努力,终于达成了调解协议,而在法院送达调解书时,又运用法律赋予的反悔权,拒绝签收调解书而使调解协议归于无效。

目前,影响调解成功率的主要因素在于当事人没有诚意,不讲诚实信用,由于现行的法律赋予调解当事人任意反悔权,使得当事人拒绝签收调解书的反悔率居高不下。当事人实际上没有真正参与调解的意图,对于调解合意的达成只是一种虚假的意思表示,这在很大程度上浪费了国家的审判资源,同时也增加了当事人的诉讼成本,损害了司法的权威。

缺乏真意的调解行为是一种滥用调解权利的行为,其目的是为了拖延诉讼或获得其他不正当利益。"当事人滥用这些诉讼权利,其目的可能是为了拖延诉讼的进程或者为法院行使审判权设置人为的阻碍,也可能是为了给对方当事人增添诉讼负担,增加相对人的诉讼成本,迫使对方放弃对诉讼手段的有效使用等等。显然不能让这些滥用诉讼权利的行为达到非正当的目的。"[①]规制当事人缺乏真意的调解行为和滥用诉权的行为必然要求有效限制其对调解协议或调解书的任意反悔权。

4. 增强调解协议和调解程序对当事人的约束力

相对于调解书而言,调解协议只是一种"暂时状态",这种暂时状态越快成为调解书这种"确定状态",当事人反悔的机会就越低。根据我国《民事诉讼法》及司法解释的规定,对于不需要制作调解书的案件,如调解和好的离婚案件、调解维持收养关系的案件、能够及时履行的案件以及其他无须制作调解书的案件,自双方当事人及审判人员、书记员在调解协议上签字或盖章,调解协议即生效,这些情形下不存在当事人拒签反悔的情况;如果案件属于应当制作调解书的情况,当事人经过调解达成协议后,调解协议本身并不能发生法律效力,而是人民法院基于调解协议制作调解书并经涉及其实体权利或者义务的全部当事人签收后才能发生法律效力,这种规定使当事人享有在签收调解书时的任意反悔权,即一旦当事人反悔拒绝签收调解书则导致调解书不发生法律效力的后果。

这样的制度设计,违背诉讼诚信的原则,与诉讼调解的原意相冲突,违背双方诉讼权利义务同等原则,极易导致当事人滥用权利,造成当事人诉讼成本

---

① 汤维建:《论民事诉讼中的诚信原则》,载《法学家》2003年第3期。

的增加和法院司法资源的浪费,有违诉讼效益的基本要求。现行的民事诉讼法规定了当事人对调解书具有反悔权,这事实上赋予了真意保留方通过反悔来抗辩对方当事人的信赖利益的权利,所以应当改革关于反悔权的规定。

有学者主张,反悔权对当事人在调解过程中的草率行为起到了鼓励的作用,有悖于诉讼效率和效益原则,应当取消当事人的反悔权。① 笔者对此持相同看法,对于不管是需要制作调解书还是不需要制作调解书的案件,调解协议经当事人签字或盖章即应生效。当事人达成和解协议经过法院认证的,或经调解法官主持达成调解协议的,除非当事人提出申请,法院不需制作调解书或判决书,就以和解协议或调解协议作为结案根据,同时也作为确定当事人之间法律关系的根据,从而使当事人不再具有任意反悔权。即使经当事人申请制作了调解书,此时送达的调解书只是更为规范的法院文书,其效力不受当事人的签收行为影响,这样可以促使当事人更为慎重地参与调解,避免了调解协议达成后可能存在的后患问题。

(二)诉讼外调解协议的司法确认

我国 2010 年制定的《人民调解法》规定了人民法院的司法确认程序,该法规定的司法确认程序并不是人民调解协议的生效要件,而是人民法院依当事人的申请而审查,调解协议在法院审查之前就已经生效,法院审查确认之后则赋予了调解协议强制执行力。《人民调解法》第 33 条规定:"经人民调解委员会调解达成调解协议后,双方当事人认为有必要的,可以自调解协议生效之日起三十日内共同向人民法院申请司法确认,人民法院应当及时对调解协议进行审查,依法确认调解协议的效力。人民法院依法确认调解协议有效,一方当事人拒绝履行或者未全部履行的,对方当事人可以向人民法院申请强制执行。"

根据《人民调解法》的规定,人民调解协议可经过法院的司法确认程序而获得强制执行力;同理,经行政调解、公证调解等其他非诉讼调解达成的调解协议也可参照《人民调解法》规定的司法确认程序由法院进行司法确认,以保障非诉讼调解达成的调解协议或调解书的强制执行力。人民法院依法确认调解协议无效的,当事人可以通过人民调解方式变更原调解协议或者达成新的调解协议,也可以向人民法院提起诉讼。

---

① 景汉朝、卢子娟:《经济审判方式改革若干问题研究》,载《法学研究》1997 年第 5 期。

要建立一个高效、协调的纠纷解决机制,在制度的安排上必须实现诉讼内外纠纷解决机制的有效协调与良性对接。我国《人民调解法》和《最高人民法院关于人民调解协议司法确认程序的若干规定》已经建立了对调解协议的司法确认制度,但是从长远来看,这种司法确认制度还需要做进一步的研究。可以将司法确认程序与当事人的申请法院强制执行程序结合起来,在执行时建立一个审查制度。经过审查后,调解协议符合执行条件就由法院强制执行,不符合执行条件的可以确认无效或可撤销。现在法院对于调解协议需要先经过司法确认,确认有效后再由当事人申请强制执行,这并不符合诉讼经济的原则。

（三）对诉讼调解的复议、复核

为了节约有限的司法资源,避免当事人对调解书过度的拒签或申请再审,可以赋予当事人对未生效的调解书申请复议和复核权,以舒缓当事人对调解书的不信任或不满的情绪。

当事人对调解法官经过调解程序制作的调解书不服的,可以向制作调解书的人民法院申请复议一次;如果当事人对该法院作出的复议决定仍不服的,可以向其上一级人民法院申请复核。通过两级法院的处理以保障当事人的程序权利。

二、完善案外人救济程序

"调解的正当性和有效性取决于当事人调解的意思自由"[①],调解程序的基本原则和制度设计使得案外人很难进入调解程序中,建立在当事人处分权主导基础上的调解制度相应地使得调解主持者很难发现调解中是否存在案外人的合法利益。调解的自愿处分性使得纠纷解决具有相对性特征,当事人往往仅关注与对方的实体权益争议,无意考虑第三人的利益,在恶意调解情形下甚至会隐瞒调解中所涉的第三人利益。

在"能调则调、当判则判、调判结合、案结事了"的民事司法原则下,调解越来越被司法实践所重视。但在大调解繁荣的同时,案外人利益因调解遭受侵害的案件日益增多,即纠纷的调解率越高,案外人合法权益受到侵害的程度就越严重。为了保障案外人的合法权益不受侵害,2008年最高人民法院《审判监督的解释》赋予了案外人对生效调解书侵害其权利时提出案外人异议和申

---

① 杨润时:《最高人民法院民事调解工作司法解释的理解与适用》,人民法院出版社2004年版,第43页。

请再审的诉权。

(一)案外人直接参与调解程序

对案外第三人合法权利最有效的救济方法就是让其直接参与到调解程序中;我国现行法律和司法解释也明确规定案外第三人有权参与调解程序,调解协议涉及第三人利益的,必须经第三人同意,否则无效。

(二)申请法院撤销调解协议条款或确认调解协议条款无效

当事人在调解中达成的调解协议侵害了案外人的合法权益的,案外人在知道或应当知道权利受侵害之日起一定期限内申请法院撤销相关调解协议条款或者确认涉及其合法权益的相关内容无效。

(三)对调解协议或调解书的抗告申请

案外人的合法权利受到生效调解书侵害时,赋予案外人抗告申请的诉权,允许其作为正当当事人提起撤销原裁判的诉讼,以排除调解书对其产生的既判力,排除调解书对其实体权利的侵害。"允许案外人对调解书申请再审,不仅可以部分弥补虚假诉讼、虚假调解的辩论主义的不足,减少二次纠纷出现的概率,而且有助于净化民事诉讼环境,纯洁民事诉讼秩序,鼓励诚信诉讼。"①案外人对生效的调解书确定的执行标的物主张权利时,可以根据《审判监督解释》第5条的规定申请再审。2008年最高人民法院《审判监督解释》第5条规定:"案外人对原判决、裁定、调解书确定的执行标的物主张权利,且无法提起新的诉讼解决争议的,可以在原判决、裁定、调解书发生效力后二年内,或者自知道或应当知道利益被损害之日起三个月内,向作出原判决、裁定、调解书的人民法院申请再审。在执行过程中,案外人对执行标的提出书面异议的,按照《民事诉讼法》第227条的规定处理。"

1. 执行程序外的案外人申请再审

在生效调解书尚未进入执行程序时,案外人在调解书生效后两年内或者自知道或应当知道利益被侵害之日起三个月内向作出调解书或对非诉讼调解书进行司法确认的人民法院的上一级人民法院申请再审。

2. 执行程序中的案外人申请再审

生效调解书已经进入执行程序,案外人依《民事诉讼法》第227条的规定提出执行异议后,对人民法院审查后作出的裁定不服,认为原调解书错误的,可以自该裁定送达之日起15日内向作出调解书或对非诉讼调解书进行司法

---

① 肖建国:《案外人申请再审的理论与适用》,载《人民法院报》2009年3月17日。

确认的人民法院的上一级人民法院申请再审。

三、完善民事调解书检察监督程序

调解程序的任意性决定了调解程序的进行需要得到一定的法律监督。大量民事案件缺乏监督,调解权力缺乏制约,这与司法公正、社会和谐不相协调。民事调解需要检察监督加以规制,但并非所有调解的进行都需要检察院进行监督。调解与审判是不同的,尤其是非诉讼调解与审判不同,没有公开接受民众监督和社会监督的必要;民事调解是私权纠纷的处理方式之一,检察院是我国的法律监督机关,主要监督国家机关公权力的正常行使,非诉讼调解中不涉及公权力的运用问题,所以也没有接受人民检察院监督的必要。而诉讼调解则不同,在我国民事诉讼过程中存在两条程序线平行运行的情形,即诉讼调解程序线与审判程序线。诉讼调解程序具有任意性,"尽管我们期待坚持公正标准,但调解过程比起我们习惯的民事诉讼还是有一种更大流动性和非正式性特征。"①所以,这里所说的民事调解检察监督主要是指检察院对诉讼调解的监督,但即使非诉讼调解的程序进程无须接受检察院的监督,其调解结果也还是需要接受监督的。

随意性的诉讼调解过程与公正结果之间必然存在逆向的逻辑关系,更重要的是我们现行的民事诉讼法规定调解程序的结果不能上诉,调解法官的自由裁量权几乎不受限制,致使诉讼调解权的行使缺乏有效的监督机制。"监督机制的缺乏为法官的非法调解或'和稀泥'增加了较大的保险系数。"②

"当事人在法院主持下达成调解协议,虽然事实上只有一个行为,但具有双重性,发生实体法和程序法两方面的法律效力。"③审判权属于国家公权力之一,任何权力的行使仅有内部监督是不够的,应接受外部监督。

抗诉可以强制性地启动再审程序,救济当事人的实体权利和程序权利。虽然现行的民事诉讼立法将法院调解纳入检察监督的范围,但是具体的操作细则有待相关司法解释的完善,否则检察机关对民事案件的监督面临着法律上和现实中的困境。特别是对"国家利益、社会公共利益"的界定,以及违反自愿的情形加以细化。同时,监督的另外一种方式是提出检察建议,因其比较灵活,不像抗诉具有较强的对抗性,法院一般比较容易接受检察机关的检察建

---

① [美]戈尔丁著:《法律哲学》,齐海滨译,三联书店1987年版,第223页。
② 何文燕、陈刚、廖永安:《硕士论丛·民诉法学(第1辑)》,中国检察出版社2002年版,第271页。
③ 江伟:《中国民事诉讼法专论》,中国政法大学出版社1998年版,第439页。

议,检察院可以通过提出检察建议在再审检察建议发出前与人民法院沟通协商。

第四节 调解履行保证机制

《调解规定》主要是规定了两个方面的制度以解除当事人的"后顾之忧"。充分保障当事人在调解中行使处分权,允许当事人在调解协议中以约定民事责任或是设定担保的方式来保证调解协议的履行。

一、完善调解民事责任制度

(一)调解民事责任的内涵界定

民事责任是指民事主体对自己在民事活动中违反民事法律规范的行为所引起的法律后果应当承担的法律责任。《调解规定》第10条第1款规定:"人民法院对于调解协议约定一方不履行协议应当承担民事责任的,应予准许。"可见,调解民事责任与民法中的民事责任是一致的,都是一种特别的债权债务关系。调解协议中约定的民事责任有适用于金钱债务的加重责任和适用于非金钱债务的替代责任两种形式,且民事责任只有在义务不履行时才会发生效力。在第19条第1款中规定:"调解书确定的担保条款条件或者承担民事责任的条件成就时,当事人申请执行的,人民法院应当依法执行。"此处"民事责任"实质上是双方当事人在调解过程中约定的违反调解协议所应当承担的"违约责任"而非原有纠纷的民事责任,因此不能替代原有的民事责任。

(二)约定调解民事责任的现实意义

允许当事人在调解协议中约定民事责任有着极其重要的现实意义:第一,能够激励当事人自愿选择调解,同时能够有效避免当事人不履行调解协议;第二,显示了对当事人意思自治与处分原则的高度尊重,充分体现了对当事人的诉权保障;第三,把契约自治的精神有效地引入法院调解领域,能够有效地保障权利人的权利得以实现,同时可以较好地防止义务人假意调解和履行调解协议时的反悔;第四,可以规范当事人的诉讼行为,促使纠纷得到彻底的解决,为民事调解的规范化提供运行保障。

(三)调解民事责任制度的完善

在调解协议中约定民事责任的规定在我国调解制度史上是创举,标志着无论在实体或是程序法上都对调解的成功提供了最大可能的保障。① 为了更好地运行该制度，有必要对其现实中可能存在的问题进行完善。第一，合同法中规定的继续履行、采取补救措施、赔偿损失、违约金和定金责任都可以在调解协议中约定。第二，法院对当事人的责任约定进行实质审查。只有当约定的民事责任不违反法律的强行性规范或者禁止性规范时才予以准许，并且还要对约定的可执行性进行审查，避免出现不能履行的状况。第三，约定的民事责任必须限定在合理的范围内，不能因此增加义务人的额外负担。如果在调解协议中赋予继续裁判条款，是对调解协议的否认，与法理不合。故《调解规定》第19条第2款规定，不履行调解协议的当事人按照前款规定承担了调解书确定的民事责任后，对方当事人又要求其承担延迟履行责任的，人民法院不予支持。如此规定就避免了义务人遭遇显失公平的双重惩罚。

二、完善调解担保制度

（一）调解担保的内涵界定

诉讼调解作为当事人自治的纠纷解决方式，强调双方当事人在自愿的基础上通过相互协商和妥协达成解决纠纷的协议，从而使调解结果容易得到当事人的承认和接受，使每个人都拥有接近正义的权利。但在实践中出现的当事人拒不履行调解协议的情形也会使诉讼调解的优势荡然无存，为此，最高人民法院2004年9月16日颁布的《关于人民法院民事调解工作若干问题的规定》（以下简称《调解规定》）中规定了调解担保制度。

《调解规定》第11条规定："调解协议约定一方提供担保或者案外人同意为当事人提供担保的，人民法院应当准许。"从性质上说，调解担保属于诉讼担保的范畴。调解担保是指人民法院在对民事案件进行调解的过程中，经当事人协商达成调解协议，约定由一方当事人提供担保或者案外人同意为当事人提供担保，并经人民法院予以认可的制度。② 调解担保制度的设立，对于激励当事人自觉履行调解协议，充分发挥诉讼调解的优势具有重要的意义。

1. 调解担保与债权担保

在本质上，法院调解中的担保与民法中的债权担保都是为了保障特定债权的实现而规定的、以第三人提供保证的方法或者在债务人或第三人的特定

---

① 洪冬英：《当代中国调解制度变迁研究》，上海人民出版社2011年版，第101页。
② 王松：《论我国调解担保制度的建立与完善》，载《安徽广播电视大学学报》2006年第1期。

财产上设定担保物权的方法来保障债务履行的制度,两者具有相同的基本原理,但两者也存在显著区别:第一,两者发生的领域不同。调解担保发生在法院调解的过程中,是在国家审判权的介入下发生的;民法上的债权担保则发生在一般的民商事法律活动行为中。第二,两者的担保方式不尽相同。债权担保的方式有保证、抵押、质押、留置和定金五种;而《调解规定》中并没有对调解担保的方式作出具体的规定,但从这五种担保方式的各自特征和适用条件来看,留置和定金并不适合诉讼担保,调解担保的方式应仅限于保证、质押和抵押。第三,两者成就的条件要件不同。债权担保除了留置属于法定担保而不需要另行达成担保合同外,其他几种担保形式都属于意定担保,需要另行达成书面的担保合同;而调解担保中的担保则是债权人和保证人在调解协议中约定由保证人承担保证责任,或债权人与债务人或案外第三人用债务人或第三人的特定财产作抵押或质押以担保调解协议的履行。第四,两者的效力不同。民事活动中的债权担保不具有直接的强制性,在债务人拒不承担担保责任时,债权人不能强制其承担,而只能依据向法院起诉之后的裁判申请对担保人强制执行;对于调解担保而言,其具有直接的强制性,在担保条款条件成就时,当事人申请执行的,人民法院应当执行。

2. 调解担保与其他诉讼担保

我国民事诉讼法规定了财产保全、先予执行和暂缓执行的担保。调解担保与财产保全、先予执行及强制执行中的担保相比具有下述差异:第一,适用的阶段不同。调解担保适用于法院调解;而财产保全、先予执行的担保适用于法院审判过程或者在起诉之前,执行担保适用于民事案件的强制执行程序。第二,适用的案件范围不同。调解担保适用于所有可以调解的案件;财产保全中的担保适用于一切具有财产给付义务的民事案件,先予执行中的担保通常适用于追索赡养费、扶养费、抚育费、抚恤金、医疗费以及劳动报酬的案件。第三,产生的基础不同。调解担保是当事人之间的契约,是合意的产物;而财产保全、先予执行和暂缓执行中的担保来源于民事诉讼法的直接要求而非协商的产物。第四,效力不同。调解担保的条件成立时,当事人可以申请强制执行,这意味着调解担保的内容具有强制执行的效力;而财产保全、先予执行和暂缓执行中的担保不产生强制执行的效力。

(二)我国调解担保制度的现存问题

1. 调解担保与调解书生效时间不一致

调解担保的生效时间,根据《调解规定》第11条第3款的规定:"当事人或者案外人提供的担保符合担保法规定的条件时生效。"而调解书的生效时间,根据我国《民事诉讼法》第 97 条的规定:"调解书经双方当事人签收后,即具有法律效力。"因为调解担保是独立于原来的债权债务关系的另一个具有担保性质的法律关系,那么就必须符合担保法规定的生效条件,这就可能导致调解担保和调解书的生效时间不一致。又由于《调解规定》第 11 条第 2 款规定:"担保人不签收调解书的,不影响调解书生效。"换句话说,担保人是否签收调解书不影响调解书的效力。调解书在一般情况下都会生效,而调解担保则只有符合担保法规定的生效时间时才会生效。因此,司法实践中通常容易出现调解书已经生效而调解担保还未生效的情形,根据提供担保主体的不同可分为两种情况。

(1) 当事人提供的调解担保未生效

在抵押担保的情形中,根据我国《担保法》第 41 条的规定:"当事人以本法第四十二条规定的财产抵押的,应当办理抵押物登记,抵押合同自登记之日起生效。"此为必须办理抵押物登记的情形,抵押登记为抵押担保的生效要件;而根据第 43 条的规定:"当事人以其他财产抵押的,可以自愿办理抵押物登记,抵押合同自签订之日起生效。"此种情形为当事人可选择办理抵押登记,登记并非抵押合同的生效要件。再分析《调解规定》第 19 条第 1 款的规定:"调解书确定的担保条款条件或者承担民事责任的条件成就时,当事人申请执行的,人民法院应当执行。"可以得知,只有在担保合同生效的情况下,当事人才能申请执行调解书。而在必须办理抵押物登记却迟迟未办理导致抵押合同未生效时,当事人因此也就不能向法院申请强制执行,这就使调解担保存在变相拖延诉讼的可能,调解担保本身的作用也完全丧失。

(2) 案外人提供的调解担保未生效

根据《调解规定》第 11 条的规定,调解担保还可以采取案外人提供担保的方式。当案外人口头同意为一方当事人承担连带保证责任,但未在调解协议上签字时,如果法院根据调解协议的内容制作了调解书,并列明了担保人,而案外第三人却事后反悔拒绝签收调解书。那么,根据第 11 条的规定,担保人不签收调解书不影响调解书的效力,该调解书已经生效。而担保人并未在调解协议中签字,根据《担保法》第 13 条的规定,保证合同并没有成立。在此种情形中同样存在调解书与调解担保未同时生效的状况,调解担保形同虚设,不能对调解协议的履行起到保障作用。

2. 案外担保人利益保障缺失

担保人拒绝签收调解书,将不影响调解书的生效。但是,根据《调解规定》第 15 条的规定:"对调解书的内容既不享有权利又不承担义务的当事人不签收调解书的,不影响调解书的效力。"那么,担保人是否属于对调解书的内容既不享有权利也不承担义务的当事人呢?在调解担保中,承担担保责任的案外人与当事人请求法院裁判的民事法律关系存在直接的利害关系,一方面,案外人介入诉讼并为一方当事人履行义务提供担保,当事人有权申请执行调解书,强制担保人承担担保责任;而现行的法律并未对调解担保人的权益予以充分保障,甚至忽视了其权利规定案外担保人拒绝签收并不影响调解书的效力。案外人利益保障的缺失必然损害案外第三人提供担保的积极性,这对于发挥调解担保对保障调解协议履行的激励作用不利,因此,立法有必要加强对案外第三人的利益保障。

3. 第三人的担保责任方式不明确

在民事担保中第三人既可以提供连带责任担保也可以提供一般责任担保,但立法对调解担保中第三人的担保责任方式没有作出明确的规定。对此理论界存在三种不同的观点:一是认为第三人只能提供连带责任担保;二是认为是一般担保责任;三是认为应由当事人自行约定第三人的担保责任方式。三种观点争执不下,并未形成通说,笔者赞成第二种观点,基于对提供担保的第三人的权益保护以及担保的附属性,只有当债务人的财产不足以清偿或下落不明时,才能执行担保人的财产。

(三)调解担保制度的完善

1. 协调调解担保与调解书的生效时间

鉴于调解担保与调解书生效时间不一致而致调解担保制度形同虚设的现状,必须对调解书与调解担保的生效时间进行协调。在一般情况下,调解担保若以第三人抵押担保的形式①出现,则需要进行抵押物的登记,调解担保生效的时间因此也就比调解书的生效时间要晚,而调解担保却又往往是当事人接受调解书的前提条件。所以,在诉讼调解案件中,若案外人为一方当事人义务的履行提供了调解担保时,调解书的生效应以调解担保的生效为前提,这样才能充分发挥调解担保应有的保障债务履行的作用。

2. 明确调解担保的书面形式

必须规范第三人提供调解担保的形式,避免出现口头同意事后反悔的情形,同时也能够对诉讼担保人的行为进行规范,促使其认真对待自身的义务。

---

① 若为当事人自己提供抵押担保,此时调解担保人与当事人同为一人,如果出现调解担保未生效的情形,对方当事人可以要求其另行提供担保或者申请法院强制执行。

笔者认为调解担保应以书面方式作出,允许订立单独的书面担保合同,也可以将担保协议记载于调解协议之中,如果制作调解书的,则必须将其在担保条款中予以一并记载。

3. 规范调解担保人的利益保障

现行《民事诉讼法》对担保人的法律地位以及利益保障没有作出明确的规定,《调解规定》中也未涉及。为弥补"法律真空"的状况,立法必须明确调解担保人在调解过程中享有知悉、获取有关当事人的基本情况、调解事项、调解担保责任范围及其法律后果等信息的权利,人民法院负有释明的义务,同时人民法院对调解担保无效情形中过错责任的承担必须作出明确的规定。无论是单独订立的担保合同,还是记载于调解协议之中的担保条款,人民法院都应该对其进行实质审查。对于无效的调解担保协议,人民法院也负有释明的义务,当事人可以重新约定担保,若当事人未重新约定,调解协议本身的效力不受影响。

4. 明晰调解担保的效力

第一,调解担保的设定需要经过法院的实质审查,审查确定担保成立的,债务人或担保人不得在调解协议履行完毕之前进行转移、隐匿、变卖、毁损等损害债权人利益的处分行为,若违反,债权人可立即向法院申请强制执行。第二,调解担保适用《担保法》中合同无效和可撤销的情形,债权人与债务人不得恶意串通,骗取第三人提供担保。第三,具有拘束力、确定力的调解担保一经生效,不仅对债权人、债务人、担保人具有严格遵守和履行的法律效力,而且人民法院非经法定程序和事由不得随意变更、终止和解除担保。

三、完善调解释明机制

主持调解的人员在调解的过程中充分履行释明义务,可以防止调解违法情形的产生,同时还可以在一定程度上避免当事人对调解协议的反悔,促使当事人及时全面的履行调解协议。因此,有必要完善调解释明机制,确保各类调解的规范化运行。

(一)释明调解协议生效时间,避免当事人对调解协议的反悔

由于现行法规定在调解书送达前当事人反悔的,法院应当及时判决。这也就认可了调解当事人在调解书送达前拥有任意反悔权,也就是即便当事人达成调解协议,只要在送达调解书时拒绝签收,调解协议就不能生效,并且无须说明理由。因此在审判实践中,有时会出现当事人以调解为手段,随意反悔以达到拖延诉讼目的的现象。这种行为严重损害了法院的司法权威。鉴于此,《调解规定》第13条作出规定:"当事人各方在调解协议上签名或者盖章后

生效,经人民法院审查确认后,应记入笔录或者将协议附卷,并由当事人、审判人员、书记员签名或者盖章后即具有法律效力。当事人请求制作调解书的,人民法院应当制作调解书送达当事人。当事人拒收的,不影响调解协议的效力,另一方可以持调解书向人民法院申请执行。"为了让当事人明晰调解协议的生效时间,有必要要求调解人员履行释明义务,避免当事人对双方自愿达成的调解协议反悔。主持调解的人员可以在制作调解协议或调解书时的最后增加一条"本调解协议经双方当事人于某年某月某日达成,自签字之日起发生法律效力",或者"调解书经双方当事人于某年某月某日在调解协议上签字后即具有法律效力"。①

(二)释明调解履行保障措施,避免当事人不履行调解协议

为了避免一方或双方当事人达成调解协议后不履行或不全部履行,提高调解案件的主动履行率,调解人员在当事人达成调解协议时可以主动释明:

1. 提示权利人可以要求义务人提供调解担保,尽可能要求义务人提供履约财产担保或案外人担保。担保可以在达成协议的时候提供给权利人,甚至可以先提供担保再达成调解协议。这样,权利人可以防止保障自身权利的实现,防止落空,即使义务人破产,权利人也可以因担保的财产优先受偿。因此,在调解协议中约定担保能够最大限度地降低权利人的风险,提高义务人履约能力;再者,调解协议中约定担保也能够促使权利人作出让步达成调解协议。

2. 可建议当事人在调解协议中设定不履行制约条款,即当事人如果不履行调解协议,则承担较调解协议更为不利的后果,从而加大义务人的违约成本,促使义务人及时主动履行调解协议。在审判实践中,可以将调解协议的相关条款表述为"当事人在调解协议规定的期限内不履行上述义务的,则按照原审判决执行或者按照当事人设定的数额执行"。但是,如果当事人在调解协议中约定一方不履行,另一方可以请求人民法院对案件作出裁判,那么对此人民法院是不予认可的。

3. 对当事人的调解协议进行实质审查,确保调解协议的可执行性以及用语的无歧义,避免在执行过程中出现争议,影响执行效率,损害当事人利益。明确、规范的调解协议能够对当事人之间的权利义务进行明确界定,防止在履约过程中出现不必要的麻烦。

(三)释明违法调解,避免出现不符合法律规定的调解

人民法院和当事人之间的调解活动及其协议内容,必须符合法律的规定,

---

① 沈志先:《诉讼调解》,法律出版社2009年版,第118页。

法院对当事人达成的调解协议内容应当进行合法性审查,对于违法的调解协议不予确认。但是,如果调解协议的内容超过诉讼请求的范围,调解协议中的当事人出现了第三人,并不违反法律规定,人民法院应当予以确认。由于调解对实体和程序双重软化,在调解中当事人可以将新的事实引入,当然也就可以提出超过诉讼请求的调解协议以彻底解决纠纷。

四、诉讼调解瑕疵之救济

(一)问题之源起

对于诉讼调解瑕疵的定义,通说认为,诉讼调解瑕疵是指法院在调解中由于程序法上的和实体法上的违法,导致调解协议无效或可撤销。诉讼调解(也称为法院调解)一经生效,就具有与法院判决同等的效力,当事人不得提出上诉,也不能以该同一法律关系向法院提起新的诉讼;法院也不能在后诉中作出与此相悖离的判断。但若当诉讼调解存在重大瑕疵时,现行法律仅允许通过再审进行救济的程序设置必然与民事诉讼保护私权的宗旨相违背。

诉讼调解瑕疵救济的核心问题是,当存在实体法上的瑕疵时,如何看待诉讼调解的效力,它能否导致已发生法律效力的诉讼调解归于无效?① 如果不能的话,理论依据是什么?而如果实体法上的瑕疵可以导致诉讼调解失效,其理论依据又是什么?实体法上的瑕疵导致诉讼调解失效的种类有哪些?又应该通过怎样的程序确认已生效的诉讼调解失效?这一核心问题也正是理论与实务界争执不下的问题。诉讼调解瑕疵救济的直接目的是保护当事人的正当

---

① 许少波:《论诉讼调解瑕疵之救济》,载《法学》2007年第4期。

权利,其实质则是实现纠纷解决的迫切性和公正性,①这正是现代调解制度区别于传统调解制度的显著特征之一。②

在我国的司法实务中,许多地方法院硬性规定了调解结案的比例,并将其与法官的奖惩、晋级挂钩,但有关调解瑕疵的救济问题始终没有得到解决,甚至没有引起足够的重视。有学者对我国诉讼调解之实际运作情况进行实证调研时发现,目前,我国很多地方法院适用的规则是,凡是调解结案的一律不能启动再审程序,这必然增加当事人对调解的怀疑和规避。毋庸置疑,使调解最终获得正当性认可的途径是当其出现问题时能够获得司法救济。尽管调解的司法救济可能需要付出较高的成本,甚至存在被当事人滥用的可能,但目前这一制度是必不可少的,这与"有权利就要有救济"的理念也是一致的。

《民事诉讼法》第 201 条规定,当事人对已经发生法律效力的调解书,提出证据证明调解违反自愿原则或者调解协议的内容违反法律的,可以申请再审。但立法并没有对"自愿"和"合法"作出明确的规定,并且当事人对违反自愿原则进行举证是非常困难的。2004 年最高人民法院颁布的《关于人民法院民事调解工作若干问题的规定》(以下简称《规定》)试图解决这一问题,它对违反自愿原则和内容违法的调解协议进行了列举式的规定。这对调解瑕疵的司法救济是非常有益的,但也必须看到我国法律并未对违反自愿、合法原则之外的其他瑕疵予以救济。

---

① 在 20 世纪,法治国家特别是福利国家,围绕着怎样更好地保障社会成员利用司法、接近正义进行了持续的努力,迄今已经历了三个阶段的改革,也被称为接近正义(access to justice)的"三次浪潮";第一次浪潮是通过创立具有实际效果的法律援助制度和法律咨询制度,为经济能力较低的当事人提供接近司法的途径和保障;第二次浪潮是筹备一些官方或民办机构来保护消费者、环境保护主义者或者以前没有给予权利主张机会的其他社会团体的扩散性利益,并且主张努力为贫困者谋求整体利益;第三次浪潮则是替代性纠纷解决机制(Alternative Dispute Resolution),即 ADR 运动的兴起。ADR 运动的理念和思路是改变对法院在纠纷解决中的功能认识,认为法院的判决为社会提供了纠纷解决的交易基础,而绝大多数的纠纷应交由当事人或其他团体组织根据这一基础、通过多种方式解决。在 ADR 运动中,建构调解制度是其核心内容之一。因此,从当今世界范围考察,推崇调解制度的实质在于为当事者提供多元纠纷解决方式,从而保障其实质性地接近正义。参见[意]莫诺·卡佩莱蒂著:《福利国家与接近正义》,刘俊祥等译,法律出版社 2000 年版,第 7~15 页。

② 传统调解制度并不追求纠纷解决的适切性与公正性,而以"让步息讼"、"和稀泥"牺牲当事人一方正当权利者居多。这与其背后沉积的"忍让"、"和合"、"家天下"的传统文化是相辅相成的。

（二）诉讼调解瑕疵救济的正当性来源

1. 诉讼调解的性质

在国内对诉讼调解性质的认识与国外的诉讼和解是相通的，其学说主要有三种①：一是审判行为说。认为法院调解是人民法院在审理民事案件的过程中贯彻调解原则所进行的审判活动，同时也是与判决具有相同效果的结案方式。二是处分行为说。法院调解的本质是当事人在法院的指导下运用处分权自律解决纠纷的活动，与法院的判决相区别。三是审判行为与处分行为相结合说。该说主张把我国的法院调解制度看作是当事人行使处分权和法院行使审判权相结合的产物。三种学说争议的焦点是"私法上的瑕疵如何与诉讼法上的效果相关联"。审判行为说忽视了当事人自主解决纠纷的正当性机理，将诉讼调解与法院判决完全等同，这是我国立法和司法只针对违反调解自愿和合法原则规定再审救济而对其他瑕疵不予救济的根本原因。处分行为说将调解完全视为私法行为，忽视法院在调解中的作用，这就无法解释调解协议的权威性、强制性，也必然混淆法院调解与诉讼外调解及当事人和解的界限。审判行为与处分行为相结合说吸收了二者的优势，避免了二者的缺陷，较为忠实地反映和揭示了诉讼调解的内在结构和制度性原理。笔者认为在我国现实的司法环境下，应当承认诉讼调解具有两重属性的观点，即既有私法性又有公法性，既属于当事人私法上的处分行为又属于公法上法院的审判行为，且私法性在调解功能的整体发挥上占据主导地位。诉讼调解性质上的双重属性就能够为诉讼法上和实体法上之瑕疵均予以救济提供理论支持。

2. 调解的自愿性和调解结案的公正性

从诉讼调解的内在结构来看，自愿是其存在的正当性基石。法院判决的正当性来源于法律的权威，而诉讼调解的正当性来源于当事人双方对调解的赞同。② 自愿是诉讼调解的本质属性。自愿与强制相对，哈耶克的观点认为"强制不能完全避免，因为防止强制的方法只有依凭威胁使用强制之一途。自由社会处理此一问题的方法，是将行使强制之垄断权赋予国家，并全力把国家对这项权利的使用限制在下述场合，即它被要求制止私人采取强制行为的场

---

① 李浩：《完善调解制度的几点思考》，http://www.civillaw.com.cn/Article/default.asp?id=14498，下载日期：2011年3月2日。

② 李浩：《论调解不宜作为民事审判权的运作方式》，载《法律科学》1996年第4期。

合"①。在诉讼调解过程中可能产生的强制包括：一是法官对当事人的强制；二是当事人相互之间的强制。法官对当事人的强制源于法官作为调解员身份上的双重竞合，当法官提出的调解协议不被当事人采纳的时候，法官可以通过诉讼判决的形式变相强制实现调解协议的内容，这实质上就是公权对私权的强制干涉；当事人相互之间的强制产生于双方当事人在占有的司法资源、经济实力上的差异导致的相互之间力量对比的不平衡。这两种强制的负面效果便是产生形式多样的意思表示不真实的调解瑕疵，此种强制与调解自愿的本质属性相悖离，因此，对调解瑕疵予以救济，就必须避免这两种强制情形的产生。

从诉讼调解的功能进行考察，与判决相比，诉讼调解的主要功能就是高效、低廉、一次性解决纠纷，但理论与实践却常常忽视纠纷解决内容的正当性。由于诉讼调解在实体法和程序法上的"双重软化"易使人误会调解不以内容正当为纠纷解决目标，因此追求纠纷的一次性解决的同时必须兼顾解纷的妥当性与公正性。正如棚赖孝雄所认为的："仅仅因为纠纷解决是基于当事人的合意这一点，很难给审判以外的纠纷处理以无条件的信任，而必须再一次谨慎地审视这种合意形成的机制。"②

总之，对诉讼调解瑕疵救济的正当性解读应当是来自于诉讼调解的性质、内在结构和功能，诉讼调解的双重属性、调解的自愿性和调解结案的公正性是调解瑕疵救济的正当性资源之所在。

(三) 我国诉讼调解瑕疵救济的立法缺陷

第一，我国立法规定对可申请再审的调解瑕疵事由表述过于原则。将"违反自愿原则或调解协议内容违反法律"作为启动再审的理由，带有浓厚的主观色彩，可操作性不强，使提请调解再审程序具有很大的随意性和主观性。第二，《调解规定》中的救济事由无具体判断标准。如由谁来判定侵害案外人的利益？如何判断违反当事人的真实意思？法院可否主动判定违反当事人的真实意思？第三，现行再审程序难以满足当事人的法院调解瑕疵救济需求。对于违反自愿和合法原则达成的调解协议，当事人难以举证，这也就增加了救济的难度。第四，立法应对程序上的瑕疵作出明确的规定。如诉讼调解当事人无诉讼行为能力，诉讼代理人之代理权欠缺，法院调解需具备一定的诉讼程序

---

① [英]里德利希·冯·哈耶克著：《自由秩序原理(上)》，邓正来译，生活·读书·新知三联书店1997年版，第16～17页。

② [日]棚赖孝雄：《纠纷的解决与审判制度》，王亚新译，中国政法大学出版社1994年版，第82页。

等。

(四)诉讼调解瑕疵救济制度的完善

1. 诉讼调解瑕疵救济的法定事由

根据我国实体法对民事行为无效和撤销的规定与诉讼法对诉讼行为和调解再审事由的规定及要求,笔者认为,诉讼调解瑕疵救济的法定事由如下:

(1)法律上的无效。法律上的无效可分为实体法上的无效与诉讼法上的无效。首先,实体法上的无效的情形有:第一,当事人一方以欺诈、胁迫手段或者乘人之危,使对方在违背真实意愿的情况下达成调解,并损害国家利益;第二,恶意串通,损害国家、集体或者第三人利益;第三,以合法形式掩盖非法目的;①第四,损害社会公共利益;第五,违反法律、行政法规的强制性规定。

其次,诉讼上无效的情形有:第一,当事人不具有诉讼主体资格;第二,诉讼代表人、当事人的代理人超越或滥用代理权限;第三,违反法院专属管辖;第四,人民法院就适用特别程序、督促程序、公示催告程序、破产还债程序的案件,婚姻关系、身份关系确认案件以及其他依案件性质不能进行调解的民事案件所进行的调解;第五,缺乏双方当事人合意的法院强迫调解;第六,未征得各方当事人同意,人民法院委托审判人员以外的人所进行的调解;第七,未征得各方当事人同意,人民法院在答辩期满前所进行的调解;第八,其他违反自愿原则进行的调解。

(2)法律上的可撤销。法律上的可撤销只有实体法上的原因,主要情形有:第一,在不损害国家利益的前提下,一方以欺诈、胁迫的手段所成立的调解;第二,一方乘人之危所成立的调解;第三,因重大误解而成立的调解;第四,因显失公平而成立的调解;第五,因其他原因而成立的可撤销的调解。②

2. 诉讼调解瑕疵救济程序的抉择

上文对诉讼调解无效与可撤销的情形进行了列举,接下来将对诉讼调解之"无效或可撤销"的瑕疵应采取何种程序进行救济进行论述。关于诉讼调解瑕疵救济之程序,只有我国台湾地区的"民事诉讼法"作出了明确的规定,③故理论与实务界都存在较大争议,最具代表性的是以下四种观点:一是主张准用

---

① 有些案件如以假离婚约定财产逃避债务行为,就是以合法形式掩盖非法目的。
② 许少波:《论诉讼调解瑕疵之救济》,载《法学》2007年第4期。
③ 我国台湾地区"民事诉讼法"第380条第2项规定:"和解有无效或得撤销之原因者,当事人得请求继续审判。"

再审程序(再审说);①二是主张向原法院提出对"调解无效或撤销"的审查,若法院认定有效,则终结诉讼程序,如果法院认定调解无效,则继续进行原来的诉讼程序(旧诉说);三是主张以另行起诉的方式提起确认诉讼调解无效之诉(新诉说);四是主张依据执行法规定提起异议之诉(异议之诉说)。异议之诉说仅适用于申请强制执行的诉讼调解,且主要目的是否认调解协议的强制执行。再审说与旧诉说极为相似,因此争论的焦点就在于新诉说与旧诉说之间的取舍,旧诉说的优点在于贯彻了诉讼经济的原则,由原法院对"调解无效或撤销"进行判断,程序简便,且原来的法官能更好地胜任审查的职责,其缺点在于若当事人在二审中达成调解协议,则对当事人的审级利益无法保护。而新诉说的优点正好是能够赋予"调解无效或可撤销"审理以二级审的程序保障,且通过新诉能够使"调解无效或可撤销"的纠纷与调解本身相区别,但是新诉说的缺点是当新诉确定调解无效或可撤销时对于原纠纷的解决没有提供策略。这两种对立的学说各有利弊,难以取舍,鉴于此,有学者主张将"采取何种救济途径"的选择权赋予当事人行使,②认可诉讼调解瑕疵多元化的救济方式。该主张在保障当事人的程序主体权和程序与类型(复杂程度、可变性)相适应方面确实有其不可替代的优势,③但该主张的缺陷是偏向于攻击方(主动主张调解无效方)当事人利益的保护,有违当事人双方平等原则。纵横分析各种观点,尽管争论不休,但主流观点是旧诉说。如德国学者认为:"关于诉讼和解的无效性无论如何应在旧诉讼中加以裁判,诉讼应当依照认为诉讼和解无效的一方当事人的申请而继续。"④

---

① 我国《民事诉讼法》第182条规定:"当事人对已经发生法律效力的调解书,提出证据证明调解违反自愿原则或者调解协议的内容违反法律的,可以申请再审。经人民法院审查属实的,应当再审。"

② [日]高桥宏志:《民事诉讼法制度与理论的深层分析》,法律出版社2003年版,第644页。

③ 由于民事纠纷时时刻刻都在发生着变化,因此调解行为本身就成为纠纷的新展开,即在达成调解后,当事人关于调解存在"无效或撤销"之瑕疵的争执已经转变成旧诉讼标的未能予以包含的新纠纷。而且当事人也有可能因某种事由的发生,早已或者在现在不希望继续进行旧诉的程序,而只要求对调解无效之事实作出确认。因此,在不同的案件中,主张调解无效的最适合途径也是有所不同的,究竟采取哪种途径,将这种选择权赋予当事人行使可能会更为妥当。参见前引高桥宏志书,第644页。

④ [德]奥特马·尧厄尼希著:《民事诉讼法》,周翠译,法律出版社2003年版,第255页。

就我国的诉讼调解瑕疵救济之程序而言,笔者认为,应当以再审程序为原则并扩大再审事由。这是基于以下因素的考虑:第一,旧诉说与再审说本质相同。旧诉说的前提条件是由于诉讼调解无效排除了因诉讼调解有效成立而终结原诉讼程序的效力,致使原民事纠纷所争执之法律关系并未消灭,因而理应续行原来的诉讼;而再审说的实质是存在启动再审程序的法定理由,并期待再审在推翻原裁判的前提下,就原诉讼所争执的法律关系作出一个新的裁判,该两种学说都承认在原诉讼之法律关系上并未因曾经存在过诉讼调解或裁判而发生终结,新开始的程序都是在原程序的基础上进行的,因此,二者在实效性和实质意义上是完全一致的。第二,诉讼调解作为法院行使审判权的重要方式已经获得立法、司法以及学理上的广泛支持,并与我国职权主义诉讼构造相得益彰,因此,适用再审程序与该种居于主流地位的诉讼调解理念和基础是一致的。第三,我国《民事诉讼法》已经明确规定了诉讼调解违反自愿和合法原则时的再审救济途径,在现有立法框架内进行诉讼调解瑕疵救济的完善能够节约大量的立法和司法成本,且改革的阻力也会减小。第四,针对纠纷类型化、多样化的现状,诉讼调解瑕疵救济的法定事由就必须囊括到再审事由中,从而降低再审程序作为诉讼调解瑕疵之救济的准入门槛。

后　记

　　本书几经易稿,终于付梓。作为西南政法大学西南政法大学校级重大课题"民事调解规范化研究"(项目编号:2011—XZZD01)的最终成果,本书实在是各位撰稿作者的辛劳之作。本书研究的主题是民事调解的规范化,在此研究的基础上,提出了构建多元化纠纷解决机制的思路。

　　如今,中国正在为建立现代文明国家而高速发展,处于旧制已破、新制待立的新时代。在这种特殊的社会转型期,既充满了欣欣向荣的前景,也暗藏了复杂多变的隐患;既带来了发展的契机,更面临着艰难的挑战。在民事诉讼领域,由于诉讼制度的先天功能性障碍,无法全面且合理地处理数量呈指数级增长的案件。"诉讼爆炸"成为一种现实法律常态,法院系统不堪重负,导致审判成了一种稀缺的资源。这种现象是由现代经济带来的产物,给社会带来了难题,制造了矛盾。然而,审判资源稀缺不应当成为忽略这些问题的借口,需要人们以新的方法来解决这些问题。在这样的社会需求下,调解制度理应获得支持与发展。制度的建设必然要依托于稳定的社会文化,才能得到长足的发展。自 1840 年以来,东西方文明激烈碰撞的现象就在我国上演。传统文化中的"礼"治与西方文明中的"法"治成了我国法律发展中的两个重要的方面,对此我们不应该过分注重其相互之间的摩擦和冲突,而更应该寻找契合点来使这两种文化得到融合。而调解正好可以较好地实现这个目的,即将传统文化中的"仁义礼智信"等伦理道德同"法"治中的民事私权自治、平等、诚实信用等原则结合起来运用到调解制度中,这种方式既运用习惯、风俗、道德观念等不成文法,又运用法律法规;既保障了当事人的程序权利,又可以较好地维护好当事人的实体利益;既兼顾了熟人社会的关系尚留存的事实,也顺应了陌生人社会的关系不断产生的潮流。通过这样的结合而产生的制度较为合理,能更

265

好地适应社会。

　　制度只有形成完整的体系，能够全面地考察到问题的根源所在，进而在面对纷繁复杂的社会纠纷时，方可从容不迫地解决问题。多元化的纠纷解决机制是根据目前社会经济的具体情况，以诉讼调解制度为基础，扩展为包括诉讼外的人民调解、行政调解、公证调解等调解制度，同时也包含保障制度在内的庞大体系。这个体系目前存在的问题不仅只是整体制度和部分制度之间如何设计衔接关系，而且还包括部分制度自身如何建设的问题。只有这些问题解决后，才可以称之为成熟的调解制度。这是循序渐进的过程，是根据现实情况不断进行调整的过程，也是不断试错和改错的过程。只有通过如此建设，才能真正地形成调解制度的网络，将过多细微、琐碎、现实意义不大的法律问过滤出来，将这些问题拦在法院系统之外，将法院的优质审判资源运用到真正需要解决的法律问题之上，从而提高审判整体的效率与质量。

　　在目前，有关多元化的纠纷解决机制的研究的潮流方兴未艾，显示出解决问题的迫切性，本书希望通过此学术研究，能进一步掀起对此问题的学术探讨与辩论热潮，同时激发社会各界对此问题的关注，共同助推社会主义法治国家的建设。

　　本书作者及分工如下：

　　第一章　李祖军（西南政法大学法学院教授、博士生导师）

　　第二章　吕辉（西南政法大学法学博士、西南交通大学法学教师）

　　第三章　程晓东（重庆市渝北区人民法院副院长）

　　第四章　唐茂林（海南大学法学院副教授）

　　第五章　田毅平（西南政法大学应用法学院讲师）

　　第六章　詹爱萍（西南政法大学民事诉讼法博士研究生）

　　第七章　孙伟峰（西南政法大学民事诉讼法博士研究生）

　　厦门大学施高翔副社长及时组织安排出版事宜，令人感动；责任编辑邓臻先生精心细致，谨致以诚挚的谢意。另外，我的研究生李健、王薇婷协助校对书稿，助益极大，在此一并致谢。限于种种因素，文中论述不免挂一漏万，敬请各位学界同仁予以批评指正，不吝赐教。

李祖军
2014年冬于山城

图书在版编目(CIP)数据

民事调解规范化研究/李祖军等著．—厦门：厦门大学出版社，2015.6
(契合与超越系列)
ISBN 978-7-5615-5411-1

Ⅰ．①民… Ⅱ．①李… Ⅲ．①民事纠纷－调解(诉讼法)－规范化－研究－中国 Ⅳ．①D925.114.4-65

中国版本图书馆 CIP 数据核字(2015)第 030622 号

官方合作网络销售商：

厦门大学出版社出版发行

(地址：厦门市软件园二期望海路 39 号　邮编：361008)
总编办电话：0592-2182177　传真：0592-2181253
营销中心电话：0592-2184458　传真：0592-2181365
网址：http://www.xmupress.com
邮箱：xmup @ xmupress.com

厦门大嘉美印刷有限公司印刷

2015 年 6 月第 1 版　2015 年 6 月第 1 次印刷
开本：720×970　1/16　印张：17　插页：2
字数：296 千字　印数：1～1 200 册
定价：48.00 元

本书如有印装质量问题请直接寄承印厂调换